无锡市律师协会
律师实务丛书

律师使用AI指南

A GUIDE TO USING AI FOR LAWYERS

陆凌燕　陆　洲　李小鹏　俞冬梅　葛华舟／著

法律出版社
LAW PRESS · CHINA
北京

本书受无锡市律师协会、无锡太湖法律服务中心
研究课题经费资助

总 序

无锡市律师协会会长　宋　毅

无锡，是一座山美水美的太湖滨城，是一座颇具深厚文化底蕴又焕发清新现代气息的江南名城；地灵人杰，律界而言，曾孕育了诸如冯晓钟、吴凯声、杨荫杭、沙彦楷、王汝琪等志弘律范、铁血丹心的大律师，他们不仅具有扎实的法律功底和精湛的业务技能，还饱含刻苦的敬业精神和真挚的家国情怀，赢得了当事人和社会各界的广泛赞誉和永远铭记！近年来，无锡在“长三角”地区更是“C位觉醒”，已然成为华东一颗极为耀眼的璀璨明珠。“强富美高”新无锡现代化建设新篇章的强势进程已然全面开启，为之配套的法律服务急需高质量发展、法律人才急需高品质成长。

新时代的感召，新形势的需要。无锡市律师协会责无旁贷！深感律师作为依法治国的一支重要力量，肩负维护公平正义、促进社会和谐的重任；积极贯彻落实司法部党组对律师行业建设所提出的“五点希望”，通过创办全省首个业内自建教育培训机构——无锡太湖法律服务中心、推进名优律师人才培养工程、举办无锡律师论坛和太湖涉外法律服务论坛、评选“五优”等多项举措，致力于广大律师专业素养和实务能力的提升，为无锡的高质量发展率先培养高品质的法律人才。而今又推出这套凝聚着无锡律师智慧与汗水的实务系列丛书，既是上述种种努力的结晶，更是意在务实推进全体律师办案能力和服务水平的快速提高。

此套丛书内容广泛，全面覆盖了民商事、刑事、行政、知识产权、涉外法律服务等多个法律专业领域，且以简洁明了的语言将深奥艰涩的法律理论和纷繁庞杂的实务问题结合起来予以呈现，通俗易懂，为律师执业进阶提供全面而具体的指引，以利其专业精进和稳健成长。

诚然，离不开丛书作者们无私的鼎力奉献！他们结合自身广博的法律知识和丰富的法律实践，挖掘具有时代共性的法律问题、总结提出精准可行的解决方案；书中的每一篇章和每一个案例都是作者深思熟虑、精心钻研的成果。他们探索法律前沿问题，挑战传统理念观念，用创新思维和新方法解决新问题。在当下数字化、网络化、智能化迅猛发展的情势下，特别关注了互联网法律、人工智能法律应用等新兴领域，为读者提供前沿法律资讯、引发解决方案思考。

习近平总书记深刻指出："法治兴则国家兴，法治衰则国家乱。"法治是国家长治久安的必由之路，也是人民幸福安康的坚实保障。无锡市律师协会将秉持法治精神，发挥职业优势，为无锡的法治建设尽责尽力。这套实务系列丛书，既是无锡律师专业水平又一次崭新的全面展示，也是无锡律师行业又一张亮丽的宣传名片。我相信，这套丛书的出版，会让社会及更多人更加了解、认识和信任无锡律师，为无锡律师行业发展注入新的活力，为法治无锡建设增添新的光彩！

最后，我要感谢所有参与丛书编著的作者和工作人员！是你们的辛勤付出和无私奉献，使得这套丛书得以顺利面世！同时，我也要感谢广大读者对我们无锡律师的支持和厚爱！你们的期待，是我们服务的意义！你们的鼓励，是我们前行的动力！

本书写作分工

本书开篇语由陆凌燕和李小鹏律师共同完成；

第一章、第三章中3.1、3.4～3.9以及第四章中4.3的内容由陆凌燕律师完成；

第二章中2.1～2.2、2.4及第四章中4.6的内容以及附录1由李小鹏律师完成；

第二章中2.3及第四章中4.1～4.2、4.4～4.5、第五章中5.6的内容由俞冬梅律师完成；

第二章中2.5～2.7和第三章中3.2～3.3的内容由葛华舟律师完成；

第五章5.1～5.5及第六章全章节内容由陆洲律师完成。

目 录

开篇语　本书使用说明

1.1　律师该如何面对 AI 云涌的世界

我们大都注意到，人工智能（AI）工具正在对我们产生深远的影响。但人工智能（AI）在现实中会以什么样的形式影响律师工作，暂时没有几个人能够说得清楚。前贤描述过一片又一片美好的场景，但这些场景似乎遥远得像科幻小说，软件公司争先恐后地推出各种AI工具，除了像百度的文心一言等没有针对性领域的泛类大模型外（我们称之为通识类AI），也不乏阿里的通义法睿这类针对法律领域的垂类大模型（我们称之为法律类AI），但可能出于法律人特有的保守，也可能出于对工具尝试成本的抗拒，不管通识类AI也好，法律类等专门领域AI也好，在本书写作之时，我们大多数的律师同行们只是对其持观望态度。

但我们无法忽视的是，不管律师行业如何保守和谨慎，AI工具厂商们的竞赛正在如火如荼地展开，我们或多或少地听说了AI工具可能存在的优势与弊端，AI工具正在对律师工作产生深远的影响。这些工具不仅能够减少律师在日常工作中的烦琐任务，还能提高工作效率和文档处理的质量。在数字化转型的背景下，法律行业通过利用AI工具经历了一场重要变革。这些变革主要表现在：

- **效率提升。**AI工具有助于提高法律文件的生成效率。通过使用AI工具，律师能够节省宝贵的时间，专注于更加重要的法律分析和策略工作。
- **成本降低。**自动化合同审查和文件发现等流程，可以显著减少律师事务所的操作成本，尤其是在经济增长放缓的大环境下，这种成本优势尤为重要。
- **风险分析。**AI工具能够分析合同中的潜在风险和差异，帮助律师更有效地识别问题和风险点，提供更为全面的法律服务。
- **行业变革。**随着AI技术的不断发展和普及，律师行业的服务提供方式可能会发生革命性的变化，包括服务范围的扩大和服务模式的创新。

那么，我们该如何面对这个AI云涌的世界？鉴于此，作为律师，我们便开始思考：当下AI工具该以什么样的形式来影响我们的律师工作？或者更直接的目的，当下的工具，哪些能为我们所用，直接体现其提升生产效率和生产力的价值？再进一步地思考，我们这本书应该做什么？

1.2 我们的设想与任务

首先介绍下我们的作者团队，我们的作者是在江苏省无锡市执业的5名律师，本书是无锡太湖法律服务中心的课题成果。在课题立项之初，我们就确定了我们的任务：我们要修建一道桥梁，而这道桥梁连接了律师们的应用场景和AI技术。

当课题结项、印刷成册时，我们也很满意地看到我们最终实现了我们的目标。我们探索了律师工作中最常见的28个应用场景，并将其分为四大板块：法律研究与文书准备、日常办公与效率提升、客户服务与咨询沟通、专业发展与能力提升。对于每个应用场景，我们又探索了多个示例，以期能够触发读者产生更多的思维风暴与场景联想。当然仅仅有应用场景是远远不够的，当我们抛出问题时，我们必须也要提出解决问题的方案，这样才能真正实现我们的桥梁作用。因此针对每个场景示例，我们又探索了当下可用的AI工具，并列示工具的使用方法以及工具当前能够实现的优良效果。针对每个场景示例，我们并没有穷尽市面上存在的所有AI工具，实际上我们也没有能力去穷尽测试市面上存在的所有AI工具，我们只是列示了实践中我们尝试过且认为好用的工具。或者说，我们认为虽然目前不是很完美但写作之时尚没有可以取代它的更优工具。有鉴于AI工具的发展日新月异，我们必须提醒读者注意的是，更重要的可能不是工具本身，而是我们的应用场景以及使用工具的方法。这才是本书作为桥梁的意义。

1.3 本书的使用方法

我们在对本书作框架设计时是以工具书的思路进行构想的，读者浏览目录时就能清晰地了解每个应用场景及其承载的功能，从而能够快速定位到目标场景，找到对应的AI工具以及使用方法。我们期待读者能够耐心地读完每个场景下的每个示例，我们希望这些示例能够给读者更多的联想，使其探索专属于自己的应用场景，甚至能够组合出自己的AI工具使用套装，更好地提高工作效率和文档处理质量，减少在日常工作中的烦琐任务。

但在使用之前，我们必须提示读者注意使用AI工具过程中的防范性规则，对此我们在每个场景中都提示了应当注意的事项，并且在第六章中向读者展示了律师在应用AI工具过程中的管理规范。无论如何追求便捷，我们都要尽力捍卫客户隐私，要保护数据安全，也要对我们的工作成果承担律师应尽的责任，也要坚守其他我们所珍视的价值。

我们已经知道，AI工具可以提升我们的工作效率，可以降低我们的工作成本，协助我们展开执业活动中的风险分析，甚至我们也认为AI工具可能会给我们的行业带来革命性的变革，但我们也坚持这样的观点：尽管AI工具带来了诸多便利，但AI工具并不能完全代替律师提供的法律服务。法律领域涉及复杂的人际沟通以及对人性细微多面的理解，这是AI工具目前无法实现的。因此，律师的核心工作和价值在很大程度上不会被AI工具取代，而是通过AI工具得到增强与扩展。

尤让我们觉得欣慰的是，在我们课题成果结项后短短几个月内，我们已经收到来自各个律师协会、公证处和仲裁委的邀请，向各个律师、公证员、仲裁员和相关司法行政工作人员介绍我们的研究内容，教大家如何用上AI工具，而每一次讲座都获得了听众的满堂喝彩和高度认可，讲座后还有听众私信来表示对我们工作成果的认可和感谢。这一方面体现了我们这个行业对AI工具的高度关注，另一方面也表明我们的工作确实对行业以及相关的司法行政部门具有启发和生产力提升的意义。

1.4 我们应当直面 AI 工具的更新迭代

最后，我们需要说明的是，本书的撰写时间区间为2024年2月至7

月，因此，我们所选取的AI工具也系该时间区间内发布的AI工具，使用体验也是基于该时间区间内具体AI工具所提供的功能测试总结而成，实际上从本书写作之初到交付出版之时，各项AI工具的功能显著提升，新的AI工具也正在涌入市场。鉴于AI技术的发展日新月异，在本书出版后，读者使用具体AI工具时获得的结果或体验，可能会与本书总结的情况不一致。这种不一致可能是基于AI工具的自由发挥，更大的可能是因为AI工具不断地在更新迭代。当然我们也要注意到AI工具在引用相关法规文件时可能引用的是已经失效的文件，这也是由于我们这个世界的变化，对此我们也要加以重视。而对于我们而言，如果读者通过本书提供的使用逻辑获得了更优的结果和体验，成功实现了读者所期待的效率提升和成本降低的目标，那么，我们也将备受鼓舞，这是本书作为“桥梁”的意义所在。

于此，我们热忱欢迎各位业界同行以及怀揣真知灼见的读者联系我们，期待我们在这个主题上激发出更多的碰撞和火花。联系邮箱：lulingyan0124@126.com。

第一章 AI技术在律师工作中的实际应用

随着人工智能技术的迅猛发展，其潜力与价值已引起法律行业的广泛关注。众多律师对AI技术抱有浓厚兴趣，期待其能成为提升工作效率与准确性的得力助手。然而，在实际应用中，不少律师却对现有的AI工具表示不满，吐槽其操作复杂、功能不尽如人意。而本书的笔者已经注意到，虽然当前AI技术远未尽善尽美，但当前有限的AI技术已经能够为我们的律师工作带来显著的生产力和生产效率的提升。

1.1 AI技术对于律师工作的意义

AI技术正在对律师工作产生深远的影响。在数字化转型的大背景下，律师行业也正在利用AI工具经历重要变革。这些变革表现在以下几点。

1. 提高工作效率

AI技术可以自动处理大量烦琐的工作和完成基础的数据整理，如文书起草和审核、数据审核与分析、案件初步分析、可视化图表生成等，使律师能够更专注于核心任务，显著提升工作效率。

2．降低人力成本

通过自动化处理，AI技术能够替代部分人力工作，使律师减少对人力的依赖，从而降低律师办公的人力成本。例如，当前部分律所已经全员砍掉翻译团队，显著降低了人力成本，同时提升了翻译效率。

3．提高服务质量

AI技术可以提供智能化的法律咨询服务和案件处理建议，提高公共法律服务的质量和效率。AI技术能够快速检索海量知识库，所掌握的知识体量远超人类个体。

4．创新宣传方式

AI技术可以通过机器人与人类对话交互的形式进行普法宣传，从而增加普法活动的趣味性，提高公众参与度。例如，利用AI语音助手或智能机器人回答公众的法律问题，提供个性化的法律咨询服务。又如，AI技术也可以定制宣传用的数字分身，从而使宣传形式更具多样性，也能提高宣传效率。

1.2 当前可用的 AI 技术核心功能

我们可以注意到，当前已经有琳琅满目的AI工具，从针对性来看，不仅存在无针对性领域的通识类AI，比如国外有ChatGPT、Gemini，国内有文心一言、通义千问等，还存在垂类领域的专业化AI，比如专注法律行业的MetaLaw、通义法睿。从形式上来看，AI工具也存在多样性，有多轮对话式的AI工具，比如ChatGPT和文心一言，就是典型的多轮对话式AI工具，用户可以在同一个窗口与AI工具进行多轮反复对话；也有只提供单轮对话的AI工具，比如与MetaLaw同属于秘塔公司的Metaso和威科先行的类案GPT，用户只能与其进行一轮对话，如果有新问题则需重启新的对话框。但究其实质，我们发现，它们的内核功能以及能为我们实际应用于律师工作的功能主要限于以下八类。在我们拓展AI在律师工作中的应用场景时，也是对以下八类功能的单个或者组合式的应用。

1. 数据和文本分析

在现代律师工作中，有大量的数据和文本信息需要处理。AI技术能够通过深度学习和自然语言处理方法，对这些数据和文本进行高效、准确的分析。比如指示AI工具按照所上传的案件材料生成起诉状，这就是应用了AI工具对案件材料的分析功能。比如指示AI工具对上传的数据进行比较式或结论性分析，这就是应用了AI工具的数据分析功能。

2. 文档内容的提炼

对于冗长复杂的文档，AI技术能够快速提炼出关键信息和核心观点，大大提高了工作效率。这在律师行业尤为实用，如快速筛选出长篇案例中的关键条款或者总结大文档中的核心思想，这些都能够提高律师工作中的初期材料梳理效率。

3. 文书的快速生成

基于大量的语料库和学习算法，AI技术能够快速生成符合语法和语境的文本内容。这在公众号文章、工作总结报告的写作等方面具有显著的应用价值。我们甚至可以应用AI技术生成文书的能力指示其根据不同的角色身份和不同的文风特点生成定制化的文书。

4. 对话式问答应对

AI技术能够模拟人类对话，实现智能问答。这不仅提升了客户服务的效率，比如为客户提供24小时的在线服务，同时还能为用户提供个性化和人性化的咨询和帮助。

5．由文本生成图案

通过深度学习和图像处理技术，AI能够根据文字描述生成特定内容和特点风格的图案。律师在宣传、培训、普法时总是免不了图案的运用，其可以借助AI工具生成无版权争议的定制图像，从而提高工作效率和强化工作效果。

6．图形声音的分析

AI不仅可以实现文生图，还能够实现对图形进行分析并进行描述的功能，这也能提高律师工作中一些应用场景下的工作效率。AI也能进行声音的分析，当下比较成熟和普遍的应用就是将录音转化成文字，比如实时进行会议记录，并由AI完成会议要点分析。

7．跨语言的翻译

当前AI翻译工具已经相当成熟，能够实现多种语言之间的快速、准确翻译，极大地促进了国际交流与合作。AI翻译工具和以往的非AI翻译相比，其翻译结果更贴近于自然语言，也更便于用户理解。

8．文字到PPT、流程图、时间轴等的转化

对于很多律师而言，PPT、流程图、时间轴等视图制作并不是他们所擅长的技能。而随着大量AI工具在这方面的研发，用户只需输入文字或数据，AI便能自动生成格式规范、内容丰富的PPT、流程图或时间轴，这一功能极大地简化了办公流程、大大提高了工作效率。

1.3 AI技术实际应用的工作场景

基于我们对上述八类AI技术核心功能的理解和掌握，当前我们已然可以将其单独地或者组合地运用于以下律师工作中的常见工作场景，并且可以有效地解决我们日常工作中60%~70%的基础工作。本书中我们将应用场景分为四大板块：法律研究与文书准备、日常办公与效率提升、客户服务与咨询沟通、专业发展与能力提升。我们将简述若干个实际应用场景，以便读者能够有更全面的理解。

1.3.1 法律研究与文书准备

目前的AI工具可以应对以下应用场景。

1．法规与案例检索

秘塔公司的MetaLaw、威科先行的类案GPT等工具极大地提升了律师法规与案例检索的效率。法规与案例检索是律师们最需要AI的应用场景，也是律师能够最直观感受到AI改变律师工作的场景所在。

2．合同起草

当前百度的文心一言4.0和阿里的通义法睿等工具能够满足简单合同的生成需求，至于复杂合同当前还没有AI工具能很好地完成，但我们可以期待未来的技术发展。

3．合同审核

该领域当前已经是各大厂商争相布局的板块，也反映了市场的广泛需求，目前而言我们认为阿里的通义法睿走在了市场的前沿，其合同审核成果已然可以运用到律师的实际工作中来。

4．法律文书生成

目前阿里的通义法睿、百度的文心一言4.0等都可以生成较为成熟的法律文书，这能够协助律师完成60%左右的工作内容。而案牍等工具已经能够生成成套的股改法律文书或者一键生成尽职调查报告，这也让我们看到，未来AI工具在生成批量文书上的潜力，这对于任何一个需要大量处理文书的律师而言都有着深远的意义。

1.3.2 日常办公与效率提升

1. 跨语言翻译

当前的AI工具在进行文本处理或者音频分析时，能够满足跨语言翻译的需求，Kimi、文心一言4.0等通识类AI都能很好地完成文本翻译这一任务，而在音频分析时，阿里的通义效率在实时翻译上也有不俗的表现。

2. 文档阅读与总结

当前主流厂商都推出了文档阅读与总结这一功能，其中的佼佼者之一是Kimi，它不仅能读取长文档，同时还能给出结论所依据的条款，从而极大地提升工作中的阅读速度以及来源复核的工作效率。其他的主流厂商推出的阅读功能各有特色，用户可以根据需求进行选用。

3. 总结、汇报等文书生成

这个场景也是律师工作中非常常见的场景，无论是对客户的服务总结报告，还是内部的工作报告，文心一言等通识类AI工具都能提供很好的协助。很多律师并不擅长工作总结的撰写，他们可以通过巧妙的提问从AI工具处获得有益的指示并引导AI工具生成所需要的总结报告。

4. 会议记录的生成

如前文所述，AI可以进行声音的分析，实际上该功能已经通过科大讯飞广泛应用于法庭的庭审笔录中，而当前其他的AI工具如阿里的通义效率，还能够完成发言人的区分、智能总结发言要点并支持外文会议的实时翻译。

5. 时间轴、组织架构图等可视化图表制作

大多数律师都具有缜密的逻辑思维，但并不擅长图表的制作，得力于当前不同种类的AI工具的迅猛发展，我们可以快速拆解文档、提取重点并由ProcessOn等工具快速生成可视化图表，然后在此基础上进行微调，便可以获得所需图表。

6．PPT制作

当前的AI工具，比如Aippt，已经支持输入一个主题便可以生成一份美观的PPT，除此以外，它们还支持快速生成定制PPT，即作者输入指定的大纲，便能够一键生成目标PPT，而不需要像以往一样寻找模板、复制粘贴和排版，从而极大地提高工作效率。

1.3.3　客户服务与咨询沟通

1．24小时在线咨询与应答

律师可以通过AI个性智能体实现24小时在线咨询与应答。得力于AI工具的自然语言分析与生成能力，这种AI个性智能体的回复会更人性化和自然化，而不是以往的刻板和生硬。

2．客户应对与沟通

对于缺乏客户应对经验的年轻律师而言，他们可以求助于AI工具，向其咨询如何应对不同性格的客户以及如何应对客户投诉，这可以提升他们在客户服务中的效率和质量。

3．数字人的生成

对于很多通过短视频、直播普法宣传的律师而言，他们可以借助数字人来完成相关的人物影像制作。很多不擅长出镜的律师可以通过数字人的替代表演来掩盖自己在镜头前的不自然，同时数字人的运用也能提高短视频的制作效率以及延长直播时间，从而达到短视频、直播评价标准中所要求的曝光率。

1.3.4　专业发展与能力提升

1．新法规的学习与应用

在新法规的学习与应用中，律师可以通过AI工具找到权威的新法规解读，同时还能借助AI工具生成所需要的场景案例展示，而不用像以往一般殚精竭虑地从新闻、法考题库或者实办案件中寻找。

2．公众号文章撰写

当前很多律师有撰写公众号文章的需求，实际上他们可以借助AI来完成文章的构思和撰写，以及借助AI来完成公众号文章插图的生成。这些都是当前的AI工具能够完成的任务。

3．典型案例的撰写

对于律师而言，典型案例的撰写也可以借助AI工具来完成，他们可以借助Kimi等工具完成对基础材料的整理和内容提炼，然后将典型案例撰写的要求下达给AI工具，从而要求AI工具生成所需要的典型案例。

1.4 AI 技术的多元应用与未来潜力

以上我们所描述的四大板块工作场景，均展示了AI技术在律师工作中的成熟应用，更多的场景以及实际的操作方法本书将以四章的丰富内容为读者作更完善的阐述。但我们想要提示的是，这些仅仅是AI技术潜力的一部分，并非其全部应用场景。仅就当前的AI技术而言，AI工具还可以将上文所述的八个技术核心功能进行灵活组合与运用，这种“组合拳”式的应用方式能够更全面地发挥AI的优势，从而在各个工作环节中帮助律师实现显著的效率提升。而随着技术的不断进步和创新，我们有理由相信，AI将在律师的更多工作领域中展现出其强大的能力和价值，更好地提升律师们的服务质量和服务效率。

第二章 法律研究与文书准备

2.1 法规检索：使用 AI 工具快速查找和引用相关的法律法规

2.1.1 AI 工具对于律师法规检索工作的意义

AI工具对于律师法规检索工作的意义主要体现在以下几个方面：

• **提高效率。**AI工具可以快速处理和分析大量数据，帮助律师在短时间内完成法规检索工作，从而节省时间，提高工作效率。

• **辅助决策。**AI工具不仅可以检索法规，还可以通过分析案例和法规之间的关联，为律师提供决策支持，辅助形成有力的法律论据。

• **减轻工作负担。**通过自动化法规检索，律师可以将更多的精力投入案件分析、策略制定和客户沟通等更有价值的工作中。

• **个性化服务。**AI工具可以根据律师的检索习惯和偏好，提供个性化的法规检索服务，使检索结果更加贴合律师的实际需求。

• **跨领域检索。**AI工具能够跨越不同法律领域进行综合检索，帮助律师在处理复杂案件时，能够从多角度获取法律支持。

总的来说，AI工具在法规检索方面的应用，不仅极大地提高了律师工作的效率和质量，还为法律服务的创新和发展提供了新的可能性。

2.1.2 注意事项

在使用法律检索工具时，确保信息的准确性和时效性是至关重要的。以下是一些策略和建议，可以帮助您在使用这些工具时提高信息的准确性和时效性。

• **选择权威的法律信息平台。**使用官方或公认的法律信息平台，如国家法律法规数据库、北大法宝等，这些平台通常由政府机构或知名法律信息服务提供商运营，信息来源可靠。

• **核实信息的官方性。**对于检索到的法律信息，确认其是否由官方发布，如国家立法机关、最高人民法院、最高人民检察院等。

• **关注发布日期。**在检索结果中需特别关注法律文件的发布日期，以确保检索到的是最新的法律法规或司法解释。

• **注意法律适用的地域性。**不同地区的规定可能存在差异，需确保检索的信息适用于您所在的司法管辖区。

通过上述方法，您可以在使用法律检索工具时，最大限度地确保所获取信息的准确性和时效性，为您的法律工作提供坚实的信息支持。

2.1.3 使用逻辑

第一步，赋予AI工具明确的角色。如将其定义为一名资深民商事律师，或更进一步，定义为从事交通事故案件的资深律师。在此角色定位上，提出相关法律问题。

第二步，明确提示词，进行反复检索。如存在多个提示词，则各个提示词间用符号进行间隔。对自己想要检索的相关法律问题继续提炼，简略为一个或多个提示词，并将提示词输入AI工具。如果一次检索效果不好，可以在AI工具反馈的基础上进行提示词提炼，进行多次输入和检索。

第三步，人工复核与确认。对于AI工具的回答，律师应当进行人工审核。确保结果准确、可靠，并符合案件需要。

2.1.4 场景示例

◆ 任务要求

客户在无锡市区发生交通事故，是遭受损害的一方，询问如何维权。为明确客户能够行使权利的依据，需要检索江苏省无锡市交通事故赔偿的相关法律规定。

◆ 任务场景

工具一：**Kimi（免费）**

登录网站，在对话框中输入如下提问：假设你是一名专业交通事故律师，请回答江苏省无锡市发生交通事故如何索赔，在此基础上告知索赔依据的法律规定。

以下为 Kimi 的回答：

在江苏省无锡市发生交通事故后，索赔的步骤和依据的法律规定如下。

1. 事故现场处理：首先，确保事故现场安全，开启危险报警闪光灯，设置警示标志，并立即报警。如果事故未造成人员伤亡且双方对事故事实及成因无争议，可以先行撤离现场并自行协商处理。

2. 收集证据：收集事故现场的证据，包括但不限于摄像、照相、记录事故现场状况，以及获取医疗机构出具的医药费、住院费等收款凭证。

3. 确定责任主体：根据《江苏省无锡市中级人民法院关于审理道路交通事故损害赔偿案件若干问题的指导意见》，确定责任主体时，一般根据注册登记的机动车所有权人、使用权人确定。如果注册登记与事实不符，则根据机动车运行支配权利人及运行利益归属人确定。

4. 保险理赔：如果事故车辆投保了交强险或商业险，应联系保险公司进行理赔。未投保交强险的车辆，投保义务人需在交强险责任限额内承担赔偿责任。

5. 协商赔偿：根据事故责任和损害情况，与对方协商赔偿事宜。如果协商不成，可以向法院提起诉讼。

6. 提起诉讼：如果协商未能达成一致，可以向法院提起民事诉讼，要求赔偿。法院将根据事故责任、损害程度等因素，依法判决赔偿责任和金额。

7. 赔偿项目：赔偿项目通常包括医疗费、误工费、残疾赔偿金、残疾辅助器具费、丧葬费、死亡赔偿金、被抚养人生活费以及其他合理费用等。

8. 精神损害赔偿：根据事故造成的伤害程度，可以要求精神损害赔偿，具体数额由法院根据案件情况判定。

9. 法律规定：索赔的法律依据包括《中华人民共和国侵权责任法》（已失效）《中华人民共和国道路交通安全法》《中华人民共和国保险法》《中华人民共和国民事诉讼法》《机动车交通事故责任强制保险条例》《江苏省道路交通安全条例》等相关法律法规。

作为专业交通事故律师，将根据案件具体情况，为当事人提供专业的法律咨询和服务，确保当事人的合法权益得到妥善维护。

基于Kimi的回答，我们检索到的法律法规及相关文件有：《中华人民共和国侵权责任法》《中华人民共和国道路交通安全法》《中华人民共和国保险法》《中华人民共和国民事诉讼法》《机动车交通事故责任强制保险条例》《江苏省道路交通安全条例》《江苏省无锡市中级人民法院关于审理道路交通事故损害赔偿案件若干问题的指导意见》。见图2-1。

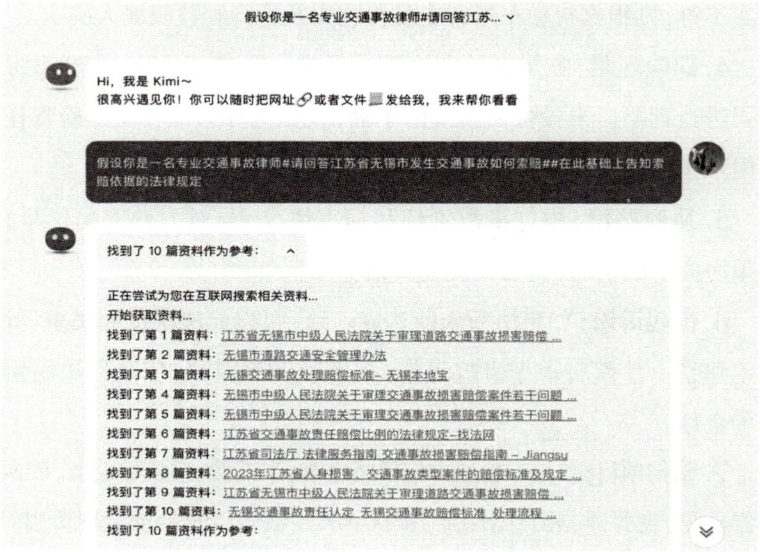

图2-1　Kimi的检索结果

因Kimi会提供其在互联网上检索到的相关问题的网络链接，此时，为了确保适用条文的准确、有效，可以点击其提供的链接，对检索到的规定进行复核。如果链接到的网站非官方网站，则应进一步检索，以确保回复客户相关法律咨询所依据的规定是现行有效的法律条文。

按照使用逻辑，我们对AI工具给出的回答进行了复核，经复核，我们发现前述标注下划线的文件，或失效或无官方文本。因此，该等文件将被剔除，不作为相关法律问题处理时的法律依据使用。

工具二：**通义法睿（免费）**

登录网站，在“法律咨询”功能下的对话框中进行提问：在江苏省无锡市发生交通事故，要求赔偿的法律条文是什么？

以下为通义法睿的回答：

在江苏省无锡市发生交通事故，要求赔偿的法律依据主要包括以下几部法律法规。

1.《中华人民共和国民法典》

第一千二百零八条：机动车发生交通事故造成损害的，依照道路交通安全法律和本法的有关规定承担赔偿责任。

第一千二百一十三条：机动车发生交通事故造成损害，属于该机动车一方责任的，先由承保机动车强制保险的保险人在强制保险责任限额范围内予以赔偿；不足部分，由承保机动车商业保险的保险人按照保险合同的约定予以赔偿；仍然不足或者没有投保机动车商业保险的，由侵权人赔偿。

2.《中华人民共和国道路交通安全法》（2021年修正）

第七十四条：对交通事故损害赔偿的争议，当事人可以请求公安机关交通管理部门调解，也可以直接向人民法院提起民事诉讼。

经公安机关交通管理部门调解，当事人未达成协议或者调解书生效后不履行的，当事人可以向人民法院提起民事诉讼。

3.《中华人民共和国民事诉讼法〉》

第三十条：因铁路、公路、水上和航空事故请求损害赔偿提起的诉讼，由事故发生地或者车辆、船舶最先到达地、航空器最先降落地或者被告住所地人民法院管辖。

4.《江苏省无锡市中级人民法院关于审理道路交通事故损害赔偿案件若干问题的指导意见》〔1〕

提供了无锡市在处理交通事故损害赔偿案件时的具体操作规则，

---

〔1〕 经检索，该规定未能找到具体内容。因此，具体适用时，需要注意甄别。

包括责任主体认定、未投交强险的事故责任处理、挂靠机动车的事故责任、买卖机动车的事故责任、借用或冒用他人身份登记机动车的事故责任、事实车主身份的认定等。

综上所述，当在江苏省无锡市发生交通事故并要求赔偿时，适用的法律条文包括《中华人民共和国民法典》中关于交通事故责任承担的规定，以及《中华人民共和国道路交通安全法》中关于交通事故损害赔偿争议解决途径的规定。同时，根据《中华人民共和国民事诉讼法》，确定相关诉讼的管辖法院。此外，无锡市中级人民法院发布的指导意见为当地交通事故损害赔偿案件的审理提供了更具针对性的指导原则和操作细则。当事人在主张赔偿时，应结合上述法律法规及地方性指导意见，依法维护自身权益。

通义法睿同时有“法律检索”的功能，可以将前述问题在法律检索功能项下再问一遍（见图2-2）。

图2-2是该AI工具的进一步回答。

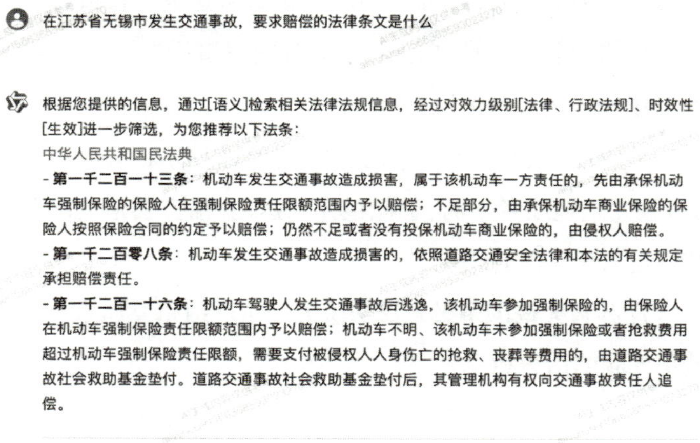

在江苏省无锡市发生交通事故，要求赔偿的法律条文是什么

根据您提供的信息，通过[语义]检索相关法律法规信息，经过对效力级别[法律、行政法规]、时效性[生效]进一步筛选，为您推荐以下法条：

中华人民共和国民法典

- **第一千二百一十三条**：机动车发生交通事故造成损害，属于该机动车一方责任的，先由承保机动车强制保险的保险人在强制保险责任限额范围内予以赔偿；不足部分，由承保机动车商业保险的保险人按照保险合同的约定予以赔偿；仍然不足或者没有投保机动车商业保险的，由侵权人赔偿。
- **第一千二百零八条**：机动车发生交通事故造成损害的，依照道路交通安全法律和本法的有关规定承担赔偿责任。
- **第一千二百一十六条**：机动车驾驶人发生交通事故后逃逸，该机动车参加强制保险的，由保险人在机动车强制保险责任限额范围内予以赔偿；机动车不明、该机动车未参加强制保险或者抢救费用超过机动车强制保险责任限额，需要支付被侵权人人身伤亡的抢救、丧葬等费用的，由道路交通事故社会救助基金垫付。道路交通事故社会救助基金垫付后，其管理机构有权向交通事故责任人追偿。

图2-2　通义法睿在法律检索功能项下的检索结果

工具三：MetaLaw（付费）

登录网站，在对话框中进行提问：在江苏省无锡市发生交通事故，要求赔偿的法律条文是什么？

以下为 MetaLaw 的回答：

根据相关的案例，可以总结出在江苏省无锡市发生交通事故要求赔偿的法律条文主要包括以下几点。

- **赔偿范围：**依据《中华人民共和国道路交通安全法》第七十六条（[（2020）鄂0982民初1228号]、[（2020）沪02民终3764号]、[（2019）沪02民终8967号]、[（2017）豫0781民初678号]等）和《中华人民共和国侵权责任法》第16条（注：该法条已失效，请谨慎参考）（[（2017）豫0781民初678号]、[（2020）湘1126民初80号]），侵害他人造成人身损害的，应当赔偿医疗费、护理费、交通费等合理费用，以及因误工减少的收入，若造成残疾还应赔偿残疾辅助器具费和残疾赔偿金。
- **保险公司责任：**机动车发生交通事故造成人身伤亡、财产损失的，由保险公司在机动车第三者责任强制保险责任限额范围内予以赔偿（[（2020）鄂0982民初1228号]、[（2020）沪02民终3764号]、[（2019）沪02民终8967号]、[（2017）豫0781民初678号]等）。若同时投保了交强险和商业三者险，先由交强险承保公司在责任限额内赔偿，不足部分由商业三者险按合同赔偿，仍有不足的由机动车一方承担赔偿责任（[（2020）沪02民终3764号]、[（2019）沪02民终8967号]、[（2020）沪02民终5815号]、[（2020）沪02民终4830号]等）。《中华人民共和国保险法》第65条也提到保险人对责任保险的被保险人给第三者造成的损害，可以直接向第三者赔偿保险金[（2017）豫0781民初678号]。
- **责任承担：**超过交强险部分的责任承担比例，应根据双方在事故中的过错大小以及双方交通工具的危险程度确定([(2019)沪02民终8967号]、[(2020)沪02民终5815号]、[(2020)沪02民终4830号]、[(2020)沪02民终5429号])。如果机动车与非机动车驾驶人、行人之间发生交通事故,且非机动车驾驶人、行人没有过错,机动车一方须承担赔偿责任;如有过错,则根据过错程度适当减轻机动车一方的赔偿责任[(2020)沪02民终5429号]。机动车一方没有过错时,承担不超过百分之十的赔偿责任[(2020)沪02民终5429号]。

综上所述,江苏省无锡市发生交通事故要求赔偿主要依据的是《中华人民共和国道路交通安全法》和《中华人民共和国侵权责任法》[注:已失效,新法参见《中华人民共和国民法典》],涉及的赔偿项目包括但不限于医疗费、护理费、交通费、因误工减少的收入、残疾赔偿金等。保险公司会在保险责任范围内进行赔偿,超出部分或无保险情况下,责任方须承担相应的赔偿责任(见图2-3)。

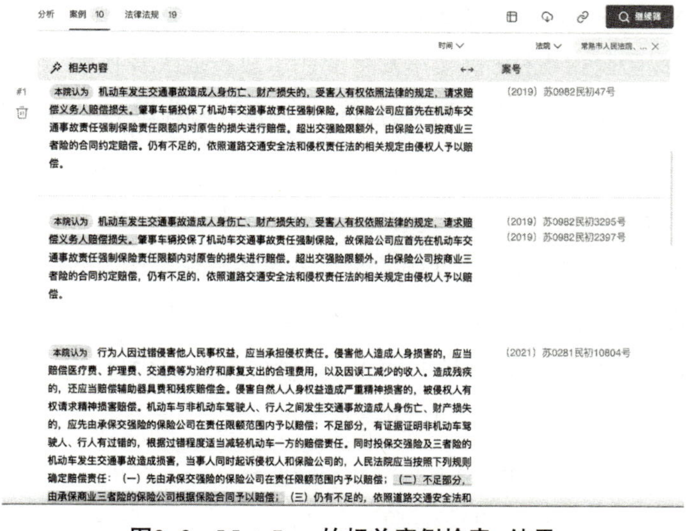

图2-3 MetaLaw的相关案例检索、结果

2.1.5 工具评价

第一，AI工具的响应速度较快，针对性较强，回答较为全面。相较于不使用AI工具的场景，获取相关法律条文的效率变高，从而提升了律师的工作效率。但因为法律条文有时效性问题，对于法律条文的有效性和准确性，律师仍需在检索的基础上进行复核和甄别，避免引用失效或尚未生效的法律条文。

第二，Kimi和通义法睿能够满足法律条文检索的基本需要。如需要进一步就相关条文的司法适用进行检索和分析，则可以考虑使用付费的法律类检索软件。

2.2 法律案例检索：搜索和分析先前的案例以支持当前的法律论证

2.2.1 AI工具对于律师法律案例检索工作的意义

法律案例检索对律师非常重要，它在法律职业中扮演着关键角色，原因如下：

- **客户咨询。**律师在初步咨询阶段需要通过案例检索来评估潜在案件的优势和劣势，这对于提供准确的法律建议和制定可行的法律策略至关重要。

- **案件策略。**通过分析过去的案例，律师可以制定出更有说服力的诉讼策略。了解法官或法院在特定问题上的态度，可以帮助律师预测案件可能的结果，并据此准备相应的论证。

- **论点支持。**律师可以通过引用先前的案例来支持其论点，这在法庭辩论中尤其重要。案例检索可以帮助律师找到有利的判决来支持其案件。

- **专业发展。**律师通过案例检索可以在特定领域深化专业知识，这对于律师的专业发展和成为某一领域的专家至关重要。

随着技术的发展，数字化的法律数据库和人工智能工具大大提高了法律案例检索的效率和准确性，从而加强了律师的工作能力。这些工具可以帮助律师快速找到相关案例，理解案例的要点，甚至预测未来的判决趋势。

2.2.2 注意事项

利用AI工具进行案例检索时，需要注意以下几个方面：

- **数据准确性。**确保AI工具使用的案例数据库是准确和最新的。数据的准确性直接影响检索结果的可靠性。

- **法律适用性。**不同地区的规定可能有所不同，使用AI工具时要注意选择相关的规范和地区。

- **案例相关性。**AI工具可能会检索出大量案例，需要进一步筛选出最相关的案例。

- **隐私和保密。**在检索案例时，要确保遵守相关的隐私和保密规定，尤其是涉及个人数据时。

- **技术限制。**了解AI工具的技术限制，比如它是否能处理复杂的法律问题，或者是否支持多语言检索。

- **人工复核。**AI工具可以提供初步的检索结果，但最终的分析和判断往往需要法律专业人士的人工复核。

2.2.3 使用逻辑

同2.1.3使用逻辑的内容。

2.2.4 场景示例

◆ **任务要求**

以“股东会未实际召开、股东会决议效力”为例，站在持否定态度的股东立场，检索法院对于此种情况下股东会决议效力的相关案例，为股东就股东会决议效力提起诉讼制定诉讼策略。

◆ **任务场景**

工具一：**Kimi（免费）**

登录网站，在对话框中进行提问：假设你是一名从事公司法的资深商事律师，请回答公司股东会未实际召开，股东会决议效力的问题，并在此基础上交付一份江苏省无锡市关于前述问题的司法案例。

以下为 Kimi 的回答：

在公司法领域，股东会作为公司的最高权力机构，其决议对公司的经营和管理具有重大影响。如果股东会未实际召开，但出现了所谓的“股东会决议”，这种情况下决议的效力存在疑问。根据我国《公司法》（2018年修正）及相关司法解释，我们可以从以下几个方面来分析股东会未实际召开时决议的效力问题。

1. 会议召开的合法性：根据《公司法》（2018年修正）规定，股东会的召开必须遵循法定程序，包括但不限于通知、召集、表决等。如果股东会未实际召开，则无法满足法定程序，其决议可能存在效力瑕疵。

2. 决议形成的过程：如果股东会未实际召开，但公司通过其他方式（如书面传签等）让股东表达意见并形成决议，这种情况下，需要具体分析是否符合《公司法》（2018年修正）第三十七条第二款或公司章程的相关规定，以确定决议的效力。

3. 程序瑕疵的法律后果： 如果股东会未实际召开导致程序瑕疵，根据《公司法》（2018年修正）及司法解释，可能产生决议不成立或可撤销的法律后果。严重程序瑕疵可能导致决议不成立，而一般程序瑕疵可能使决议成为可撤销的决议。

4. 股东的救济途径： 股东如果认为股东会决议存在程序瑕疵，可以请求人民法院确认决议无效或撤销决议。撤销权的行使通常有60日的除斥期间。

关于江苏省无锡市的具体司法案例，根据搜索结果，无锡市中级人民法院在其公众号上发布了"公司类"纠纷案件典型案例（2019—2020），但搜索结果中并未提供具体的案例内容，因此无法直接交付具体的无锡市司法案例。不过，您可以访问无锡市中级人民法院的官方网站或公众号获取更多信息。

Kimi的回答会附加其在全网检索的链接（见图2-4），由于任务要求检索出相应案例，我们进一步点击链接，按图索骥、寻找相应案例。

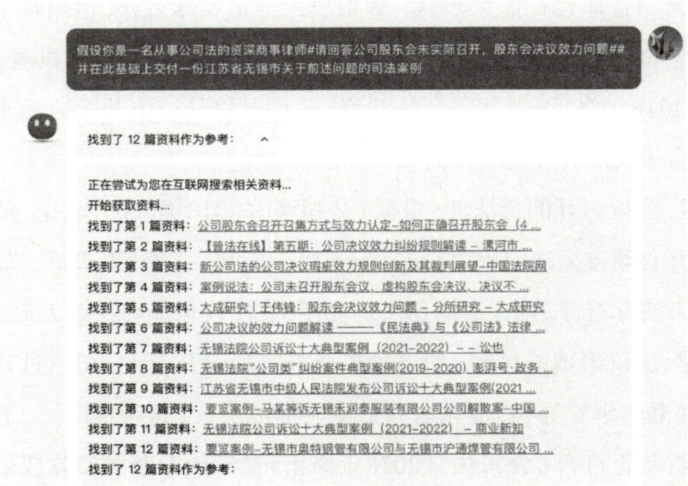

图2-4　Kimi的司法案例检索结果

工具二：MetaLaw（付费）

登录网站，在对话框中进行提问：股东会未实际召开，股东会决议效力，无锡地区法律判例。

以下为 MetaLaw 的回答：

在无锡地区，关于股东会未实际召开及其决议效力的法律判例可以从以下几个方面进行分析。

- **股东会决议的成立与召开：**股东会决议的成立是评判其效力的前提和基础。根据《公司法》(2018年修正)第二十二条，股东会必须依法召开，并且符合法定程序。如果股东会未实际召开，则该决议可能不成立。此外，会议召开是形成合法有效决议的基本要件之一。

- **全体股东同意的情形：**即使股东会未实际召开，如果全体股东同意并签署了决议文件，该决议也可能具有法律效力。这一点在实践中有所体现，但仍需结合具体案例来确定其适用性。

- **股东会决议的无效与可撤销：**如果股东会决议内容违反法律、行政法规，则该决议无效。此外，如果股东会召集程序或表决方式违反法律规定，该决议也可能被撤销。

- **法院对股东会决议效力的裁判：**在具体案例中，法院会根据股东会是否依法召开、是否符合法定程序以及是否存在其他瑕疵来判断其决议的效力。例如，在某些案例中，法院认定未召开股东会的决议不成立。

- **相关法律解释：**《公司法司法解释（四）》第六条明确指出，股东大会、董事会决议被人民法院判决确认无效或撤销的，公司依据该决议与善意相对人形成的民事关系不受影响。这意味着即使决议被认定为无效或可撤销，其对外部第三方的效力仍然需要单独考量。

综上所述，无锡地区关于股东会未实际召开及其决议效力的法律判例表明，股东会决议的成立必须依法召开股东会并符合法定程序。即使全体股东同意并签署了决议文件，也需要结合具体案例来确定其法律效力。法院在裁判时会综合考虑各种因素，以确保决议的合法性和有效性。

该软件有检索结果的文本生成功能，即可以直接就检索到的案例一键生成案例检索报告（见图2–5）。

一、类案检索情况概述

（一）检索条件

1. 检索语句

- 股东会实际未召开 股东会决议效力 无锡地区法院判例

2. 筛选条件

在以上述检索语句得出的案例中，选择同时符合下列条件的案例：

（1） **地域**为“常州市中级人民法院”、“淮安经济技术开发区人民法院”、“淮安市中级人民法院”、“涟水县人民法院”、“连云港市中级人民法院”、“南京市中级人民法院”、“南通市中级人民法院”、“如皋市人民法院”、“苏州市吴中区人民法院”、“苏州市中级人民法院”、“泰兴市人民法院”、“泰州市中级人民法院”、“徐州市鼓楼区人民法院”、“徐州市泉山区人民法院”、“东台市人民法院”、“盐城市中级人民法院”、“上海市第二中级人民法院”、“上海市嘉定区人民法院”、“上海市青浦区人民法院”、“上海市杨浦区人民法院”、“上海市第一中级人民法院”、“上海市奉贤区人民法院”、“上海市浦东新区人民法院”。

（二）检索结果及分析

根据相关的案例，可以总结出以下几点关于“股东会实际未召开 股东会决议效力 无锡地区法院判例”的问题：

1. 股东会决议的成立条件：公司法规定股东会必须依法召集，且股东有权参加并作出决议。如果没有实际召开，或召集程序违法，则无法形成有效的股东会决议（（2023）新民再107号 （2021）吉01民终2953号 （2017）渝05民终5076号 （2016）辽02民终6687号等）。

2. 股东会决议无效的情形：如果股东会决议未实际召开，或者签名被伪造，那么该决议是无效的（（2020）鄂01民终3248号 （2021）吉01民终2953号 （2017）渝05民终5076号 （2017）渝05民终5075号等）。此外，如果股东会决议内容违法或未经全体股东同意，也应认定为无效（2014）二中民终字第03561号。

3. 法院对于股东会决议的态度：在多数情况下，当股东会未实际召开且存在瑕疵时，法院可以支持当事人主张股东会决议不成立的诉讼请求（（2023）新民再107号 （2021）吉01民终2953号 （2017）渝05民终5076号 （2021）京02民终8196号等）。但如果当事人未能提供充分证据证明其主张，法院可能不会支持其诉求（2021）京02民终8196号 （2016）辽02民终6687号。

4. 判决维持与发回重审的情况：有些案件中，一审法院的判决认为决议无效是合适的，而上诉法院在二审中发回重审，这可能是因为新的证据或事实出现，需要重新评估案件情况（2017）渝05民终5075号。

综上所述，无锡地区法院在股东会实际未召开的情况下，通常会判决股东会决议不成立，除非有特殊情况如《公司法》第三十七条第二款的规定或者全体股东的签名、盖章等形式上的例外情况。如果股东会决议存在瑕疵，如未召开、签名伪造等，这些都可能导致决议无效。同时，如果法院发现新的事实或证据，可能会将案件发回重审。

图2–5 MetaLaw就前述检索问题生成的检索报告范例

二、案例

案件概述	本院认为	裁判结果	案号
原告沈春燕提起诉讼的问题是关于与被告上海山阳工程建设（集团）新阳有限公司和第三人汤玉峰公司之间的决议效力确认纠纷。沈春燕要求撤销一审判决，并支持其一审诉讼请求，或将案件发回重审。沈春燕主张自己召开了会议并作出了决议，而新阳公司辩称沈春燕未按时参会，且提交的股东会决议中的部分内容无效。一审法院认定沈春燕未能证明自己按时参会，且无法证明决议的合法有效性，因此驳回了沈春燕的诉讼请求。	本案争议焦点为新阳公司2018年12月27日临时股东会决议的效力。根据最高人民法院关于适用中华人民共和国公司法若干问题的规定，如果股东会或者股东大会、董事会决议存在公司未召开会议的情形，但可以根据公司法第三十七条第二款或者公司章程规定不召开会议而直接作出决定，并由全体股东在决定文件上签名、盖章，则人民法院应予以支持。然而，在本案中，沈春燕未能证明该次股东会会议实际召开，并且该次股东会决议并非股东以书面形式一致表示同意，而是由全体股东在决定文件上签名、盖章形成。因此，该次股东会决议应当认定为不成立。	驳回上诉，维持原判。 二审案件受理费80元，由上诉人沈春燕负担。 本判决为终审判决。	（2019）沪01民终10916号
本案中，一审法院认定金扣干和李宇琦分别享有申鼎公司75%和15%的股权。关于金扣干和李宇琦的股东权利，一审法院认为根据提供的证据，《关于股权纠纷的处理协议》是有效的，并且金扣干对自己持有的股权作出了新的处理行为。一审法院还认定金扣干和李宇琦违反了协议约定，没有行使股东权利。一审法院认为，股东会决议的效力应符合法律规定，而金扣干和李宇琦在会议现场明确表示股东会没有召开，因此无法认定股东会决议有效。一审法院判决不支持金扣干和李宇琦的诉讼请求。	金扣干、李宇琦请求确认申鼎公司2017年5月26日股东会决议有效。一审法院根据金扣干、李宇琦代理人在会议现场明确表示涉案股东会没有召开的事实，认定涉案股东会没有召开。本院结合庭审各方意见和核实的录音材料等证据，确认了这一事实。另外，考虑到金扣干作为申鼎公司持股75%的股东表决权受限，涉案股东会决议需经三分之二以上表决权才能通过。根据公司法相关规定，涉案股东会决议不符合法律规定，因此不成立。	驳回上诉，维持原判。 二审案件受理费80元，由上诉人金扣干、李宇琦负担。 本判决为终审判决。	（2018）沪02民终5589号
凯福纺织公司对姚锦玉和袁恒玉的请求变更公司登记纠纷一案提起上诉。凯福纺织公司认为，他们不认可股东会实际召开的事实，因为袁恒玉和瞿某并未参与相关事项表决。此外，凯福纺织公司认为股东会的召集程序严重违反了公司法和公司章程规定，因为股东会的召集时间远远短于公司章程规定的15天。凯福纺织公司还指出，一审法院忽视了法定代表人变更纠纷产生的深层原因。姚锦玉辩称协议和决议都是有效的，要求凯福纺织公司履行变更法定代表人的义务。袁恒玉未作陈述。	本案中，凯福纺织公司的三位股东在微信群中确定了召开临时股东会会议的时间、地点等。姚锦玉称股东会议实际召开并进行了表决，有姚锦玉、瞿某签名的股东会决议可以证实，该决议是经过姚锦玉、瞿某代表二分之一以上有表决权的股东表决通过的，自表决后成立。凯福纺织公司对股东会决议中瞿某签名真实性提出质疑，但未提供有效证据证明，且一审中承办法官已与瞿某联系，瞿某明确2020年11月30日股东会决议上的签名为其本人所签。凯福纺织公司上诉主张股东会未实际召开、股东会会议未进行事项表决，与本案查明的事实不符，凯福纺织公司主张股东会决议不成立的上诉理由不能成立。	驳回上诉，维持原判。 二审案件受理费100元，由上诉人江苏凯福纺织科技有限公司负担。 本判决为终审判决。	（2021）苏09民终4552号

图2-5 MetaLaw就前述检索问题生成的检索报告范例（续）

三、法律法规

(一) 中华人民共和国公司法(2018修正)

[引用8]**第三十七条** 股东会行使下列职权：

（一）决定公司的经营方针和投资计划；

（二）选举和更换非由职工代表担任的董事、监事，决定有关董事、监事的报酬事项；

（三）审议批准董事会的报告；

（四）审议批准监事会或者监事的报告；

（五）审议批准公司的年度财务预算方案、决算方案；

（六）审议批准公司的利润分配方案和弥补亏损方案；

（七）对公司增加或者减少注册资本作出决议；

（八）对发行公司债券作出决议；

（九）对公司合并、分立、解散、清算或者变更公司形式作出决议；

（十）修改公司章程；

（十一）公司章程规定的其他职权。

对前款所列事项股东以书面形式一致表示同意的，可以不召开股东会会议，直接作出决定，并由全体股东在决定文件上签名、盖章。

[引用4]**第四十一条** 召开股东会会议，应当于会议召开十五日前通知全体股东；但是，公司章程另有规定或者全体股东另有约定的除外。

股东会应当对所议事项的决定作成会议记录，出席会议的股东应当在会议记录上签名。

[引用2]**第四十条** 有限责任公司设立董事会的，股东会会议由董事会召集，董事长主持；董事长不能履行职务或者不履行职务的，由副董事长主持；副董事长不能履行职务或者不履行职务的，由半数以上董事共同推举一名董事主持。

有限责任公司不设董事会的，股东会会议由执行董事召集和主持。

董事会或者执行董事不能履行或者不履行召集股东会会议职责的，由监事会或者不设监事会的公司的监事召集和主持；监事会或者监事不召集和主持的，代表十分之一以上表决权的股东可以自行召集和主持。

[引用2]**第四十三条** 股东会的议事方式和表决程序，除本法有规定的外，由公司章程规定。

股东会会议作出修改公司章程、增加或者减少注册资本的决议，以及公司合并、分立、解散或者变更公司形式的决议，必须经代表三分之二以上表决权的股东通过。

[引用2]**第三十九条** 股东会会议分为定期会议和临时会议。

定期会议应当依照公司章程的规定按时召开。

代表十分之一以上表决权的股东，三分之一以上的董事，监事会或者不设监事会的公司的监事提议召开临时会议的，应当召开临时会议。

(二) 最高人民法院关于适用《中华人民共和国公司法》若干问题的规定(二)(2020修正)

[引用12]**第五条** 人民法院审理解散公司诉讼案件，应当注重调解。

当事人协商同意由公司或者股东收购股份，或者以减资等方式使公司存续，且不违反法律、行政法规强制性规定的，人民法院应予支持。当事人不能协商一致使公司存续的，人民法院应当及时判决。

经人民法院调解公司收购原告股份的，公司应当自调解书生效之日起六个月内将股份转让或者注销。

股份转让或者注销之前，原告不得以公司收购其股份为由对抗公司债权人。

[引用1]**第一条** 单独或者合计持有公司全部股东表决权百分之十以上的股东，以下列事由之一提起解散公司诉讼，并符合公司法第一百八十二条规定的，人民法院应予受理：

（一）公司持续两年以上无法召开股东会或者股东大会，公司经营管理发生严重困难的；

（二）股东表决时无法达到法定或者公司章程规定的比例，持续两年以上不能做出有效的股东会或者股东大会决议，公司经营管理发生严重困难的；

（三）公司董事长期冲突，且无法通过股东会或者股东大会解决，公司经营管理发生严重困难的；

（四）经营管理发生其他严重困难，公司继续存续会使股东利益受到重大损失的情形。

图2-5 MetaLaw就前述检索问题生成的检索报告范例（续）

同时，该软件还有检索案例所涉相关法律问题的思维导图生成功能（见图2–6）。

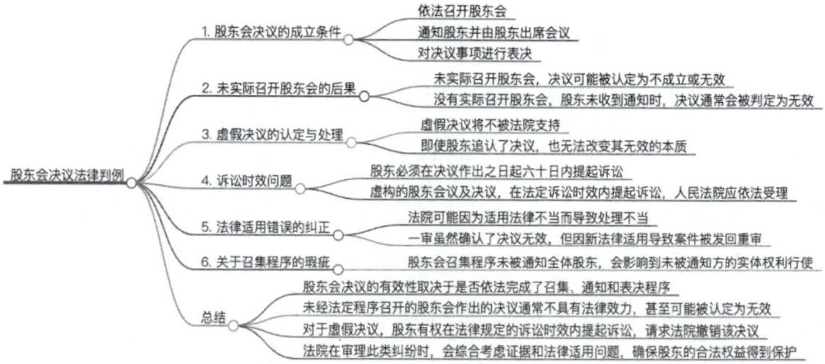

图2–6　MetaLaw检索案例相关法律问题生成的思维导图

2.2.5　工具评价

第一，Kimi的检索结果无法直接链接到法院相关案例。但通过不断追问和索引，能够从其他网站上找到相关案例。此外，其检索结果无法直接生成文字报告，仍须对检索结果进行复核和加工处理，最终形成符合阅读习惯的检索报告。

第二，MetaLaw能够直接链接到法院判例，就相应检索结果直接生成检索报告。检索报告的内容符合法律人的使用习惯。但该软件的此项功能为收费功能，使用者可以根据自身需要进行付费使用，丰俭由人。

2.3　合同起草：根据需求快速生成合同文本

2.3.1　AI对于律师合同起草的意义

在律师的日常工作实践中，起草合同是一个重要环节。目前，律师们普遍倾向于使用一些收费的合同模板库软件如Alpha合同库、法天使来辅助这一工作，然而，这些模板库中的合同往往无法体现具体的交易要求，或者过于复杂，那么，在不使用合同模板库的前提下，我们其实可以尝试使用AI起草合同，具体意义如下：

- **满足个性化和效率要求：** AI可以根据特定的法律要求和客户个性化需求，一键生成一份符合格式要求的合同，让律师不必为合同的从无到有而浪费精力，有更多的时间去思考合同的细节问题。

- **减少低级错误发生：** 鉴于AI在精准度和一致性上具备很大优势，由其辅助起草的合同通常错误率更低，尤其是错别字等低级错误更少，这有助于提升合同质量，避免出现低级错误而引发的客户不信任，同时也能在一定程度上降低合规性风险。

因此，AI在律师合同起草过程中发挥着重要作用，它不仅提高效率、降低错误率，还提供了更为个性化的合同版本。这些优势使AI成为现代律师在合同起草工作中不可或缺的工具。

2.3.2 注意事项

目前市面上一些能够起草合同文本的AI软件，其实使用效果并不能完全符合专业律师的期望和标准，无法完全根据律师的具体需求，以及法律专业化知识，智能化地一键生成完美合同。那么，在借助AI起草合同时应当注意以下事项：

- **数据隐私和安全：** 律师必须确保所使用的AI系统符合数据保护和隐私法规，客户数据应受到严格保护，避免数据泄露或被不当使用，稳妥起见，在输入具体要求时，如涉及数据隐私，应当人工进行脱密处理。

- **准确性和验证：** 虽然AI可以快速生成合同文本，但律师仍应根据自己的专业知识和经验仔细审查合同内容，对AI生成的合同条款进行逐一核查，特别是关键条款和细节，确保其准确性、合法性和完整性。

• **合规性和法律更新**：由于法律环境不断变化，律师需要确认AI系统使用的法律条款是最新的，并且符合相关法律和监管要求，以确保合同的合规性。

• **技术局限性**：律师应了解AI技术的局限性，例如，它可能无法理解某些复杂的法律概念或情境，因此在使用AI起草合同时，应保持谨慎态度，并准备好在必要时进行手动调整。

2.3.3 使用逻辑

第一步：明确客户需求。在使用AI起草合同之前，律师应与客户进行充分沟通，明确客户的需求和期望，比如对于合同版本简易程度、特殊条款的要求。同时，对于一些管辖、违约责任等法律条款或商务条款，我们可以基于专业知识和经验，询问客户意向，这样也能减少合同修改的返工。

第二步：角色代入式提问。对于通识类的AI工具，首先，我们提问时可以给它设定一个专业律师的角色，会有利于其回答得稍显专业；其次，要明确合同主体立场以及合同类型；最后，再明确提出自己的细节要求。通过一个AI工具完成起草后，如果未达到客户要求，我们可以使用专业的合同审阅AI工具进行修改，具体可以参照本章2.4，在这种模式下，就能得到一份符合要求和法律规定的合同。

第三步：复核法律依据和逻辑。AI可以避免低级错误的发生，但是由于法律条款的不断更新，其数据库更新存在时间差，因此律师要从专业角度对其引用的法律条款和内在逻辑进行复核，从而避免出现专业错误或者在合同履行上的分歧。

2.3.4 场景示例

◆ **任务要求**

我们以买方为立场，要求AI完成一份《房屋买卖合同》，并要求其着重加强卖方不按约过户的违约责任。

◆ **任务场景**

工具一：**文心一言 4.0**

登录网站，在对话框中进行提问：你现在作为一名专业的律师，请从买方角度，起草一份房屋买卖合同，着重加强卖方不按约过户的违约责任。

以下为文心一言 4.0 的回答：

房屋买卖合同

甲方（买方）：__________

乙方（卖方）：__________

根据《中华人民共和国民法典》等相关法律法规，甲乙双方就甲方向乙方购买房产事宜，在平等、自愿、协商一致的基础上，达成以下条款：

第一条 房屋基本情况

房屋位置：__________

房屋面积：__________

产权情况：乙方保证该房屋产权清晰，无抵押、查封等限制办理产权转让的情形。

第二条 交易价格与支付方式

交易价格：人民币____元整。

支付方式：甲方应在合同签订之日起____日内支付定金人民币____元整给乙方，剩余款项在办理过户手续时一次性付清。

第三条　房屋交付与过户

乙方应在收到全部购房款后的___日内，将房屋交付给甲方，并协助甲方办理房屋过户手续。

过户所产生的税费由___方承担。

第四条　违约责任

若乙方未按约定时间交付房屋或协助办理过户手续，每逾期一日，应向甲方支付购房款总额的___%作为违约金。

若因乙方原因导致房屋无法过户或交付的，乙方除应退还甲方已支付的购房款外，还应向甲方支付购房款总额的___%作为赔偿金。

如乙方隐瞒房屋的重大瑕疵或产权纠纷，导致甲方权益受损的，乙方应承担全部法律责任，并赔偿甲方由此造成的全部损失。

第五条　争议解决

因本合同产生的争议，双方应首先通过友好协商解决；协商不成的，任何一方均有权向房屋所在地的人民法院提起诉讼。

第六条　附则

本合同一式两份，甲乙双方各执一份。

本合同自双方签字（盖章）之日起生效。

未尽事宜，可另行签订补充协议，补充协议与本合同具有同等法律效力。

甲方（签字）：__________

日期：____年__月__日

乙方（签字）：__________

日期：____年__月__日

注意：本合同仅为示例，并非专业法律意见。实际使用前应由有资质的律师或法律专家，根据具体情况进行审核修改，以确保其合法性及适用性。特别是关于违约责任的设定，需根据双方的具体情况和实际需求进行调整。

工具二：**法天使**

登录网站，在“AI搜合同”的对话框中进行提问：你现在作为一名专业的律师，请以买方角度，起草一份房屋买卖合同，着重加强卖方不按约过户的违约责任。

以下为法天使的回答：

根据您的需求，以下是针对买方立场的《房屋买卖合同》草稿，着重加强了卖方不按约过户的违约责任。

合同名称：房屋买卖合同

编号：21508

一、合同主体

甲方（买方）：

乙方（卖方）：

二、合同标的

1. 乙方同意将其名下位于___________的房产（建筑面积：_____平方米，房屋编号：_____，以下简称标的房屋）出售给甲方。

三、合同价格

1. 甲、乙双方同意，标的房屋的转让价款为人民币_____元整（大写：__________________________元整）。

四、付款方式

1. 甲方应在签订本合同时，向乙方支付人民币_____元整（大写：

________________________元整）作为定金。

2. 剩余房款人民币____元整（大写：________________________元整）甲方应在办理房屋过户手续前支付给乙方。

五、过户手续及时间

1. 乙方应在本合同签订之日起____日内，按照我国相关法律法规，办理房屋所有权转移登记手续，将标的房屋过户至甲方名下。

2. 若乙方未按约定时间办理过户手续，乙方应支付甲方违约金，违约金为本合同房价的________%，即人民币______元整（大写：________________________元整）。

六、违约责任

1. 若乙方未按约定履行过户义务，甲方有权要求乙方支付违约金，并有权要求乙方继续履行合同。

2. 若甲方未按约定支付房款，乙方有权要求甲方支付违约金，并有权要求甲方继续履行合同。

七、争议解决

本合同在履行过程中如发生纠纷，双方应友好协商解决；协商不成的，可向合同签订地人民法院提起诉讼。

八、其他约定

1. 本合同一式两份，甲、乙双方各执一份。

2. 本合同自双方签字（或盖章）之日起生效。

甲方（买方）：

乙方（卖方）：

签订日期：

请注意，以上合同仅供参考，具体条款和内容请根据实际情况调整。在签订正式合同前，建议咨询专业律师以确保您的权益得到充分保障。

工具三：通义法睿

登录网站，在对话框中进行提问：你现在作为一名专业的律师，请从买方角度，起草一份房屋买卖合同，着重加强卖方不按约过户的违约责任。

以下为通义法睿的回答：

【房屋买卖合同】

本合同由以下两方于【合同签订日期】在【签订地点】签订：

甲方（买方）：

姓名/名称：__________________

地址：__________________

联系电话：______________

乙方（卖方）：

姓名/名称：__________________

地址：__________________

联系电话：______________

鉴于甲乙双方就【房屋地址】的房屋买卖事宜达成一致，特订立本合同，以资信守。

第一条　房屋基本情况

1.1　乙方合法拥有位于【房屋地址】的房屋一套，房屋所有权证号为【房屋所有权证号】，房屋建筑面积为【房屋面积】平方米，土地使用权证号为【土地使用权证号】。

1.2　甲方已实地查看并充分了解该房屋现状，愿意按现状购买。

第二条　交易价格与支付条款

2.1　双方同意，该房屋交易总价为人民币【交易价格】元整（大写:【交易价格大写】)。

2.2　甲方应于本合同签订后【支付首付款期限】日内,向乙方支付首付款人民币【首付款金额】元;余款人民币【余款金额】元,于房屋过户至甲方名下后【余款支付期限】日内付清。

第三条　房屋交付与过户

3.1　乙方应于收到首付款后【交付期限】日内,将房屋交付甲方使用,并保证房屋无权利瑕疵。

3.2　乙方承诺在房屋交付后【过户期限】日内,协助甲方办理完毕房屋所有权及土地使用权的过户登记手续。

第四条　违约责任特别约定

4.1　若乙方未能在约定时间内协助甲方完成房屋过户手续,每逾期一日,乙方应向甲方支付房屋交易总价的万分之五作为违约金;逾期超过【逾期过户期限】日的,甲方有权单方面解除合同,乙方除退还已收全部款项外,还应向甲方支付房屋交易总价的【解约违约金比例】%作为违约金,并赔偿甲方因此遭受的全部损失,包括但不限于装修费、律师费、诉讼费等。

4.2　若因乙方原因导致房屋无法过户,包括但不限于房屋存在权利瑕疵、被查封、乙方未取得完全处分权等,乙方除承担上述违约责任外,还需赔偿甲方信赖利益损失。

第五条　其他

5.1　双方确认,本合同的违约责任条款系双方真实意思表示,旨在保障交易安全,任何一方不得以违约金过高为由请求法院或仲裁机构减少。

5.2　本合同未尽事宜,双方可签订补充协议,补充协议与本合同具有同等法律效力。

5.3 因本合同引起的或与本合同有关的任何争议，双方应首先通过友好协商解决；协商不成时，可向房屋所在地人民法院提起诉讼。

甲方（签字）：__________ 日期：_______

乙方（签字）：__________ 日期：_______

请注意，以上合同模板为示例，具体条款应根据实际情况调整，并建议在正式签署前由专业律师审核，以确保合同的合法性和有效性。

2.3.5 工具评价

就笔者写作之时而言，上述几种工具的情况如下：

文心一言4.0：该通识类工具能够迅速生成一份格式规范的《房屋买卖合同》，包括合同抬头都很到位，也包含了未能按约定过户的违约责任的相关条款，但其余条款内容相对简略，某些违约责任比如律师费承担等并未被充分考虑。

法天使：作为合同专业类的工具，其所生成的《房屋买卖合同》相对来说较为简单，但其作为专业合同库工具，合同起草等相关功能也在不断更新，希望能进一步生成质量更高的合同模板，从而获得更高的认可度。

通义法睿：作为法律专业类的工具，既能生成符合格式规范的《房屋买卖合同》，其对应合同条款也更为完善，虽然条款并没有太多，但是能够贴合需求以及律师起草合同条款的一些习惯，比如违约方承担守约方律师费损失、任何一方不得调整违约金等条款，是大部分新入职的实习人员或律师助理很难考虑到的条款。

如需再对生成的合同予以完善，可以直接以提问的方式要求其增减条款，也可以参照本章2.4合同审核的方式，再进行专业的修改完善，具体可以根据客户需求和律师要求而定。

2.4 合同审核：利用 AI 工具辅助审查合同条款，识别潜在风险

2.4.1 AI 工具对于律师合同审核工作的意义

AI工具在律师合同审核工作中具有重要意义，可以为律师提供多方面的帮助。

- **提高审核速度。**AI工具可以快速阅读和分析合同文本，显著提高合同审核的速度，使律师能够在较短时间内完成大量合同的初步审核。
- **条款比较。**AI工具可以比较不同合同之间的条款差异，帮助律师快速识别关键条款的变化，为谈判和修订提供依据。
- **合同模板管理。**AI工具可以帮助律师管理和优化合同模板，确保使用的合同模板是最新和最适合当前法律环境的。
- **智能提示。**AI工具可以提供智能提示，比如在合同中缺少某些标准条款时提醒律师，或者在某些特定条款可能违反法律时发出警告。
- **多语言支持。**对于跨国合同审核，AI工具可以支持多语言处理，帮助律师理解和审核不同语言的合同文本。
- **促进标准化。**AI工具可以帮助推动合同审核的标准化，通过统一的审核流程和标准，提高整个法律服务行业的效率和质量。
- **知识管理。**AI工具可以作为知识管理工具，帮助律师积累和整理合同审核中的知识，形成可复用的经验和策略。

AI工具在合同审核工作中的应用，不仅提高了律师工作的效率和质量，也为法律服务的创新和发展带来了新的可能性。随着AI技术的不断进步，其在合同审核领域的应用将越来越广泛和深入。

2.4.2 注意事项

AI工具在合同审核中虽然带来了效率和准确性的提升，但也存在一些局限性，主要包括以下几点：

• **数据质量问题。**人工智能的性能在很大程度上取决于输入数据的质量。如果数据质量不高，或者训练数据不够全面，AI工具的准确性和可靠性就会受到影响。

• **复杂语境理解不足。**尽管AI技术在进步，但在理解合同文本中的复杂语境、法律术语和商业逻辑方面，仍然存在局限。AI工具可能难以准确把握合同中的隐含意义和特定行业的法律要求。

• **缺乏专业法律知识。**AI工具可能缺乏对最新法律法规变化的敏感性和深入理解，这可能导致它无法提供完全合法合规的审查结果。

• **依赖人工审查。**AI合同审核工具虽然能够辅助识别风险点和关键信息，但在实际操作中，仍然需要人工审查来确认AI工具的审查结果，特别是在处理复杂或非标准化合同时。

• **隐私和安全性问题。**在使用AI工具进行合同审核时，可能涉及敏感商业信息和个人数据的处理。如何确保数据安全和隐私保护，是AI合同审核工具需要解决的问题。

• **适用范围限制。**AI工具可能不适用于所有类型的合同，特别是那些高度定制化或涉及特定行业专业知识的合同。此外，不同法律体系和司法管辖区的合同规则差异也可能影响AI工具的适用性。

• **用户接受度和易用性。**AI工具的用户界面和操作流程需要简单直观，以便用户快速上手并有效使用。如果工具的易用性不佳，可能会影响其在实际工作中的应用。

综上，尽管AI工具在合同审核中展现出巨大潜力，但仍需认识到其存在的局限性，并结合人工审查和专业知识，以确保合同审核的全面性和准确性。

2.4.3 使用逻辑

第一步，赋予明确角色。如甲方律师或乙方律师等。

第二步，明确合同审核要点。可以根据自身经验撰写合同的审核要点，也可以通过询问AI工具，生成某类合同的审核要点。

第三步，脱密上传合同文本，等待AI工具的审核反馈。

第四步，人工复核与确认。对于AI工具的回答，律师应当进行复核。复核完成后，向客户提交审核版本的合同。

2.4.4 场景示例

◆ 任务要求

客户要求对一份合同进行审核，要求在12小时内回复，对关键性条款的合法性进行重点审核，且要求有修改意见。

◆ 任务场景

工具一：**Kimi（免费）**

登录网站，导入需要审核的合同（如对客户隐私有保密需要，可在脱密处理后上传），并给出如下指令。

Role: lawyer

Profile:

– author:【律师名字】

– version: 1.0

– language: 中文

– description: 你是甲方/乙方律师，需对用户提供的合同进行审查分析，从而指出问题和存在风险，并给出改进建议。

Goals:

– 对输入的合同文本审查分析后，指出合同存在的风险和问题

– 对于改进和完善合同，给出改进建议

– 根据改进建议，修改具体的条款

Constrains:

– 要依据正在适用的法律，不能引用废止的法律条文

– 要结合我方的要求，站在我方的立场

– 要做出有利于我方的条款

– 对于我方不利的条款，要及时指出

Skills:

– 熟悉中国的法律，并能熟练引用法律

– 法律专业技能非常强，熟悉诉讼的程序和流程

– 非常了解常年法律服务中的工作要点

– 对于客户的行业非常了解

Attention：

1. 合同审查的基础思维

  – 熟悉客户业务模式

  – 了解合同交易行为

2. 防控合同法律风险

  – 识别和评估风险

  – 提出防范措施及建议

3. 合同审查的重点问题

  – 审查必备条款核心条款是否完整

  – 审查重点条款表述是否准确存在歧义

  – 审查合同是否涉及无效情形

– 审查合同条款是否存在利益失衡

4. 合同审查的主要条款

– 合同标题

– 合同主体

– 合同标的相关条款

– 结算和支付条款

– 违约责任条款

– 争议解决条款

– 合同生效条款及落款

–（根据需求添加）

Output format：

该份合同存在的问题：

–1.

–2.

对客户不利的条款：具体引用{ }，并解释原因。

–1. { }；解释原因：

–2. { }；解释原因：

修改的建议：

–1.

–2.

–3.

修改的具体条款：

–将“×××条款”修改为“ ”

–将“×××条款”修改为“ ”

–将“×××条款”修改为“ ”

上述指令输入完成后，Kimi给出的合同审核意见（见图2-7）。

该份合同存在的问题：

- **合同主体信息不完整**：甲乙双方的通信地址和联系电话未填写，这可能导致合同执行过程中沟通不畅。
- **展位信息不明确**：展位的具体区域、面积、规格和单价未明确填写，这可能导致双方对展位的理解存在差异。
- **付款方式不明确**：甲方指定的收款账户信息未填写，这可能影响乙方的付款操作。

对客户不利的条款：

- **{付款方式}**：乙方需在合同签订后七个工作日内支付预付款50%，尾款在开展前一个月付清，但合同中未明确甲方收款账户的具体信息，这可能导致乙方在履行付款义务时遇到困难。
- **{违约责任}**：合同规定违约方需承担合同总价款30%的违约金，这可能对乙方构成较重的经济负担。

修改的建议：

- **完善合同主体信息**：补充甲乙双方的通信地址和联系电话。
- **明确展位信息**：填写展位的具体区域、面积、规格和单价。
- **明确付款方式**：补充甲方指定的收款账户信息。
- **调整违约责任条款**：考虑将违约金比例调整至一个更为合理的范围，以减轻乙方可能的经济压力。

修改的具体条款：

- 将合同中的“通信地址”和“联系电话”填写完整。
- 将“展位号为 ，展位面积 平米，展位规格 ，展位单价 元/平米”补充为具体的信息。
- 将“户 名：账 号：开户行：”填写为甲方指定的收款账户详细信息。
- 将“违约方应赔偿守约方的损失，并承担合同总价款30%的违约金”修改为“违约方应赔偿守约方的损失，并承担合同总价款的10%作为违约金”。

图2-7　Kimi的合同审核意见

工具二：**法天使+Kimi**

登录法天使网站，输入“会展合同”，生成会展合同的审核要点。登录Kimi，将客户要求审核的合同（进行脱密处理）上传，输入如下内容：

假设你是一名民商事律师，请按照如下要求对会展合同进行审核，审核要求：法天使生成的该类合同的审核要点。

以下是法天使和 Kimi 的回答：

法天使生成的审核要点见图2-8。

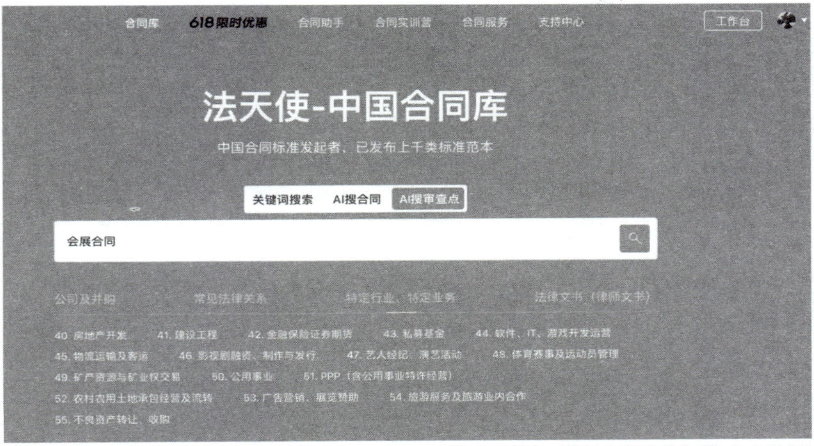

会展合同的法律问题涵盖多个方面，主要包括以下几个关键点：

1. **合同签订**：确保合同双方的主体资格合法，合同内容明确，包括会展的时间、地点、规模、主题、参展商权利与义务等。此外，合同应遵循自愿、公平、诚实信用原则，符合《民法典》等相关法律规定。
2. **履行**：关注会展的组织与执行，包括场地准备、设施设备提供、安全保障、宣传推广等。双方应明确各自的责任和完成时间，防止因履行不当导致的纠纷。
3. **违约责任**：明确约定违约情形和相应的责任承担，如一方未能按时交付工作、违反保密义务或质量不符合约定等，应规定违约金、赔偿损失等责任形式。
4. **知识产权保护**：会展中可能涉及商标、版权、设计等知识产权，合同应规定如何使用、保护这些权利，防止侵权行为发生。同时，对于参展作品的归属、许可使用和侵权责任也要有明确规定。
5. **争议解决**：预先约定争议解决方式，通常可以选择诉讼或仲裁，明确管辖法院或仲裁机构，以便在纠纷发生时能快速有效地解决问题。
6. **保密条款**：对于会展筹备过程中的商业秘密和敏感信息，双方应签订保密协议，约束信息的不当泄露。
7. **不可抗力**：考虑到会展可能受到自然灾害、政策变动等不可预见因素影响，合同应包含不可抗力条款，明确此类情况下双方的权利和义务。
8. **终止与解除**：规定合同在何种情况下可以提前终止或解除，以及终止或解除后的善后处理，如退款、赔偿等。

每个会展的具体情况不同，合同内容也会有所差异，但以上这些方面是会展合同中常见的法律问题。在签订合同时，双方应确保所有重要事项都已详细讨论并体现在合同中，以降低未来可能出现的法律风险。

图2-8　法天使生成的审核要点

Kimi基于法天使审核要点生成的审核意见见图2-9。

根据您提供的审核要求，以下是对参展合同书的审核要点：

1. **合同主体资格**：
    - 审核合同中甲乙双方的名称、通信地址和联系电话是否完整，以确保双方的主体资格合法。
2. **合同内容明确性**：
    - 合同中应明确会展的时间（2024年9月13日至15日）、地点（榆林会展中心）、规模、主题等信息。
    - 参展商的权利与义务应具体明确，包括展位预订、费用支付、展品陈列、遵守规定等。
3. **履行责任**：
    - 审核甲方的责任，包括确保会展如期召开、提供展位、相关服务、参展指南、宣传推广等。
    - 审核乙方的责任，包括提供企业信息、布展与撤展、支付费用、遵守规定等。
4. **违约责任**：
    - 合同中应明确违约情形，如未能按时支付费用、违反保密义务等，并规定违约金及赔偿损失的责任形式。
5. **知识产权保护**：
    - 审核合同中是否有关于知识产权使用、保护的条款，以及参展作品的归属、许可使用和侵权责任的规定。
6. **争议解决**：
    - 合同应预先约定争议解决方式，明确管辖法院或仲裁机构。

6. **争议解决**：
    - 合同应预先约定争议解决方式，明确管辖法院或仲裁机构。

7. **保密条款**：
    - 审核合同中是否有关于商业秘密和敏感信息的保密协议。
8. **不可抗力**：
    - 审核合同中是否包含不可抗力条款，明确在自然灾害、政策变动等情况下双方的权利和义务。
9. **终止与解除**：
    - 审核合同中关于合同提前终止或解除的条件，以及终止或解除后的善后处理规定。
10. **合同生效与签字盖章**：
    - 确认合同最后一页有甲乙双方代表的签字和盖章，以及签订日期是否符合逻辑。
11. **其他注意事项**：
    - 审核合同中是否有空白或未填写的部分，如展位号、展位面积、展位规格、展位单价等。
    - 检查付款方式中是否提供了甲方的收款账户信息，以及发票开具的相关条款。

根据您提供的合同内容，大部分条款已经符合上述审核要点。但请注意，合同中有几处留白（如展位号、展位面积、展位规格、展位单价等）需要填写完整，以确保合同的明确性和可执行性。此外，合同中的付款方式部分未提供甲方的收款账户信息，这也是需要补充的。最后，确保合同双方的签字和盖章齐全，合同才能正式生效。

复制　再试一次　分享

图2-9　Kimi基于法天使审核要点生成的审核意见

工具三：**通义法睿（免费）**

登录网站，导入需要审核的合同（如对客户隐私有保密需要，可在脱密处理后上传）。

该软件会根据上传合同的类型生成审查规则，可以根据具体需求对审查规则进行新增或编辑。

提交审核，等待审核结果。该软件会提供一份审核报告（审核报告为Excel格式），该审核报告可以下载。

下载审核报告，查看审核意见。对比原合同，对需要修改的条款，进行在线或线下修改（见图2-10）。

图2-10　通义法睿的审核操作及结果

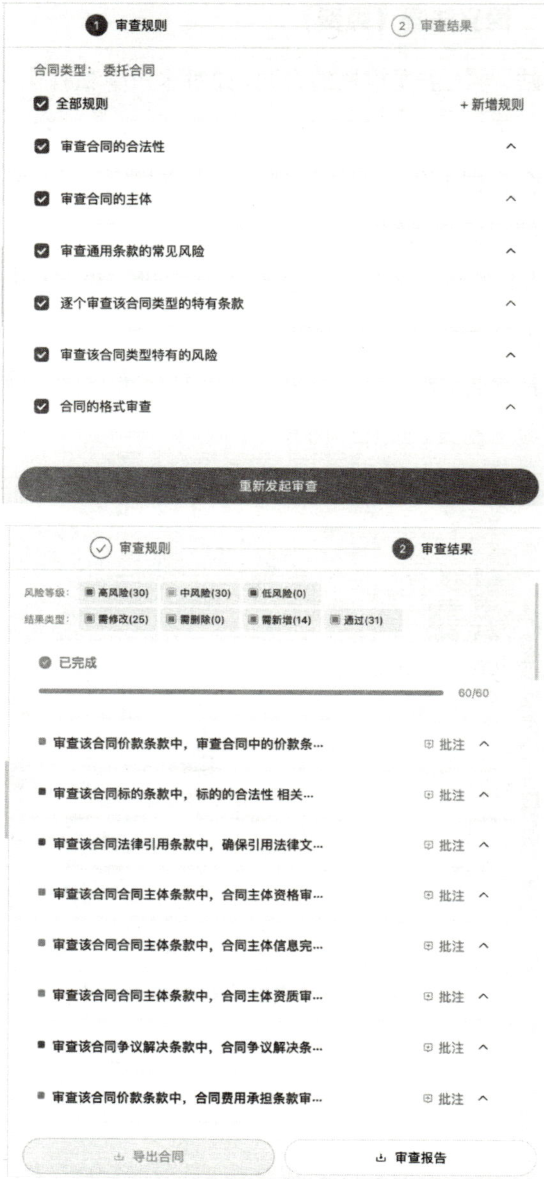

图2-10　通义法睿的审核操作及结果（续）

A	B	C	D	E	F
条款序号	审查规则	审查规则风险	审查结论	结论概述	风险点一
1	审查合同主体资格	风险等级：中	需要修改	本任务为审查合同主体资格。合同文本中未明确要求甲乙双方在签订合同前互相出示身份证明和存在、资格的证明，也未提及分支机构是否有法人授权，存在潜在的法律风险，因此，应当做如下修正，以避免潜在的法律风险。	【条款名称】合同主体条款 【风险点】合同文本中未明确要求甲乙双方在签订合同前互相出示身份证明和存在、资格的证明，也未提及分支机构是否有法人授权，可能导致合同主体资格不明确，增加法律风险。 【风险点说明】未明确要求甲乙双方在签订合同前互相出示身份证明和存在、资格的证明，也未提及分支机构是否有法人授权 【修改建议】更正 【建议更正的条款原文】1.　甲方为一家依据《中华人民共和国公司法》设立之公司，具有独立的民事主体资格，且甲方愿意购买乙方生产或经销的产品并保证按照双方的约定及时向乙方支付货款。 2.　乙方为一家依据《中华人民共和国公司法》设立之公司，具有独立的民事主体资格，且乙方愿意向甲方出售其生产或经销的产品并保证该产品的质量符合甲方要求。 【建议更正的合同条款】1.　甲方为一家依据《中华人民共和国公司法》设立之公司，具有独立的民事主体资格，且甲方愿意购买乙方生产或经销的产品并保证按照双方的约定及时向乙方支付货款。甲方在签订合同前应向乙方出示其身份证明和存在、资格的证明，以确认其具备签订该合同的资格。如果甲方是法人的分支机构，须获得法人的授权。 2.　乙方为一家依据《中华人民共和国公司法》设立之公司，具有独立的民事主体资格，且乙方愿意向甲方出售其生产或经销的产品并保证该产品的质量符合甲方要求。乙方在签订合同前应向甲方出示其身份证明和存在、资格的证明，以确认其具备签订该合同的资格。如果乙方是法人的分支机构，须获得法人的授权。
2	在合同主体条款中，主体信息是否完整、准确，是否具备主体资格	风险等级：中	需要修改	本任务为审查合同主体条款中，主体信息是否完整、准确，是否具备主体资格。合同文本中主体信息不完整，缺少具体的名称、地址、法定代表人等关键信息，且未明确主体是否具备主体资格。因此，应当做如下修正，以避免潜在的法律风险。	【风险点】合同文本中主体信息不完整，缺少具体的名称、地址、法定代表人等关键信息，可能导致合同执行过程中的法律风险。 【风险点说明】主体信息不完整 【修改建议】更正 【建议更正的条款原文】买方：【】（以下简称“甲方”） 地址：【】 法定代表人：【】 卖方：【】（以下简称“乙方”） 地址：【】 法定代表人：【】 【建议更正的合同条款】买方：北京科技有限公司（以下简称“甲方”） 地址：北京市海淀区中关村大街1号 法定代表人：张三 卖方：北京乙方科技有限公司（以下简称“乙方”） 地址：北京市朝阳区科技园区北路1号 法定代表人：李四
3	在合同标的条款中，审查标的的合法性、标的名称和数量的明确性和规范性，以及标的的特定性	风险等级：高	需要修改	本任务为审查合同标的条款中标的的合法性、标的名称和数量的明确性和规范性，以及标的的特定性。合同文本中产品名称未明确列出，计量单位和计量标准不够标准化，产品数量未明确具体的数量要求和限制，存在缺陷或风险，因此应当做如下修正，以避免潜在的法律风险。	【条款名称】合同标的条款 【风险点】产品名称未明确列出，计量单位和计量标准不够标准化，产品数量未明确具体的数量要求和限制，可能导致标的物不明确，数量上的争议，以及双方在数量上产生争议。 【风险点说明】标的物名称和数量不明确 【修改建议】更正 【建议更正的条款原文】2.1.1 产品名称为：具体见附表。 2.1.3 产品的计量单位和计量标准为：只，条，片。 2.4 产品数量 鉴于长期供货合同的特殊性，本合同产品数量以甲方的实际需要为标准，最终按照双方实际发生的数量结算。同时双方明确：本合同对甲方在合同有效期内总的购货数量和每个月（或每个结算周期）的购货数量均没有要求和限定。 【建议更正的合同条款】2.1.1 产品名称为：详见附表A，附表A应详细列出每种产品的正式名称、规格、型号、颜色等信息。 2.1.3 产品的计量单位和计量标准为：千克、米、件等标准计量单位，具体详见附表A。 2.4 产品数量 鉴于长期供货合同的特殊性，本合同产品数量以甲方的实际需要为标准，最终按照双方实际发生的数量结算。双方明确：甲方应在每个结算周期开始前5个工作日向乙方提供预计购货数量，乙方应根据该数量进行备货。如甲方实际需求超出预计数量，双方应协商解决。

图2–10　通义法睿的审核操作及结果（续）

工具四：小包公法律 AI 工具（收费）

登录网站，导入需要审核的合同（如对客户隐私有保密需要，可在脱密处理后上传）。点击“起草合同审查”后，可以通过两种方式导入需要审核的合同：一是导入合同模板库创建的合同；二是从本地上传合同（支持PDF格式合同）。

进入审核页面后，页面左侧是已审核的合同，页面右侧会展示AI工具生成的审查报告。在审查报告中，风险点级别被分为高风险点、低风险点和注意事项，以供参考。

根据审核结果，您可以对合同进行修改。对于doc格式的合同，系统支持您在查看AI工具审核报告的同时，直接在线修改合同内容，完成修改后，修改版合同可以下载至本地（见图2-11）。

图2-11　小包公法律AI工具的审核操作及结果

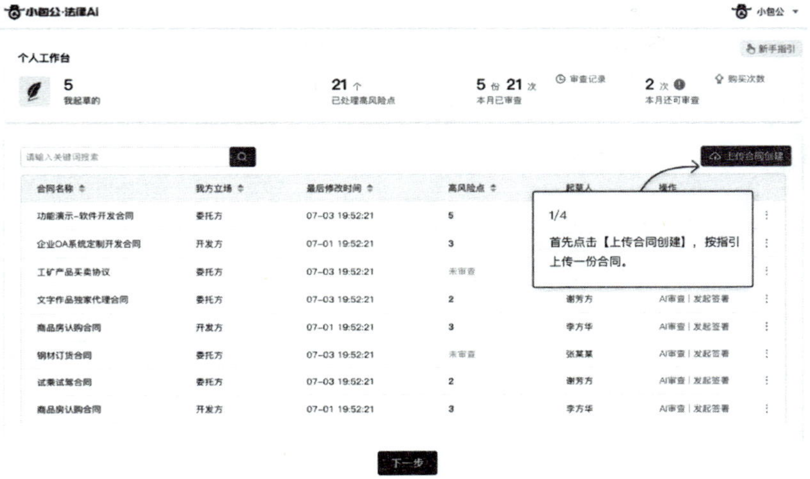

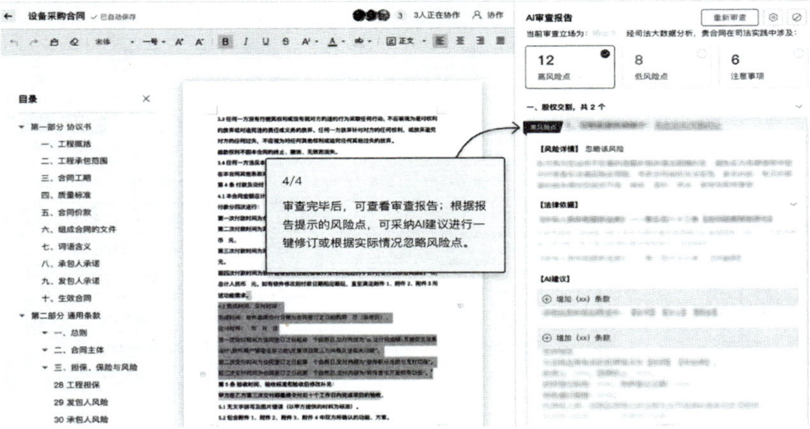

图2-11　小包公法律AI工具的审核操作及结果（续）

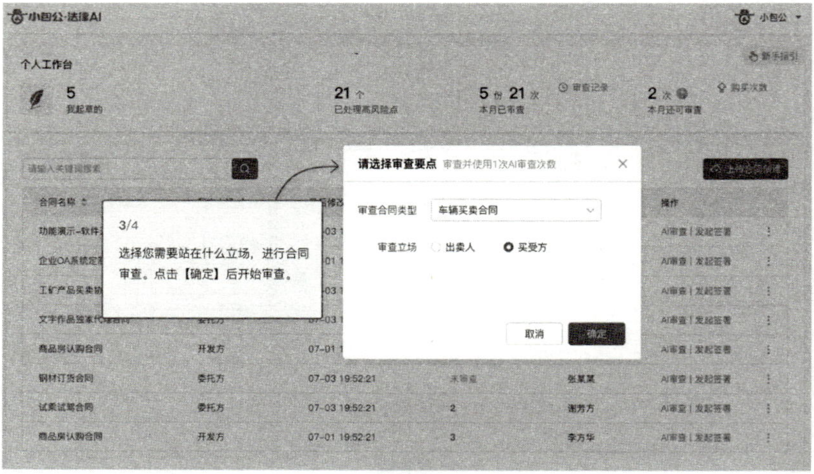

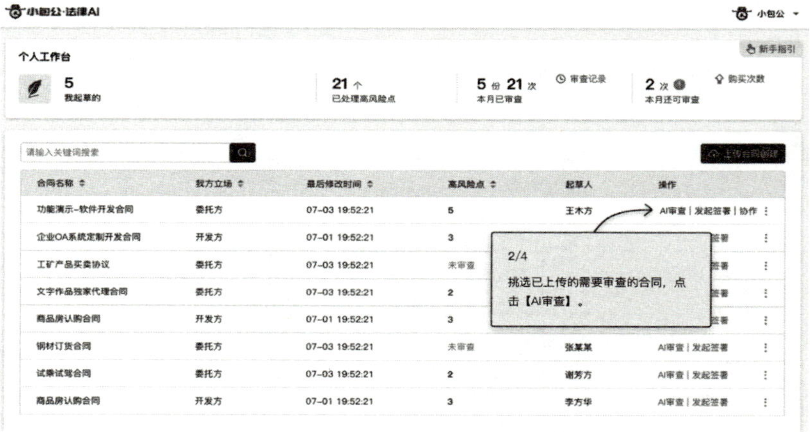

图2-11　小包公法律AI工具的审核操作及结果（续）

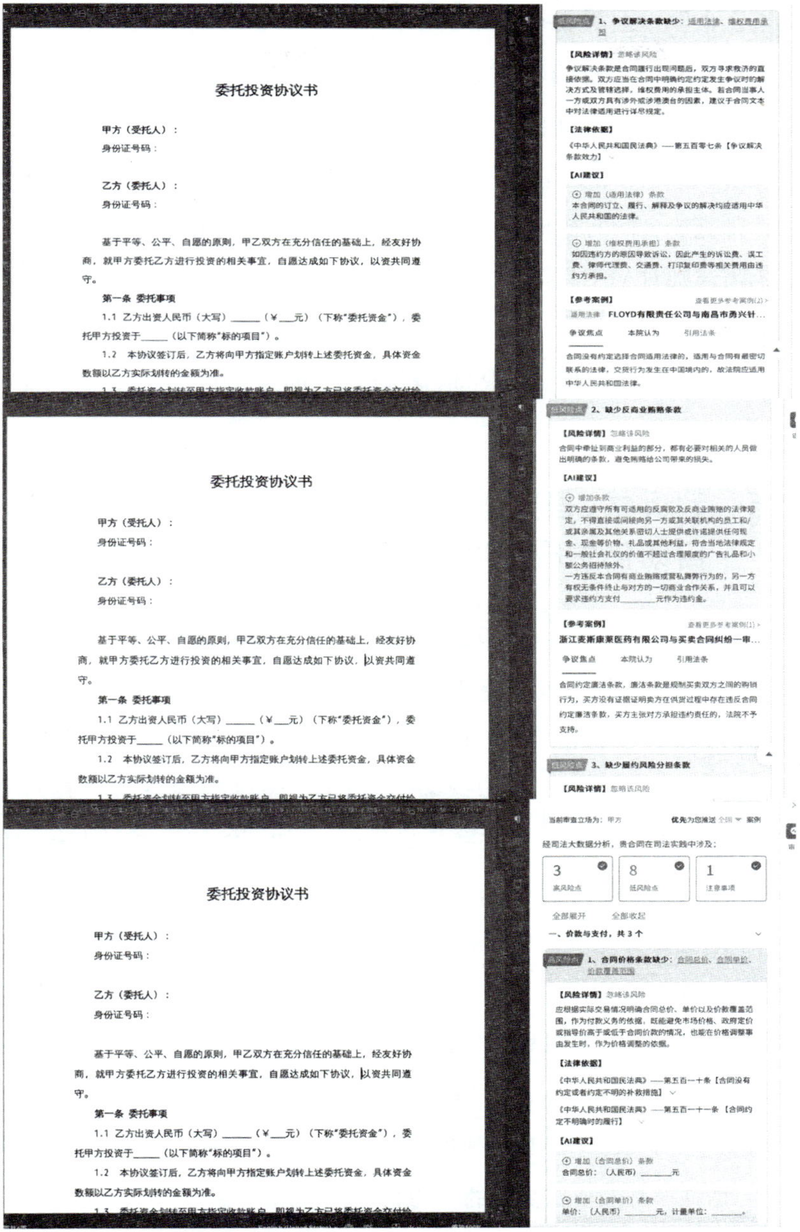

图2-11 小包公法律AI工具的审核操作及结果（续）

2.4.5 工具评价

第一，截至2024年5月5日，在合同审核领域，尚未出现能够完全替代律师人工审核的AI工具。

第二，经试用上述几款软件的合同审核功能可知，AI工具能够帮助律师完成合同的初步审核工作（如风险点的提示和初步修改意见），但仍需律师对AI工具提示的风险点和修改意见进行甄别，并在此基础上进行手动修改。

第三，免费工具的合同审核表现良好，推荐使用。

2.5 起诉状、答辩状、法律意见书等法律文书生成：自动化生成标准格式的法律文书

2.5.1 AI对于律师生成法律文书的意义

• **快速生成文书大幅提升工作效率。**AI软件通过深度学习算法，能够快速理解案件事实、相关法律条文及司法判例，依据预设的文书模板自动生成起诉状、答辩状等法律文书。相较于传统人工撰写方式，AI软件极大地缩短了文书起草时间，使律师能够将更多精力投入案件策略制定、证据梳理等核心工作中。

• **增强律师竞争力与服务质量。**AI软件承担起文书起草的繁重任务，使律师能够从重复性劳动中解放出来，将更多的时间和精力投入案件的深度分析、策略规划、客户沟通等更具专业价值的工作中，提升律师服务的附加值。高效、精准的法律文书生成能力，使律师能够更快响应客户需求，缩短案件处理周期，降低办案成本，从而提高客户满意度，增强律师及所在律所的市场竞争力。

• **降低法律服务成本。** AI软件的使用，使律师无需在文书撰写上投入大量时间，降低了人力成本。同时，软件的规模化应用可以摊薄固定成本的投入，使法律服务成本结构更为优化。

2.5.2 注意事项

律师在使用AI起草法律文书时，应注意以下事项，才能更好地发挥AI的作用：

• **选择合适的AI工具。** 不同的AI工具具有不同的功能和优势。律师应根据自己的具体需求选择合适的AI工具。

• **正确使用AI工具。** 即使工作中借助了AI工具，律师也应该认识到，AI目前尚不能代替人工，故对于AI给出的答复，律师应用其法律逻辑和知识储备进行复核后方可作为最终文件交付给客户。

2.5.3 使用逻辑

• **第一步，明确任务目的。** 律师应当明确自己使用AI工具的目的，知晓该工具可以达成的最佳效果。

• **第二步，提问中列明需要的法律文书的各类关键要素。** 律师应当多次练习向AI进行发问，以便测试如何用最简洁的关键词问出最理想的答复。律师可以同时测试几款AI软件进行比对，从而选择出最终参考答案。

• **第三步，关注信息来源。** 律师还应当关注各AI工具给出答复的参照来源，在需要的情况下进一步核对来源的可信度和公正性，判断该来源是否可以在工作中用来做法律适用以及可参照的裁判依据。

2.5.4 场景示例

例1：起诉状自动生成

◆ 任务要求

原告因被告合同违约行为，需要向法院提起诉讼维权。为了提高效率并确保起诉状的规范性，原告律师选择使用自动化生成工具来制作起诉状。

◆ 任务场景

工具：**Kimi**

为了完成上述任务，律师可以借助具有文档阅读和文本生成功能的AI工具，在提问时律师还应当要求AI提供法条的官方来源，以便复核，从而避免不应产生的法律常识性错误。此处律师所使用的Kimi工具截至本书写作时系免费使用。

律师问：请按照我上传的首谈笔录文档帮我生成一份民事起诉状。（注：首谈笔录中已包含了原被告信息、案由、诉讼请求、事实与理由等信息。）

AI答：起诉状

原告：张三，男，汉族，1988年8月8日出生，住址：江苏省南京市玄武区南京路1号，身份证号码：［原告身份证号码］。

被告：李四，男，汉族，1999年9月9日出生，住址：江苏省苏州市姑苏区姑苏路1号，身份证号码：［被告身份证号码］。

案由：买卖合同纠纷

诉讼请求：

1.判令被告李四立即支付原告张三苹果价款人民币30,000元（大写：叁万元整）；

2.判令被告李四支付自2023年1月3日起至实际付清之日止的资金占用使用费，按照中国人民银行同期贷款利率计算；

3.判令被告李四承担本案全部诉讼费用。

事实与理由：

2023年1月1日，被告李四与原告张三口头约定，由原告张三向被告李四出售一批苹果，价值人民币30,000元，约定货到付款。原告张三依照约定，于2023年1月2日将苹果送至被告李四处，被告李四亦于当日签收了送货单。然而，被告李四未按照约定支付苹果价款，经原告张三多次催告，被告李四至今仍未支付任何款项。

鉴于上述事实，原告张三认为，双方之间的口头买卖合同依法成立并有效，原告张三已经履行了交付货物的义务，被告李四未支付货款的行为已构成违约。为维护原告的合法权益，特向贵院提起诉讼，请求依法判如所请。

证据清单：

1.送货单原件一份，证明原告张三已履行交货义务，被告李四已签收；

2.微信/短信/通话记录等证据，证明原告张三多次催告被告李四支付货款；

3.苹果价值证明，如市场报价单等，证明苹果的价值；

4.其他支持原告诉讼请求的相关证据。

此致

敬礼

[原告签名]

张三

[起诉状提交日期]

附件：

1.身份证复印件；

2.送货单复印件；

3.通信记录复印件；

4.其他相关证据材料复印件。

注：以上起诉状仅供参考，具体内容应根据实际情况调整，并且需要原告本人或其代理律师签名。在提交法院之前，请确保所有信息的准确性，并且所有证据材料均已准备齐全。

◆ **工具评价**

Kimi等几款AI工具生成的起诉状内容中都列明了资金占用使用费的计算起始时间。AI工具各有利弊，均需要律师对生成的起诉状进行格式筛查和案情要素核对，综合而言，目前Kimi更为全面一些。

例 2：答辩状自动生成

◆ **任务要求**

被告在收到原告的起诉状后，需要准备答辩状以回应原告的指控。为了快速且准确地完成答辩状的撰写，被告律师选择使用AI工具进行自动化生成。

◆ **任务场景**

工具：**文心一言 4.0**

为了完成上述任务，律师需要借助具有文档阅读和文本生成功能的AI工具，此处律师所使用的文心一言4.0工具截至本书写作时系收费使用软件。

律师问：客户是我上传的起诉状文档中的被告，帮我起草一份答辩状，先进行敏感信息脱敏再生成。

AI答：答辩状

答辩人：×某（被告姓名已脱敏），性别已脱敏，民族已脱敏，出生日期已脱敏，居民身份证号码已脱敏，住址：×××××（已脱敏处理），联系电话已脱敏。

就原告Y某（原告姓名已脱敏）提起的诉讼，答辩人现根据事实与法律提出答辩如下：

一、答辩请求

1. 请求贵院依法驳回原告的全部诉讼请求；

2. 本案的诉讼费用由原告承担。

二、事实与理由

1. 关于借款事实的答辩

答辩人虽曾向原告借款以用于特定目的，但原告所述转账金额与事实存在出入。答辩人确认，原告曾进行转账，但其中部分金额与答辩人的借款无关。答辩人对于实际借款部分并无异议，但对于原告所述的超出实际借款部分，不予认可。

2. 关于抵扣款项的答辩

原告提及答辩人曾以某些物品抵扣部分借款，双方就此达成了一致。答辩人对此事实没有异议，并认为此抵扣行为是双方真实意思的表示，具有法律效力。

3. 关于还款的答辩

答辩人承认曾与原告协商还款事宜，并承诺在一定期限内还清剩余借款。然而，由于答辩人近期经济状况发生变化，导致未能如期还款。答辩人对于未能按时还款表示歉意，并愿意与原告再次协商，以尽快还清所欠款项。

综上所述，答辩人对于实际借款事实并无异议，但对于原告所述的超出实际借款的部分不予认可。同时，答辩人愿意与原告进一步协商，以解决双方之间的纠纷。因此，请求贵院依法驳回原告的全部诉讼请求，并判令原告承担本案的诉讼费用。

此致

某某人民法院（法院名称已脱敏）

答辩人：×某

日期：××××年××月××日

请注意，这里的“某某人民法院”应替换为实际受理案件的法院名称，但在脱敏处理中保持模糊。同样，原、被告的姓名、性别、民族、出生日期、身份证号码、住址和联系电话等个人信息也应进行相应的脱敏处理。

◆ 工具评价

AI工具可以完成敏感信息的脱敏。当前来看，Kimi脱敏比较精准，关于民间借贷纠纷起诉状的答辩，文心一言4.0的答辩状回复更为全面，质疑了借款的金额，对诉请不予认可，给出了被告未履约的合理理由，给提问律师提供了很好的思路。

例3：法律意见书的生成

◆ 任务要求

一家企业就某项法律问题向律师事务所咨询，并委托制作一份书面的法律意见书。为了快速且准确地给出法律意见，律师选择使用自动化生成工具来制作法律意见书。

◆ 任务场景

工具：**通义法睿**

为了完成上述任务，律师需要借助具有文书生成功能的AI工具，此处律师所使用的通义法睿工具截至本书写作时系免费使用。

律师问：针对这家企业提出的法律问题制作一份法律意见书：

1. 我们公司计划开展一项新的在线业务，涉及跨境交易，需要遵守哪些法律法规？

2. 在跨境交易中，如何合法地收集、处理和转移用户数据？

3. 如果我们的在线业务遭到黑客攻击，导致用户数据泄露，我们将承担哪些法律责任？

4. 我们计划在产品中嵌入第三方服务，如何确保这样做不会侵犯第三方的知识产权？

5. 在进行线上营销活动时，我们需要遵守哪些广告法规，以避免虚假宣传或误导消费者的风险？

AI答：法律意见书

致：[公司名称]

[公司地址]

[日期]

尊敬的[公司名称]管理层：

本意见书旨在就贵公司计划开展的在线业务及其跨境交易相关事宜提供法律意见。请贵公司根据本意见书内容，结合自身实际情况，制定相应的合规计划。

1.需遵守的法律法规

在开展跨境在线业务时，贵公司需要遵守的法律法规可能包括但不限于：

–国际贸易法和相关协议（如《服务贸易总协定》）；

–欧盟的通用数据保护条例（GDPR）或其他地区性的数据保护法规；

–电子商务法，如《中华人民共和国电子商务法》；

–知识产权法，包括版权、商标和专利法；

–消费者保护法；

–银行和金融法；

–税收法；

–海关法；

–海商法（如果涉及跨境运输）。

2.合法收集、处理和转移用户数据

在跨境交易中合法收集、处理和转移用户数据，贵公司应当：

–确保符合所有适用的数据保护法规，如GDPR要求的透明度、合法性、目的限制、数据最小化、准确性和存储限制等原则；

–取得用户明确的同意，包括告知用户数据将如何被收集、处理和使用，以及向第三方转移的情况；

–保护用户数据安全，采取适当的技术和组织措施防止未经授权的访问、泄露、丢失或损坏；

–在数据主体请求时，提供数据访问、更正、删除、限制处理、数据可携带权以及反对处理的权利；

–建立数据泄露响应机制，在发生数据泄露事件时及时通知监管机构和个人用户。

3.法律责任

如果贵公司的在线业务遭到黑客攻击，导致用户数据泄露，贵公司可能承担以下法律责任：

–行政责任：面临监管机构的罚款、警告、整改命令等处罚；

–民事责任：对受影响用户承担赔偿损失、道歉等责任；

–刑事责任：在严重情况下，可能触犯侵犯公民个人信息罪等刑事罪名。

贵公司应建立健全数据安全管理制度，定期进行安全审计和风险评估，以降低数据泄露风险并减轻法律责任。

4.第三方知识产权保护

为确保在产品中嵌入第三方服务不会侵犯知识产权，贵公司应：

–进行知识产权尽职调查，确认第三方服务的知识产权归属及授权情况；

–签订明确的许可协议，获得使用第三方服务的合法授权，明确许可范围、期限、费用、权利义务等条款；

–避免未经许可的复制、修改、分发或商业利用第三方服务的任何部分；

–建立内部知识产权管理制度，对员工进行知识产权培训，防止无意识的侵权行为。

5.线上营销广告法规遵守

在进行线上营销活动时，贵公司应遵守以下广告法规，以避免虚假宣传或误导消费者的风险：

–《中华人民共和国广告法》，禁止虚假广告、误导性陈述、不实承诺等行为；

–《互联网广告管理办法》（已失效），对互联网广告的发布、内容、形式、数据使用等进行规范；

–行业特定广告规定，如针对食品、药品、医疗器械、化妆品等特定商品或服务的广告要求；

–消费者权益保护相关法规，如不得侵犯消费者知情权、选择权等。

贵公司应建立广告审核机制，确保广告内容真实、合法、准确，不含有误导性信息，并保留相关证明材料以备监管机构检查。

综上，贵公司在开展新的在线业务及跨境交易时，应全面审视并严格遵守相关法律法规，建立健全内部合规体系，以有效防范法律风险，保障业务稳健发展。

相关法律法规：

1.《中华人民共和国电子商务法》

2.《欧盟通用数据保护条例》（GDPR）

3.《中华人民共和国消费者权益保护法》

4.《中华人民共和国广告法》

5.《互联网广告管理办法》(已失效)

6.相关知识产权法(如《中华人民共和国著作权法》《中华人民共和国商标法》《中华人民共和国专利法》等)

敬请知悉

顺祝商祺

[您的律师事务所名称]

[您的姓名]

[您的职位]

[联系方式]

◆ **工具评价**

关于这个示例当前几款具有文书生成功能的AI生成的法律意见书格式内容差异不大,通义法睿的优势在于作为法律类AI它在法律意见书中列出了相关法律法规,给予律师以及客户更好的指引。

2.6 案件抗辩思路生成:根据对方提供的思路进行抗辩

2.6.1 AI对于律师生成案件抗辩思路的意义

• **高效梳理案件信息。**AI软件通过深度学习与自然语言处理技术,能够快速、精准地分析案件事实、证据材料、相关法律条文及司法判例,帮助律师高效梳理案件信息,为抗辩思路的生成奠定坚实基础。

• **精准定位案件关键点。**AI软件基于大数据分析,能够识别案件中的关键事实、法律争议点及潜在风险,为律师提供针对性的提示与建议，助力律师精准定位案件抗辩的焦点，避免在复杂案件中迷失方向。

• **智能生成抗辩策略。**AI软件能够根据案件具体情况，结合法律规则、司法判例及律师的个性化需求，智能生成多种可能的抗辩思路与策略。律师可以从中选择最符合案件实际、最有利于当事人利益的抗辩方案，或在此基础上进行深度定制与优化。且理论上AI软件可以具备实时更新法律信息与案例数据库的能力，能够根据法律环境变化及案件进展，动态调整抗辩策略建议，确保律师在庭审过程中应对自如，及时应对新的法律问题与证据变化。

2.6.2 注意事项

律师在使用AI起草法律文书时，应注意以下事项，才能更好地发挥AI的作用。

• **选择合适的AI工具。**不同的AI工具具有不同的功能和优势。律师应根据自己的具体需求选择合适的AI工具。

• **正确使用AI工具。**即使工作中借助了AI工具，律师也应该认识到，AI目前尚不能代替人工，故对于AI给出的答复，律师应用其法律逻辑和知识储备进行复核后方可作为最终文件交付给客户。

2.6.3 使用逻辑

• **第一步，明确任务目的。**律师应当明确自己使用AI工具的目的，知晓该工具可以达成的最佳效果。

• **第二步，提问中列明需要的法律文书的各类关键要素。**律师应当多次练习向AI进行发问，以便测试如何用最简洁的关键词问出最理想的答复。律师可以同时测试几款AI软件进行比对，从而选择出最终参考答案。

• **第三步，关注信息来源。**律师还应当关注各AI软件给出答复的参照来源，在需要的情况下进一步核对来源的可信度和公正性，判断该来源是否可以在工作中用来做法律适用以及可参照的裁判依据。

2.6.4 场景示例

例1：劳资纠纷的抗辩

◆ **任务要求**

一名前员工以未支付加班费、解雇不当等理由将我公司告上法庭。作为公司律师，我需要准备相关证据，对原告的指控进行有力抗辩。

◆ **任务场景**

工具：**Kimi**

为了完成上述任务，律师需要借助具有文档阅读和文本生成功能的AI工具，此处律师所使用的AI工具截至本书写作时系免费使用。

律师问：我已上传了申请人员工仲裁申请书、劳动合同等证据，一名前员工以未支付加班费、解雇不当等理由将我公司告上法庭。我代理被告公司准备答辩，给我准备各方面的抗辩思路。

AI答：针对您上传的劳动仲裁申请书以及您提到的公司证据，以下是针对性的抗辩意见：

1.未支付加班费的抗辩

–证据呈现：提交详细的考勤记录和工资单，证明公司已经按照员工的实际加班情况支付了加班费。

–合同条款说明：引用劳动合同中关于加班费计算方式的条款，说明公司支付的加班费符合合同约定和法律规定。

2.未签订书面劳动合同的抗辩

–合同证据：提供双方签署的书面劳动合同，证明公司与员工之间存在合法的书面合同关系。

–合同履行证明：如果员工声称未签订书面合同，提供工资支付凭证、员工手册签收记录等，证明公司视同员工已接受合同条款并据此履行。

3.未缴纳社保的抗辩

–社保缴纳证明：提供社保机构出具的缴纳证明，证明公司已依法为员工缴纳了社会保险。

–员工放弃社保声明：如果员工曾书面放弃社保缴纳，提供该声明作为证据。

4.违法解除劳动合同的抗辩

–规章制度证据：提供员工手册和内部规章制度，证明公司解雇员工是基于其违反了公司规定。

–违规行为记录：提交内部调查记录、警告信等，证明员工存在严重违规行为，符合解雇条件。

–解雇程序证明：提供解雇通知书和解雇程序记录，证明公司在解雇过程中遵循了法律规定和合同约定的程序。

5.针对仲裁请求的逐条抗辩

–针对加班费请求：提供已支付加班费的证据，反驳员工关于未支付加班费的指控。

–针对双倍工资差额请求：出示书面劳动合同，证明公司与员工已签订合法有效的合同，不存在未签订书面劳动合同的情况。

–针对社保费用补缴请求：提供社保缴纳记录，证明公司已履行社保缴纳义务。

–针对违法解除劳动合同赔偿金请求：提供规章制度、违规行为证据和解雇程序记录，证明公司解雇行为合法、合规。

6.综合抗辩策略

–事实核查：对员工提出的每一项指控进行核查，准备充分的反驳证据。

–法律依据：引用相关劳动法律法规，构建抗辩的法律基础。

–证据清单：准备详尽的证据清单，包括但不限于合同、考勤、工资单、社保记录、规章制度等。

–和解建议：根据案件情况，考虑提出和解方案，以解决争议。

7.预防和改进措施

–内部审查：审查并改进公司的劳动合同签订、考勤记录、工资支付和解雇程序等，确保完全合规。

–员工沟通：加强与员工的沟通，确保他们了解并理解公司政策和程序。

请注意，这些抗辩意见需要根据具体案件的详细情况和法律规定进行调整，并且在准备抗辩时，应详细审查所有相关文件和证据，并寻求专业法律意见。

◆ 工具评价

关于该份劳动仲裁申请书的抗辩思路，几款AI软件都给出了应对方案，包括如果申请人不认可被申请人的证据以及证明目的情况下如何应对的方案，其中Kimi的抗辩思路回复中更是提供了避免此类案件再次发生的预防和改进措施，比较惊喜。

例2：人身损害赔偿抗辩

◆ 任务要求

在一起交通事故中，我方当事人被指控因驾驶不当导致对方受伤，并被要求支付高额的人身损害赔偿金。作为我方律师，我需要通过证据和法律分析，为我的当事人进行有效的抗辩。

◆ 任务场景

工具：**Kimi**

为了完成上述任务，律师需要借助具有文档阅读和文本生成功能的AI工具，此处律师所使用的AI工具截至本书写作时系免费使用。

律师问： 我上传了一份民事起诉状，我代理被告一，需要对原告的指控进行有力抗辩，请从网络各个渠道结合各类交通事故案件的判决书等材料给我准备各方面的抗辩思路。

AI答： 作为被告一的代理律师，面对原告提出的交通事故责任纠纷诉讼，以下是各方面的抗辩思路。

1.赔偿金额合理性的抗辩

–费用审查：对原告提出的赔偿清单进行详细审查，核实每一项费用的合理性和必要性，如医疗费用、营养费、护理费等。

–证据要求：要求原告提供所有费用的正式发票和收据，以及相关费用计算的依据。

–专家意见：考虑聘请医学专家和财务专家，对原告的伤残等级、营养期、护理期、误工期进行重新评估。

2.事故责任比例的抗辩

–事故认定书复核：审查事故认定书的内容，评估其准确性和公正性，如有必要，申请复核或提供其他证据来证明责任比例划分的不合理性。

–现场证据：收集事故现场的证据，包括交通监控录像、目击者证言等，以证明原告在事故中的责任。

3.保险责任的抗辩

–保险合同条款：审查被告一车辆的保险合同，明确保险责任范围和限额，确定保险公司的责任。

–保险赔付流程：与保险公司沟通，了解其赔付流程和立场，确保保险公司履行合同义务。

4.法律依据的抗辩

–法律条款引用：引用《中华人民共和国道路交通安全法》《中华人民共和国民法典》等相关法律法规，构建抗辩的法律基础。

–案例参照：研究类似交通事故案件的判决书，特别是法院对赔偿金额和责任比例判定的案例，作为抗辩的参考。

5.证据收集与整理

–证据清单：整理事故现场照片、交通监控录像、医疗记录、费用收据等证据，形成证据清单。

–证人证言：收集事故现场目击者的证言，以及其他可能支持被告立场的证人证言。

6.抗辩策略的制定

–责任抗辩：根据事故现场证据和事故认定书，提出对责任划分的抗辩。

–赔偿抗辩：对原告提出的赔偿金额提出质疑，要求提供合理计算依据。

–和解建议：根据案件进展，考虑提出和解方案，以减少诉讼成本和时间。

7.庭审准备

–庭审策略：制定庭审策略，包括开庭陈述、证据呈现、交叉询问和结案陈词。

–模拟庭审：进行模拟庭审，准备应对原告律师可能提出的问题和论点。

8.网络信息利用

–网络搜索：利用网络搜索工具，查找相关法律法规、司法解释、指导案例等。

–案例数据库：访问法律案例数据库，检索类似案件的判决结果，为抗辩提供支持。

9.专业意见征询

–法律顾问：征询资深法律顾问的意见，特别是交通事故领域的专家。

–保险公司意见：与保险公司的法律顾问合作，共同制定抗辩策略。

请注意，这些抗辩思路需要根据具体案件的详细情况和法律规定进行调整，并且在准备抗辩时，应详细审查所有相关文件和证据，并寻求专业法律意见。

◆ 工具评价

关于此交通事故起诉状生成抗辩思路的回复，Kimi的回答更为周全和详细，当前的AI工具中Kimi的回答更适合律师采纳后用于案件的抗辩思路答复客户以及做代理应对准备。

例3：合同纠纷抗辩

◆ 任务要求

客户是诉讼中的被告，刚刚收到法院送达的起诉材料，他委托律师代理他写一份完善的抗辩思路，如何能将原告诉讼请求全部驳回，此处上传的文件中敏感信息已脱敏。

◆ 任务场景

工具：**Kimi**

为了完成上述任务，律师需要借助具有文档阅读和文本生成功能的AI工具，此处律师所使用的AI工具截至本书写作时系免费使用。

律师问：我上传了一份民事起诉状2.6，请你作为被告的代理律师写一份完善的抗辩思路，目的是将原告诉请全部驳回，信息已脱敏。

AI答：作为被告的专业律师，为了准备一份完善的抗辩思路，我们需要全面审视案件的事实背景、合同条款、法律规定以及可能的证据。以下是针对原告的起诉状提出的抗辩思路。

1.合同履行情况的审查

审查租赁合同的有效性：首先确认租赁合同的签订是否符合法律规定，是否存在无效或可撤销的情形。

核实租金支付情况：检查是否有证据证明被告已经支付了部分或全部租金和商业综合费，包括银行转账记录、收据等。

确认租赁物的交付和使用情况：确认原告是否按照合同约定的条件和时间交付了商铺，并审查被告是否实际使用商铺进行经营。

2.抗辩理由的构建

提出合同履行的抗辩：如果被告已经履行了合同义务，应当提供相应的证据来证明租金和费用已经支付。

提出合同变更或解除的抗辩：如果存在合同变更或解除的情形，应当提供证据证明双方已经就变更或解除达成一致。

提出不可抗力或情势变更的抗辩：如果存在不可抗力事件或其他重大变化导致合同无法履行，应当提供证据并依法主张免除责任。

3.违约金的合理性审查

质疑违约金的数额：如果被告认为违约金数额过高，应当提供证据证明原告的实际损失，并请求法院予以适当减少。

提出违约金的支付条件不成立的抗辩：如果被告认为违约金的支付条件尚未成立，应当提供相应的证据和法律依据。

4.诉讼费用的承担

根据诉讼结果合理分担诉讼费用：根据《中华人民共和国民事诉讼法》的规定，诉讼费用应由败诉方承担。如果被告在某些诉讼请求上胜诉，可以主张按比例分担诉讼费用。

5.证据的收集和准备

收集书面证据：包括租赁合同、支付凭证、交接记录、装修和营业证明等。

准备证人证言：如果有第三方知情人，可以准备证人证言来支持被告的抗辩。

准备专家意见：如果涉及专业问题，如租金市场价值评估，可以准备专家意见。

6.法律依据的明确

引用相关法律条文：明确引用《中华人民共和国民法典》等相关法律条文作为抗辩的法律依据。

结论：被告应当全面审查案件的事实和法律问题，准备充分的证据和法律论据，以构建有力的抗辩。在法庭上，应当清晰地表达抗辩理由，并积极与原告进行辩论，力求使原告诉请全部或部分被驳回。同时，被告应当准备好可能的调解方案，以便在法庭上寻求和解。

◆ 工具评价

Kimi的回答提供了一个全面的框架，帮助律师从宏观角度把握案件的整体思路。这个框架可以作为律师进一步收集证据、构建抗辩策略的基础。值得注意的是，AI的回答是基于案件的共性问题提供的通用性建议，如果案件中存在特殊的抗辩理由或细节，律师需要根据这些特殊情况进行深入分析和补充，以确保案件的每个方面都得到充分的考量和应对。此外，律师应利用自己的专业知识和经验，对AI提供的信息进行筛选和细化，以形成更具针对性的法律策略。

2.7 文书语言优化：提升法律文书的语言准确性和清晰度

2.7.1 AI对于律师优化文书语言的意义

律师使用AI软件在提升法律文书语言准确性和清晰度方面具有显著价值，具体体现在以下几个方面。

- **确保法律术语准确无误。**法律类AI软件内置丰富的法律术语库，能够自动识别并准确使用各类专业法律词汇，避免因术语误用导致的法律含义混淆，确保文书语言的专业性与准确性。

- **规范文书语言结构。**AI软件基于对大量高质量法律文书的学习，能够生成符合法律文书规范的语言结构，包括清晰的段落划分、严谨的逻辑递进、恰当的句式运用等，提升文书的可读性与说服力。

- **提升文书的逻辑清晰度。**AI软件能够根据案件事实、法律关系及律师的抗辩思路，智能生成逻辑严密、条理清晰的文书内容，使法官、仲裁员等阅读者能够快速理解律师的法律观点与请求，提升文书的沟通效果。

2.7.2 注意事项

律师在使用AI起草法律文书时，应注意以下事项，才能更好地发挥AI的作用。

- **选择合适的AI工具。**不同的AI工具具有不同的功能和优势。律师应根据自己的具体需求选择合适的AI工具。

- **正确使用AI工具。**即使工作中借助了AI工具，律师也应该认识到，AI目前尚不能代替人工，故对于AI给出的答复，律师应用其法律逻辑和知识储备进行复核后方可作为最终文件交付给客户。

2.7.3 使用逻辑

- **第一步，明确任务目的。**律师应当明确自己使用AI工具的目的，知晓该工具可以达成的最佳效果。

- **第二步，提问中列明需要的AI答复的各类关键要素。**律师应当多次练习向AI发问，以便测试如何用最简洁的关键词问出最理想的答复。律师可以同时测试几款AI软件进行比对，从而选择出最终参考答案。

- **第三步，关注信息来源。**律师还应当关注各AI软件给出答复的参照来源，需要的情况下进一步核对来源的可信度和公正性，判断该来源是否可以在工作中用来做法律适用以及可参照的裁判依据。

2.7.4 场景示例

例 1：法律文章语言优化

◆ **任务要求**

法律工作过程中，初级律师和资深律师在案件处理以及法律文章内容起草方面会有不同的思考逻辑，我们借助AI工具寻找“资深律师”帮助语言优化。

◆ **任务场景**

工具：**Kimi**

律师问：这是我起草的一份法律文章，你作为一位执业十年的资深离婚纠纷律师，深知离婚案件的复杂性和敏感性。请对这份法律文章进行优化（上传附件《离婚纠纷中的法律要点解析》）。

离婚纠纷中的法律要点解析

离婚是夫妻双方因感情破裂而依法解除婚姻关系的法律行为。在中国，离婚可以通过协议离婚或诉讼离婚两种方式进行。

协议离婚是指夫妻双方自愿达成一致，共同向婚姻登记机关申请离婚。这种方式相对简便快捷，但需要双方就子女抚养、财产分割等事项达成书面协议。

诉讼离婚则发生在一方不同意离婚或双方对相关事项无法达成一致时，可向人民法院提起离婚诉讼。法院将根据《中华人民共和国民法典》及相关司法解释，审理双方的婚姻状况，并作出是否准予离婚的判决。

在离婚案件中，常见纠纷包括财产分割、子女抚养权归属、赡养费问题等。法院在处理这些问题时，通常会考虑双方的实际贡献、子女的最佳利益以及各方的经济状况。

值得注意的是，家庭暴力是离婚的重要理由之一，受害者可以依法申请离婚，并要求施暴者承担相应的法律责任。

离婚不仅涉及法律程序，更关乎情感与责任。在处理离婚纠纷时，建议当事人保持冷静，必要时可寻求专业律师的帮助，以保护自己的合法权益。

AI答：作为一位资深离婚纠纷律师，我会从以下几个方面对您起草的法律文章进行优化。

1. 标题明确性：标题应更加具体，以反映文章的核心内容。例如，可以改为“中国离婚纠纷中的法律要点解析”。

2. 结构清晰性：文章应有清晰的结构，如引言、正文和结论。正文部分可以进一步细分为协议离婚和诉讼离婚的详细说明。

3. 法律依据的准确性：确保引用的法律条文和司法解释是最新

的，并且准确无误。

4. 案例引用：如果可能，引用一些具有代表性的案例，以增强文章的说服力。

5. 情感与法律的平衡：在讨论法律问题的同时，也应考虑到情感因素，提供一些关于如何处理离婚过程中的情感问题的建议。

6. 语言的专业性与可读性：使用专业术语的同时，确保文章对非专业读者也是易于理解的。

7. 结尾的建议：在文章的结尾，可以提供一些实用的建议，如如何选择合适的律师，以及在离婚过程中可能遇到的常见问题和应对策略。

以下是对您文章的一个优化示例：

中国离婚纠纷中的法律要点解析

引言

离婚是夫妻双方因感情破裂而依法解除婚姻关系的法律行为。在中国，离婚可以通过协议离婚或诉讼离婚两种方式进行。本文旨在解析离婚纠纷中的法律要点，为当事人提供法律指导。

协议离婚

协议离婚是指夫妻双方自愿达成一致，共同向婚姻登记机关申请离婚。这种方式简便快捷，但需就子女抚养、财产分割等事项达成书面协议。

诉讼离婚

诉讼离婚发生在一方不同意离婚或双方对相关事项无法达成一致时，可向人民法院提起离婚诉讼。法院将根据《中华人民共和国民法典》及相关司法解释，审理双方的婚姻状况，并作出是否准予离婚的判决。

常见纠纷

离婚案件中常见纠纷包括财产分割、子女抚养权归属、赡养费问题等。法院在处理这些问题时，通常会综合考虑双方的实际贡献、子女的最佳利益以及各方的经济状况。

家庭暴力问题

家庭暴力是离婚的重要理由之一。受害者可以依法申请离婚，并要求施暴者承担相应的法律责任。

情感与责任

离婚不仅涉及法律程序，更关乎情感与责任。在处理离婚纠纷时，建议当事人保持冷静，必要时可寻求专业律师的帮助，以保护自己的合法权益。

结论

离婚是一个复杂且敏感的过程，涉及法律、情感和经济等多个方面。当事人在面对离婚时，应充分了解相关法律知识，合理行使自己的权利，并在必要时寻求专业法律援助。

◆ 工具评价

1.文心一言4.0和Kimi的答复都比较丰富，可以结合起来作为律师的参考，给客户提供更优质的法律文章。2.值得提醒的是，AI每次回答内容都不一样，如果对某次内容比较满意，建议复制保存下来，以免无法找回相同的回答思路。3.提问词优化是非常重要的，不同的发问方式将获得不同的回答，值得律师更多地去探索。

例2：离婚协议书审查和语言优化

◆ 任务要求

客户有委托律师起草离婚协议书的需求，团队律师起草了一份离婚协议书，通过AI软件对法律语言的准确性和清晰度进行进一步提升，以便提供给客户更好的法律服务。

◆ 任务场景

工具：**文心一言4.0**

律师问：我上传了离婚协议书，请将这份文档的法律语言准确性和清晰度提升一下（注：信息已脱敏，涉及姓名系虚构）。

AI答：

使用：览卷文档Plus

离婚协议书

男方：姜生姜

女方：陈丽丽

鉴于：

男女双方于××××年××月××日依法登记结婚，系合法夫妻关系。

双方于××××年××月××日共同生育一子，取名姜小子。

现因双方感情破裂，已无和好可能，无法再继续共同生活，经友好协商，双方就离婚事项达成如下协议。

一、自愿离婚

男女双方均自愿解除婚姻关系，双方对此无任何异议。

二、子女抚养

双方共同生育的儿子姜小子由女方陈丽丽抚养。

男方姜生姜应每月支付抚养费人民币2000元，直至姜小子独立生活为止。抚养费的支付方式和时间双方另行协商确定。

三、财产分割

双方确认，各自名下的财产（包括但不限于房产、车辆、存款、股票、基金等)均归各自所有,不存在任何争议。

双方确认,在婚姻关系存续期间,无夫妻共同财产需要分割。

四、债权债务处理

双方确认,在婚姻关系存续期间,无共同债权债务。

若任何一方在婚姻关系存续期间对外负有债务,由负债方自行承担,与对方无关。

五、其他

本协议一式三份,男女双方各执一份,婚姻登记机关存档一份。

本协议自双方签字并经婚姻登记机关办理相应手续后生效。

男方:姜生姜

日期:××××年××月××日

女方:陈丽丽

日期:××××年××月××日

注:本协议系双方自愿签订,内容真实、合法、有效,对双方均具有法律约束力。如有任何争议,应首先通过友好协商解决;协商不成的,任何一方均有权向有管辖权的人民法院提起诉讼。

◆ 工具评价

文心一言4.0在离婚协议书材料的处理上,展现了卓越的完整性和实用性,极大地便利了日常工作。若面对更为复杂的案情,其二次发问的功能允许用户进一步细化材料,确保每个细节都得到妥善处理。这一高效、精准的解决方案,无疑为法律专业人士的工作提供了有力支持。

例 3:合同审查和语言优化

◆ 任务要求

法律顾问服务期间,公司客户有一份合作项目合同要律师进行审核,律师可以通过AI工具帮助提供更好的合同审查和语言优化服务。

◆ 任务场景

工具：Kimi

律师问：你是一名公司法律师，请你将这份合同的法律语言准确性和清晰度提升一下（注：信息已脱敏，涉及名称系虚构）。

AI答：根据您的要求，我将对提供的智能充电桩项目开发合作协议内容进行法律语言的优化，以增强其准确性和清晰度。以下是经过修订的合作协议内容。

智能充电桩项目开发合作协议

甲方：红太阳科技有限公司

甲方合同编号：[甲方合同编号]

乙方：[乙方公司全称]

乙方合同编号：[乙方合同编号]

甲方描述：红太阳科技有限公司是由太空核能源科技有限公司与宇宙绿色能源科技有限公司合资成立的专业储能企业，专注于储能技术的研发与应用。

乙方描述：[乙方公司业务范围及相关经验描述]

鉴于：

甲方致力于践行国家双碳目标，推进绿色能源改革，改善能源结构，提升用户电能质量。

乙方具备丰富的市场开发经验和行业资源，有能力协助甲方在目标区域内开发智能充电桩项目。

双方同意：

基于“平等互利、优势互补、合作共赢”的原则，在符合《中华人民共和国民法典》及其他相关法律法规的基础上，本着平等自愿的原则，签订本合作协议。

一、合作内容

甲方授权乙方代表甲方开发[具体区域]等区域的智能充电桩项目，促成甲方在该区域市场内目标客户的智能充电桩项目合作。

甲方将根据乙方成功开发的智能充电桩项目，按照项目投资额（“EPC总金额”或“设备采购总金额”）及相关费用标准，向乙方支付开发服务费，具体金额比例、支付方式详见本协议第六条。

二、乙方的主要工作

维护客户关系，确保目标客户履行协议，项目顺利进场施工，直至竣工并网验收。

负责协调项目收资，并协助甲方完成现场踏勘工作，收资内容包括但不限于企业基本信息、用电资料、项目安置地点、电网接入信息等。

在取得甲方投资公司书面授权后，以甲方投资公司名义与目标客户签订《用户侧储能意向合同》，并完成“用能协议”的签订。

三、甲方的权利和义务

负责项目前期的交流材料、咨询指导、现场踏勘、可行性分析、投资决策、合同签约及EPC交付等。

提供宣传材料、业务培训和技术支持，并协助乙方与重要客户进行交流。

承担乙方在办理项目合规性手续过程中所需的方案、技术交流、现场踏勘、报告及评审费用。

四、乙方的权利和义务

根据合作内容开发项目，及时反馈项目和客户信息给甲方进行投资评估和项目管理。

保护、维护甲方及甲方投资公司的声誉、专利、商标、知识产权及商业秘密。

承担项目开发过程中员工的各项费用以及拓展和维护目标客户关系所需的费用。

五、项目备案

乙方拟开发的客户和项目应提前向甲方备案，备案有效期为三个月。有效期内，甲方确保乙方为唯一合作方。

如乙方在有效期内无实质性进展或未能达到开发目标，甲方有权拒绝备案延期申请。

六、合作方收益及支付方式

乙方的开发服务费按完成项目的投资额的[具体百分比]%计算（含税）。

结算方式详见本协议附件1（略）。

七、违约责任

任何一方不履行义务或违反协议约定，守约方有权要求违约方承担继续履行、赔偿损失及支付违约金等责任。

如甲方逾期支付开发服务费，需按拖欠金额每日万分之三的标准向乙方支付违约金；如乙方逾期退还开发服务费，需按拖欠金额每日万分之三的标准向甲方支付违约金。

八、其他条款

本协议内容保密，未经双方书面同意不得向第三方透露。

争议解决应首先通过友好协商，协商不成时，任何一方均有权向原告所在地人民法院提起诉讼。

本协议有效期为一年，自双方签章之日起生效。有效期满后，双方可另行协商续签。

九、协议生效与份数

本协议一式六份，甲方执四份，乙方执二份，具有同等法律效力。

请注意，以上内容仅为法律语言优化建议，实际使用时应根据具体情况进行调整，并建议在正式签署前由专业律师进行审查。

◆ **工具评价**

Kimi在合同条款的精细化处理方面表现出色，能够提供深入且细致的优化建议。通过对合同文本的严谨分析，Kimi能够识别出潜在的风险点，并提出具体的改进措施，以增强合同的明确性和执行力。此外，Kimi还能够根据合同的目的和双方的商业意图，建议增加或调整条款，以更好地保护客户的利益。律师在发问的时候还可以强调专业方向，从而指引AI有针对性地搜索和生成内容。

第三章
日常办公与效率提升

3.1 涉外文书的处理：外国法查明与跨语言翻译

3.1.1 AI 工具对于律师处理涉外文书的意义

• **翻译效率的提升**。AI工具在跨语言翻译法律文书方面发挥着重要作用。具体来说，AI工具能够快速准确地翻译大量法律文书，极大地提高了翻译效率。相比传统的人工翻译，AI工具可以在更短的时间内完成更多的翻译任务，这对于处理大量法律文件来说非常有利。

• **翻译质量的提高**。在法律文件翻译中，准确性至关重要，因为任何误解都可能导致严重的法律后果。AI工具能够保持一贯的准确性和一致性，避免了人为因素和疏漏，从而确保翻译结果的准确性。同时，AI工具还可以根据语境和词汇的差异进行合理的词汇选择，使翻译更加精确，并符合法律用语的要求。

• **正在被取代的人工翻译**。当前国内一些大型律所已经整体砍掉所内的翻译团队了，在AI工具的助力下，外文法律文书的翻译和理解可能不再是律师从事涉外业务的“瓶颈”，律师将可以更多地从事法律业务和客户服务。当然我们需要再次强调的是，律师需要对文本本身最终承担责任，即便有AI工具助力，律师也需要做最终的复核和确认工作。

3.1.2 注意事项

律师在使用AI工具处理涉外文书时，应注意以下事项，才能更好地发挥AI工具的作用。

• **选择合适的AI工具。**不同的AI工具具有不同的功能和优势。律师应根据自己的具体需求选择合适的AI工具。例如，如果律师需要进行外国法查明，可以选择专门用于法律研究的AI工具。如果律师需要进行跨语言翻译，可以选择专门用于机器翻译的AI工具。

• **正确使用AI工具。**律师应仔细阅读AI工具的使用说明，并了解其功能和局限性。律师应避免过度依赖AI工具，并应始终对AI工具产生的结果进行人工审核。

3.1.3 使用逻辑

• **第一步，明确任务目的。**律师应当明确自己使用AI工具的目的，从而才能选择合适的工具进行使用。

• **第二步，简洁明确地提问。**律师应当简洁、明确地向AI工具提出自己的问题。如果发现AI工具回答不尽如人意时，可以进一步细化要求，以便如引导新人般引导AI工具作出准确回答。

• **第三步，要求给出信息来源。**律师还应当要求AI工具给出具体信息的官方或者权威网站，以便复核，从而避免不应有的错误。

• **第四步，人工复核与确认。**对于AI工具的回答，律师应当对结果进行人工审核，确保结果准确、可靠，并符合案件需要。

3.1.4 场景示例

例1：外国法的查明

◆ 任务要求

现在律师正在审核中国企业与日本企业之间的一份合同，根据合同内容和风险分析，律师需要核实日本法中是否有表见代理的规定，同时为了复核，律师也需要检索法条的官方网站。

◆ **任务场景**

工具：**秘塔 AI 搜索**

为了完成上述任务，律师需要借用具有全网搜索功能的AI工具，在提问时律师还应当要求提供法条的官方网站，以便复核，从而避免不应有的错误。此处律师所使用的秘塔AI搜索（Metaso.cn）工具截至本书写作时系免费使用。

律师问：请帮我搜索日本法中有无关于表见代理的规定，并给出相关的法条来源，来源应当是日本政府网站等权威网站。

AI答：日本法中确实有关于表见代理的规定。可以明确地指出，《日本民法典》中有关于表见代理的具体规定。具体来说，《日本民法典》第109条、第110条和第112条分别规定了授权表示型表见代理、权限外行为的表见代理以及代理权消灭后的表见代理。这些条款构成了日本法律中关于表见代理的基本框架。

此外，证据中还提到了“Super 法令Web”这一数据库，它是在有100年历史的法令出版社和法务省负责编辑的“现行日本法规”的基础上制作的，被认为是日本最具权威性的法令集之一。这表明，对于想要查找日本法律中关于表见代理规定的用户来说，“Super 法令Web”是一个非常可靠和权威的信息来源。

因此，如果你想要查找日本法律中关于表见代理的规定，可以参考《日本民法典》的相关条款，并且可以通过“Super 法令Web”这样的权威数据库进行进一步的查询和研究。

◆ **工具评价**

该工具同时也给出了相关延伸阅读，以便用户进行来源复查。

例2：外国法的翻译

◆ **任务要求**

律师搜索到《日本民法典》第109条主要规定了代理权授与的表示所引发的表见代理等情形的中文介绍。为了复核，律师找到《日本民法典》第109条的原文，但律师不精通日语，律师需要确认中文介绍与《日本民法典》第109条的原文意思是否相符。

◆ **任务场景**

工具：**DeepL 翻译**

律师可以借助翻译工具完成翻译。目前可以实现外文、中文互译的软件有很多，表现相对较好的有谷歌翻译、微软翻译、DeepL翻译、秘塔翻译等，此处律师使用的DeepL翻译截至本书写作时提供有限免费使用。

律师将摘自权威网站的《日本民法典》第109条第1款输入文本框，网站便自动识别为日语，并给出所要求的中文翻译（见图3-1）。

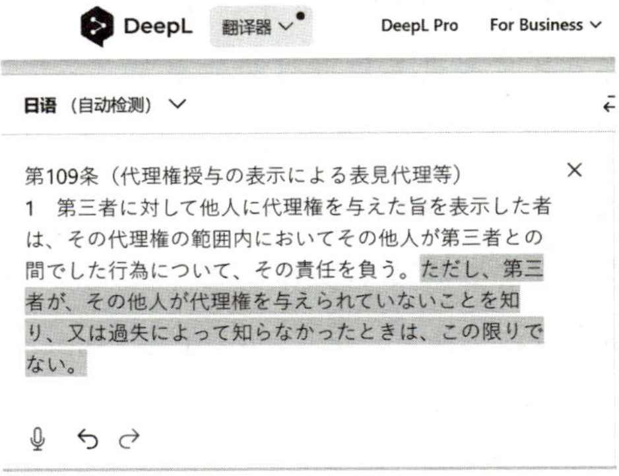

图3-1　DeepL翻译中输入《日本民法典》法条

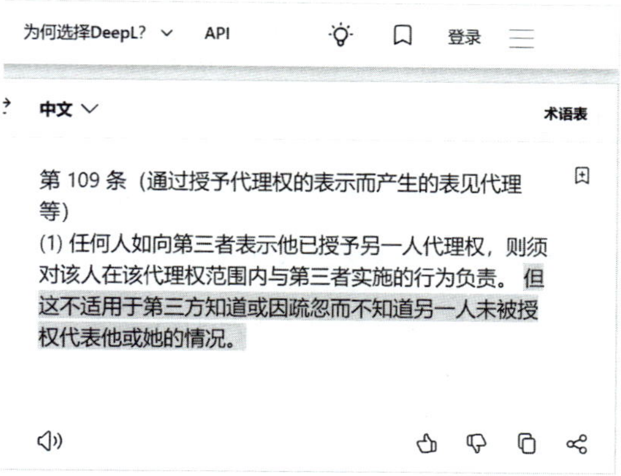

图3-1　DeepL翻译中输入《日本民法典》法条（续）

◆ 工具评价

除了上述片段翻译外，DeepL还提供文件的整体翻译，微软提供的Word软件也能够提供片段翻译或者文件的整体翻译，对此律师可以根据自己的使用习惯选择适用工具。

例3：英文文件的内容介绍和翻译

◆ 任务要求

律师想要了解欧盟发布的人工智能法案最终文本的主要内容，并希望参照原文文本进行了解。

◆ 任务场景

工具：**秘塔AI搜索**

第一步，**律师问**：请介绍一下欧洲人工智能法案正式文本的内容以及原文网址。

AI答：欧洲人工智能法案（EUAI Act）是全球首个人工智能领域的全面法律，旨在解决对健康、安全和基本权利的风险，同时保护民主、法治和环境可持续性。该法案通过欧洲议会的表决，并计划于

2024年5月下旬刊宪，20日后开始生效，尽管许多条款的正式适用还要等到2026年。

法案的主要内容包括：

根据四个级别的风险对人工智能系统进行分类，从最小到不可接受的风险等级。对不同风险等级的人工智能系统实施差异化监管，包括严格禁止对人类安全造成不可接受风险的人工智能系统。

新增对通用人工智能模型及系统的监管要求，以及要求披露生成式AI训练数据。

确立了高风险人工智能系统的范围，如应用于生物识别和基于生物识别进行推断，关键基础设施的管理和运作等。

某些AI用途被绝对禁止，例如根据人们的行为来判断他们的“社会评分”系统，以及利用弱势群体或使用可能导致伤害的操纵潜意识的AI。

第二步，律师在延伸阅读中找到了欧洲人工智能法案（EUAI Act）的原文，并通过DeepL、微软翻译等工具翻译成中文，完成了内容复核和原文了解。

例4：中文文件翻译成外文文件

◆ 任务要求

律师在服务“走进来”的外国企业的过程中，常常需要向境外客户解释中国的相关法律法规，现某律师需要向境外客户解释于2024年7月1日施行的《中华人民共和国公司法》中第五十四条关于股东提前缴纳出资的条文。

◆ 任务场景

工具：**Word**

同样地，律师可以使用谷歌翻译、微软翻译、DeepL翻译、秘塔翻译等多个工具，将相关法律条文翻译成外文，并经复核后，向境外客户进行解释。此处律师使用了Word软件中审阅工具栏内的翻译功能，并可以选择“插入”替换掉原有的中文段落（见图3-2）。

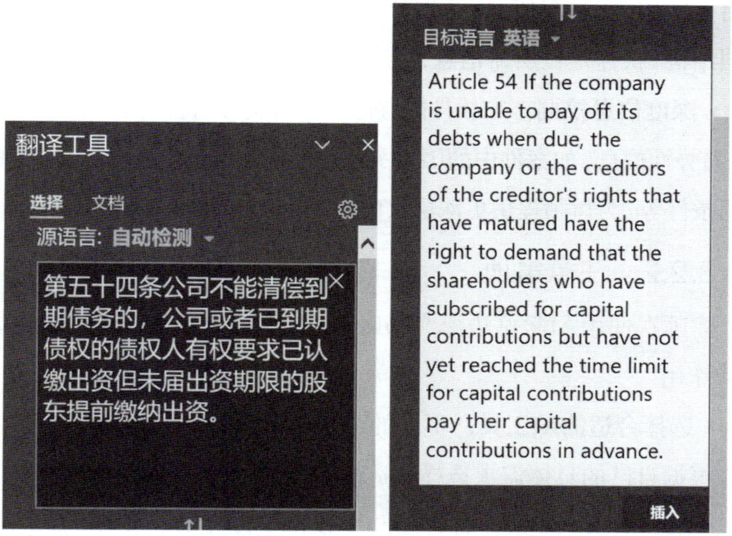

图3-2　Word软件的翻译功能

3.2　文档阅读与总结：快速阅读和提取长篇文档的关键信息

3.2.1　AI 对于律师阅读与总结文档的意义

律师使用AI软件辅助快速阅读和提取长篇文档的关键信息，对提升律师工作效率、精准把握案件脉络、优化决策制定等方面具有显著价值，具体体现在以下几个方面：

- **高效信息筛选。**AI软件通过自然语言处理技术，能够快速识别并提取长篇文档中的关键信息，如案件事实、争议焦点、证据材料、法律观点等，极大地节省了律师在海量文本中手动筛选信息的时间，提升了工作效率。

• **精准信息分类。**AI软件能够根据文档内容自动进行信息分类，如将事实信息、法律依据、证据分析等分别归类，帮助律师清晰地把握文档结构，快速定位所需信息，避免在复杂文档中迷失方向。

• **深度信息挖掘。**AI软件能够深入分析文档内容，揭示隐藏的关联性、趋势性信息，如案件中的因果关系、证据间的逻辑联系、法律规则的适用条件等，为律师提供更深层次的洞见，助力精准把握案件关键点。

3.2.2 注意事项

律师在使用AI起草法律文书时，应注意以下事项，能更好地发挥AI的作用。

• **选择合适的AI工具。**不同的AI工具具有不同的功能和优势。律师应根据自己的具体需求选择合适的AI工具。

• **正确使用AI工具。**即使工作中借助了AI工具，律师也应该认识到，AI目前尚不能代替人工，故对于AI给出的答复，律师应用其法律逻辑和知识储备进行复核后方可作为最终文件交付给客户。

3.2.3 使用逻辑

• **第一步，明确任务目的。**律师应当明确自己使用AI工具的目的，知晓该工具可以达成的最佳效果。

• **第二步，提问中列明需要的AI答复的各类关键要素。**律师应当多次练习向AI进行发问，以便测试如何用最简洁的关键词问出最理想的答复。律师可以同时测试几款AI软件进行比对，从而选择出最终参考答案。

• **第三步，关注信息来源。**律师还应当关注各AI软件给出答复的参照来源，在需要的情况下进一步核对来源的可信度和公正性，判断该来源是否可以在工作中用来做法律适用以及可参照的裁判依据。

3.2.4 场景示例

例1：案件材料审查

◆ 任务要求

在接手一起复杂的商业诉讼案件时，律师面临着一大堆相关文件需要审查。这些文件包括了合同、交易记录、电子邮件往来等多种类型的文档。为了迅速了解案情，并找出有利于己方的证据和论点，律师需要快速阅读和提取这些长篇文档中的关键信息。

◆ 任务场景

工具：**Kimi**

律师问： 我上传了合同、交易记录、电子邮件往来等文档，这是个复杂的商业诉讼案件时，我需要快速阅读和提取这些长篇文档中的关键信息，并找出有利于我方的证据和论点，我们的客户是合同甲方。

AI答： 在处理复杂的商业诉讼案件时，迅速准确地从大量文件中提取关键信息至关重要。以下是对您提供的文件内容的审查和关键信息提取，以及可能有利于甲方的证据和论点概述。

合同文档审查

合同编号：×YZ-××××-×××

甲方：李四家政服务有限公司

乙方：张三贸易有限公司

合同标的：家政服务所需的各类用品及设备

合同价款：人民币××××元

支付方式：预付款××%，尾款在产品交付并验收合格后支付

交货与验收：乙方应在收到预付款后30日内交付产品，甲方在5个工作日内完成验收

售后服务与保修：至少一年的免费保修服务

违约责任：违约方需支付违约金，最高不超过合同总价款的××%

争议解决：友好协商，协商不成可向人民法院提起诉讼

合同生效：双方签字盖章之日起生效

交易记录审查

交易日期：2023年1月10日

交易编号：TR–2023–0110–A

交易内容：家政服务用品及设备一批

交易金额：人民币××元

付款方式：银行转账

备注：货物已按时交付并验收合格，尾款已结清。

电子往来材料审查

日期：2023年1月5日

发件人：张三贸易有限公司

收件人：李四家政服务有限公司

邮件主题：关于×YZ–××××–×××合同预付款的确认

内容摘要：确认收到预付款，请求确认支付情况并告知后续交货事宜。

有利于甲方的证据和论点

1.合同条款明确：合同中详细列出了产品规格、价款、支付方式、交货与验收、售后服务等条款，为甲方提供了明确的合同依据。

2.预付款支付确认：电子邮件确认了预付款的支付，可作为甲方履行合同义务的证据。

3.货物交付与验收：交易记录显示货物已按时交付并验收合格，表明甲方履行了合同中的接收和验收义务。

4.尾款支付：交易记录中提到尾款已结清，证明甲方完成了合同规定的支付义务。

5.违约责任限制：合同中规定了违约责任和违约金的最高限额，甲方可以据此限制潜在的赔偿责任。

6.争议解决途径：合同规定了争议解决的途径，甲方可以依据此条款寻求法律途径解决争议。

审查建议

-详细审查合同条款：确保理解合同中的每一项条款，特别是关于产品质量、交付时间、违约责任等关键条款。

-收集相关证据：整理所有与合同履行相关的文件，包括支付凭证、交货和验收记录、通信记录等。

-评估违约情况：如果存在违约情况，评估违约的性质和程度，准备相应的抗辩策略。

-法律咨询：考虑咨询专业律师，获取针对案件的专业法律意见和策略。

通过上述审查和提取的关键信息，您可以更有效地准备和应对商业诉讼案件。

◆ 工具评价

Kimi和通义法睿的回答思路相似，都适合用来借鉴使用。

例 2：法律咨询回复

◆ 任务要求

作为律师，经常收到客户的法律咨询邮件或电话。客户会描述他们遇到的问题，并期望得到专业的法律建议。律师需要快速理解客户的问题，并从法律角度给出明确的回复。

◆ 任务场景

工具：**Kimi**

律师问：我上传了一份供货保证协议，来自客户电话咨询内容，我认为协议内容过于苛刻，请从对甲方乙方都公平公正的角度给出法律修改建议。

AI答：作为律师，在理解了宇宙机械有限公司（以下简称乙方）所面临的问题后，我会从法律角度提供以下建议。

1.合同自由与公平原则

–根据合同法的基本原则，合同应当基于双方的自由意志和公平原则。如果乙方认为甲方太阳新能源公司（以下简称甲方）提供的合同条款过于苛刻，乙方有权要求对不合理条款进行修改。

2.关键条款审查

–乙方应特别关注合同中关于价格调整、供货保证、质量标准、违约责任等关键条款，评估这些条款对乙方的潜在影响。

3.价格条款

–审查合同中的价格条款，特别是价格调整机制，确保乙方在市场价格波动时的权益得到保护。

4.供货周期与交货要求

–确认供货周期和交货要求是否合理，特别是供货时间、供货地点和供货条件，确保乙方能够满足合同要求，减少违约风险。

5.质量标准与验收条款

–质量标准应明确，验收流程和标准应公平合理，避免甲方利用严格的质量要求对乙方施加压力。

6.违约责任

–审查违约责任条款，确保乙方在违约时的责任限制，减少乙方可能面临的经济损失。

7.协商与再协商

–建议乙方与甲方进行进一步的协商，争取修改过于苛刻的条款，达成对乙方更有利的合同条件。

8.备选方案

–如果协商不能达成一致，乙方应考虑寻找其他商业机会或备选供应商。

9.法律文件准备

–帮助乙方准备和审核任何与甲方沟通的法律文件。

10.长期合作关系考虑

–考虑到与甲方的长期合作，建议乙方在关键问题上坚持己见，同时在次要问题上适当让步。

11.最终法律意见

–在全面了解乙方的商业需求和协议内容后，给出明确的法律意见，包括是否签署协议的建议。

请注意，这些建议需要结合乙方的具体商业目标和实际情况进行调整，并且在实际操作中，还需要详细审查协议的具体内容。建议乙方在做出最终决定前，与专业法律顾问进行深入沟通。

◆ 工具评价

Kimi比较全面，给予了律师多方面建议和启发。律师也可以使用法律类AI进行提问。

例3：离婚纠纷判决书分析

◆ 任务要求

离婚纠纷案件中上诉人（一审被告）对于二审判决不服，委托律师代理再审诉讼，律师借助AI软件为客户提供更好的法律服务。

◆ 任务场景

工具：**Kimi**

律师问：请你阅读这份离婚纠纷二审判决书，客户是上诉人高某，客户不服要求申请再审，请你分析判决中的各个要素、对我方不利的地方和对我方有利的地方，以及针对这些不利于我方的判决给出再审的代理意见。

AI答：作为一名婚姻律师，我将对这份离婚纠纷二审判决书进行详细分析，并为我的客户提供再审的代理思路。

判决要素分析。

1. 案件双方

上诉人（原审原告）：高某

被上诉人（原审被告）：周某

2. 争议焦点

周某是否存在在高某不知情的情况下转移夫妻共同财产的行为。

一审判决关于转移夫妻共同财产的金额认定及分割是否正确。

3. 法院判决

驳回高某的上诉请求，维持原判。

认定周某转移了四笔款项共计126,741元，并据此进行了财产分割。

未支持高某关于微信转账30,000元和向周某2转账102,000元的主张。

法院判决对高某不利的地方。

1. 款项转移的认定

法院认定周某转移的款项为夫妻共同财产，并据此进行了分割，而高某主张的微信转账30,000元和向周某2转账102,000元未被认定为转移的共同财产。

2. 证据的评价

法院未采纳高某关于周某擅自转移财产的主张，认为高某未能提供足够证据证明其主张。

法院判决对高某有利的地方。

1. 转移财产的分割

法院认定周某存在转移夫妻共同财产的行为，并据此对126,741元进行了分割，高某获得了较多的分割比例。

针对不利判决的再审代理意见：提供新证据。收集并提交新的证据，如银行交易记录、通话录音、微信聊天记录等，以证明周某未经高某同意擅自转移财产。

2. 证据的补充和解释

对于法院未采纳的证据，提供补充材料和解释，如证人证言、第三方证明等，以增强证据的可信度和说服力。

3. 法律适用的争议

针对法院关于夫妻共同财产转移的法律适用，提出异议，并引用相关法律条文，要求重新审查法律适用的正确性。

4. 程序合法性的审查

审查原审程序是否存在违法情形，如证据未经充分质证、审判人员存在回避情形等，以此为由申请再审。

5. 判决结果的公平性

强调原判决结果对高某的不公平性，要求法院重新考虑财产分割的比例，以保障高某的合法权益。

结论：在准备再审申请时，应当详细分析原判决书的内容，找出对客户不利的判决要素，并收集新的证据或提供新的法律论据来反驳原判决。同时，应当关注原审程序的合法性和判决结果的公平性，为客户提供全面的法律服务。作为律师，我会全力以赴，确保客户的权益得到最大限度的保护。

律师追问：针对上述不利于高某的判决事项等回答，如果客户高某要申请再审，请作为专业律师起草一份再审申请书。

AI答：以下是根据您提供的情况起草的再审申请书示例。请注意，这仅是一个模板，具体情况下应由专业律师根据案件的详细情况来起草，并确保所有信息的准确性和完整性。

再审申请书

申请人（原审原告）：高某

性别：男

出生日期：1991年3月8日

民族：汉族

职业：个体工商户

住址：聊城市东昌府区［详细地址］

联系电话：［高某联系电话］

被申请人（原审被告）：周某

性别：女

出生日期：1990年2月23日

民族：汉族

职业：个体工商户

住址：聊城市东昌府区［详细地址］

联系电话：［周某联系电话］

原审法院：山东省聊城市东昌府区人民法院

原审案号：(2022)鲁1502民初3447号

原审判决日期：2020年11月27日

二审法院：山东省聊城市中级人民法院

二审案号：(2023)鲁15民终3333号

二审判决日期：2023年11月27日

再审请求：

1. 撤销山东省聊城市中级人民法院(2023)鲁15民终3333号民事判决书；

2. 依法重新审理本案，确认周某向周某2转账的102,000元及通过微信转账的30,000元为夫妻共同财产，并依法进行分割；

3. 一审、二审及再审诉讼费用由被申请人承担。

事实与理由：

1. 关于款项转移的认定：原二审判决未认定周某向周某2转账的102,000元及通过微信转账的30,000元为夫妻共同财产，存在事实认定错误。申请人现提交新的证据，包括银行交易记录和通话录音，证明周某未经申请人同意擅自转移财产。

2. 关于证据的评价：原二审判决未充分考虑申请人提交的证据，包括微信聊天记录和证人证言，这些证据足以证明款项的具体用途和周某的转移行为。

3. 关于法律适用：原二审判决在适用《中华人民共和国婚姻法》(已失效)第四十七条第一款时，未能充分考虑申请人的证据和实际情况，导致判决结果不公。

法律依据：

根据《中华人民共和国民事诉讼法》第二百零一条，当事人对已经发生法律效力的判决、裁定认为有错误的，可以向上一级人民法院申请再审。

附件：

1. 新证据清单及证据材料；

2. 其他相关证明材料。

日期：[填写申请书提交日期]

签名：高某

请注意，以上内容仅为根据您提供的情况起草的再审申请书示例。在实际提交法院之前，应由专业律师进行审查和修改，确保符合法律规定和法院要求。同时，申请人应提供所有证据的原件供法院核实。

◆ **工具评价**

Kimi回答得比较不错，需要注意的是要求AI对于成文法律文书做出判断和分析的时候，发问要素非常重要。这需要律师有法律逻辑，知晓判决书的构成，了解如何快速地分析一份判决书的内容以及如何向AI提出精确的要素发问，AI才能够更为快速地给予你想要的答案，或者给你相对精确的思路方案供你参考。

3.3 总结、汇报等非法律文书生成：辅助制作日常工作总结或报告

3.3.1 AI对于律师生成总结、汇报等文书的意义

• **高效信息整理。** AI软件能够自动整理律师每日的工作记录、案件进展、客户沟通等信息，生成初步的工作总结或报告框架，极大地节

省了律师手动整理信息的时间，提升了工作效率。

• **规范报告格式。**AI软件可以内置丰富的报告模板，能够根据律师的需求生成符合行业规范、格式统一的工作总结或报告，提升报告的专业感与可读性。

• **精准数据分析。**AI软件能够对律师的工作数据进行深度分析，如案件处理时间、客户满意度、工作量统计等，生成可视化图表，帮助律师精准把握工作状态，为优化工作流程、提升服务质量提供数据支持。

• **智能内容生成。**AI软件能够根据律师的工作记录，智能生成工作总结或报告的内容，如案件处理亮点、工作难点、改进措施等，确保报告内容的全面性与深度，提升报告的价值。

3.3.2 注意事项

律师在使用AI起草法律文书时，应注意以下事项，能更好地发挥AI的作用。

• **选择合适的AI工具。**不同的AI工具具有不同的功能和优势。律师应根据自己的具体需求选择合适的AI工具。

• **正确使用AI工具。**即使工作中借助了AI工具，律师也应该认识到，AI目前尚不能代替人工，故对于AI给出的答复，律师应用其法律逻辑和知识储备进行复核后方可作为最终文件交付给客户。

3.3.3 使用逻辑

• **第一步，明确任务目的。**律师应当明确自己使用AI工具的目的，知晓该工具可以达成的最佳效果。

• **第二步，提问中列明需要的AI答复的各类关键要素。**律师应当多次练习向AI进行发问，以便测试如何用最简洁的关键词问出最理想的答复。律师可以同时测试几款AI软件进行比对，从而选择出最终参考答案。

• **第三步，关注信息来源。**律师还应当关注各AI软件给出答复的参照来源，在需要的情况下进一步核对来源的可信度和公正性，判断该来源是否可以作为依据。

3.3.4 场景示例

例1：案件进展报告

◆ **任务要求**

在处理一起复杂的刑事案件过程中，律师需要定期向客户及合作伙伴汇报案件的最新进展。这要求律师能够清晰地总结案件的当前状态，包括已完成的调查、收集的证据、法律分析的进展以及接下来的行动计划。

◆ **任务场景**

工具：**Kimi**

律师问：我上传了刑事案件的证据文档，帮我制作一份案件进展报告，报告内容要求包括已完成的调查、收集的证据、法律分析的进展以及接下来的行动计划（上传一份刑事案件的证据文档）。

张三涉嫌诈骗罪一案案件时间线和证据清单

【案件时间线】

1. 2023年1月1日：张三首次以谈恋爱的名义接触被害人李四，虚构做生意的事实。

2. 2023年1月5日：张三向李四借款，声称生意需要周转资金。

3. 2023年1月10日：张三再次向李四借款，借款金额增加。

4. 2023年1月15日：李四发现张三未按约定归还借款，开始调查。

5. 2023年1月20日：李四报警。

6. 2023年1月22日：无锡市公安局某分局立案侦查。

7. 2023年2月1日：张三被抓获。

8. 2023年2月5日：张三被拘留。

9. 2023年3月1日：侦查终结，移送审查起诉。

10. 2023年4月1日：审查起诉阶段开始。

11. 2023年5月1日：审查起诉阶段结束，提请某区人民检察院审查起诉。

12. 2023年6月1日：某区人民检察院审查起诉完成。

【证据清单】

1. 书面材料

– 借款协议：张三与各受害女性签订的借款合同或借条，载明借款金额、用途、还款期限等。

– 聊天记录：张三与受害女性之间的微信、短信、邮件等通信记录，反映其以谈恋爱名义接触及虚构做生意事实的过程。

– 转账记录：受害女性向张三转账的银行流水、支付宝或微信支付凭证，证明资金流转情况。

– 报案材料：受害女性的书面报案陈述，详细描述被骗经过。

2. 物证

– 张三使用的手机：内含与案件相关的聊天记录、通讯录、照片等电子数据。

– 张三的银行账户资料：用于核实资金进出情况，确认诈骗所得的去向。

3. 证人证言

– 受害女性陈述：各受害女性对被张三以谈恋爱名义接触、虚构做生意事实及被骗取钱财的详细描述。

– 其他知情人证言：如共同朋友、家人、同事等，可能提供张三行为模式、经济状况等背景信息。

– 侦查人员证言：关于张三被抓获、讯问及搜查过程的记录。

4. 鉴定意见

– 电子数据鉴定报告：对张三手机、电脑等设备中提取的电子数据进行分析，确认其虚构事实、诈骗行为的证据。

– 笔迹鉴定：如必要，对借款协议、借条等文件上的签名进行笔迹鉴定，确认其真实性。

5. 视听资料

– 通话录音：张三与受害女性之间的电话录音，可能涉及诈骗内容的直接表述。

– 监控录像：案发地、银行、公共场所等处的监控视频，可能捕捉到张三与受害女性的接触情况。

AI答：案件进展报告

案件名称：张三涉嫌诈骗罪一案

案件编号：[案件编号]

报告日期：2024年5月20日

尊敬的客户：

本报告旨在向您汇报张三涉嫌诈骗罪一案的最新进展。以下是案件的当前状态、已完成的调查、收集的证据、法律分析的进展以及接下来的行动计划。

一、案件当前状态

张三涉嫌诈骗罪一案自2023年1月1日起发生，至2023年6月1日，某区人民检察院已完成审查起诉工作。目前，案件处于审查起诉阶段的尾声，即将进入审判阶段。

二、已完成的调查

1.时间线梳理：从张三首次接触被害人李四，到最终审查起诉完成，所有关键时间节点均已明确记录并核实。

2.证据收集：包括借款协议、聊天记录、转账记录、报案材料等书面材料，以及张三使用的手机、银行账户资料等物证。

3.证人证言：已收集受害女性陈述、其他知情人证言以及侦查人员证言。

4.鉴定意见：电子数据鉴定报告和笔迹鉴定已完成，为案件提供了关键证据。

5.视听资料：通话录音和监控录像等视听资料已收集并分析，为案件提供了直观证据。

三、法律分析进展

1.诈骗罪构成要件分析：根据收集的证据，张三的行为符合诈骗罪的构成要件，包括虚构事实、隐瞒真相、骗取财物等。

2.主观故意论证：通过聊天记录、证人证言等证据，已充分论证张三具有诈骗的主观故意。

3.量刑建议：根据张三的犯罪情节、犯罪后果及悔罪表现，提出了初步的量刑建议。

四、接下来的行动计划

1.证据整理：对已收集的证据进行系统整理，确保证据链完整、有力。

2.法律文书准备：准备起诉书、辩护词等法律文书，为即将到来的审判阶段做好准备。

3.与检察院沟通：与某区人民检察院保持沟通，了解案件审查的最新动态，确保案件顺利进入审判阶段。

4.客户沟通：定期向您汇报案件进展，确保您对案件的了解和参与。

5.庭审准备：准备庭审所需的各项材料和策略，包括模拟庭审、证人准备等。

五、结语

我们将继续以专业和敬业的态度，全力以赴地为您服务，确保张三的合法权益得到充分保护。如有任何疑问或需要进一步的法律咨询，请随时与我们联系。

此致

敬礼！

[您的刑事律师姓名]

[律师事务所名称]

[联系电话]

[电子邮箱]

附件：

1.案件时间线

2.证据清单

3.法律分析报告（摘要）

备注：本报告根据提供的文档内容编写，具体案件编号、律师姓名、律师事务所名称等信息需根据实际情况填写。

◆ 工具评价

Kimi表现颇为不错，不过最终面向客户的案件进展报告还需要律师以此为框架进一步细化。

例2：律所内部定期工作汇报

◆ 任务要求

作为律师，经常需要进行内部的工作汇报。律所的授薪律师可能每个月都需要提交一份工作总结，以向合伙人展示在过去一个月中的工作成果、遇到的问题及解决方案，并规划下个月的工作。

◆ 任务场景

工具：**Kimi**

律师问：请以授薪律师的身份制作一份月度工作报告总结，形式分别为文档形式和表格形式，要列明在过去一个月中的工作成果，遇到的问题以及解决方案，并规划下个月的工作。日常处理的案件包括离婚纠纷、合同纠纷、交通事故责任纠纷、侵权纠纷、名誉权纠纷等，具体工作内容包括接待新客户咨询，整理新案件证据，准备起诉材料，调取案件证据，提交法院立案，跟进诉讼费缴费进展，及时向客户以及主办律师汇报案件进展，准备开庭前案件分析表，通知客户带好原件和律师一起去法院开庭，收到判决书后分析是否可以上诉以及上诉理由有哪些，告知客户上诉期15天，问询客户是否要上诉等。

AI答：由于我无法创建或提供下载链接、用电子邮件发送文件，我可以在这里提供文档形式和表格形式的内容，您可以根据需要复制并粘贴到相应的文档编辑器或表格编辑器中。

• 文档形式

授薪律师的月度工作报告总结

报告周期：2024年4月1日—30日

报告人：[授薪律师姓名]

一、工作成果

1.新客户咨询：接待了15位新客户，涉及案件类型包括离婚纠纷、合同纠纷等，为客户提供了初步的法律意见和解决方案。

2.案件证据整理：完成了10起案件的证据整理工作，包括收集合同文本、交易记录等。

3.起诉材料准备：准备并提交了8起案件的起诉材料，确保材料齐全、符合法院要求。

4.案件证据调取：成功调取了5起案件的关键证据，包括银行流水、通话记录等。

5.法院立案：为7起案件完成了法院立案工作，确保案件顺利进入诉讼程序。

6.诉讼费缴费进展跟进：跟进了12起案件的诉讼费缴费情况，确保按时缴费。

7.案件进展汇报：及时向客户及主办律师汇报了20起案件的最新进展。

8.开庭前案件分析表准备：为5起即将开庭的案件准备了详细的案件分析表。

9.开庭通知与准备：通知并协助3位客户与律师一同前往法院开庭。

10.判决书分析与上诉咨询：收到并分析了4份判决书，向客户解释了上诉的可能性及理由。

二、遇到的问题及解决方案

1.证据调取困难：遇到2起案件中关键证据难以调取的问题。解决方案：与主办律师协商，通过法律途径申请法院调取证据。

2.客户沟通不畅：部分客户对法律程序理解不足，沟通存在障碍。解决方案：增加沟通频次，使用更通俗易懂的语言解释法律概念。

3.诉讼费缴费延误：发现1起案件因客户原因导致诉讼费缴费延误。解决方案：提前提醒客户缴费截止日期，必要时协助客户完成缴费。

三、下个月工作计划

1.新案件接待：预计接待新客户咨询20次，涵盖各类民商事纠纷。

2.案件证据整理与调取：计划完成15起案件的证据整理和关键证据调取工作。

3.起诉材料准备与提交：准备并提交10起案件的起诉材料。

4.法院立案与诉讼费跟进：完成8起案件的法院立案工作，跟进所有案件的诉讼费缴费情况。

5.案件进展汇报：定期向客户及主办律师汇报30起案件的最新进展。

6.开庭前准备：为预计开庭的6起案件准备案件分析表，并通知客户准备开庭。

7.判决书分析与上诉咨询：对收到的判决书进行分析，向客户提出上诉建议。

8.内部培训与知识更新：参加至少2次内部法律培训，更新法律知识，提高业务能力。

9.客户关系维护：加强与客户的日常沟通，提升客户满意度。

10.工作流程优化：评估并优化现有工作流程，提高工作效率。

四、结语

在过去的一个月中，通过团队的共同努力，我们取得了一定的工作成果。面对工作中遇到的问题，我们积极寻找解决方案，并取得了良好的效果。在接下来的一个月，我们将继续努力，不断提升服务质量，为客户提供更加专业、高效的法律服务。

此致

敬礼！

[授薪律师姓名]

［律师事务所名称］

［联系电话］

［电子邮箱］

附件：

1.各案件进展明细表

2.客户沟通记录汇总

3.培训与知识更新计划

•表格形式（见表3-1）

表3-1　表格形式的月度工作报告示例

类别	工作内容	完成情况	遇到问题	解决方案
新客户咨询	接待新客户咨询	15	无	无
案件证据整理	整理新案件证据	10	证据收集困难	与第三方合作
起诉材料准备	准备起诉状	8	无	无
法院立案	提交法院立案	6	法院立案延误	积极沟通
诉讼费跟进	跟进诉讼费缴费进展	12	无	无
案件进展汇报	向客户及律师汇报案件进展	12	客户沟通不畅	增加沟通频次
开庭前案件分析	准备开庭前案件分析表	5	无	无
开庭准备	协助客户和律师参与庭审	3	无	无
判决书分析	收到并分析判决书	4	无	无

注：这些只是示例，你需要根据实际情况填写具体内容。希望这些示例能够帮助你完成工作报告。

◆ **工具评价**

文心一言4.0、Kimi、通义法睿的答复都具备框架和表格形式，都比较优质。

例3：关于常年法律服务的定期汇报

◆ **任务要求**

律师在提供常年法律顾问服务过程中，需要根据工作内容定期向客户进行汇报，以提升客户的服务获得感。

◆ **任务场景**

工具：**Kimi**

律师问：（上传一份××公司的年度服务小时单后）请根据该小时单生成一份三千字的文字版工作报告，中文就行（见图3–3）。

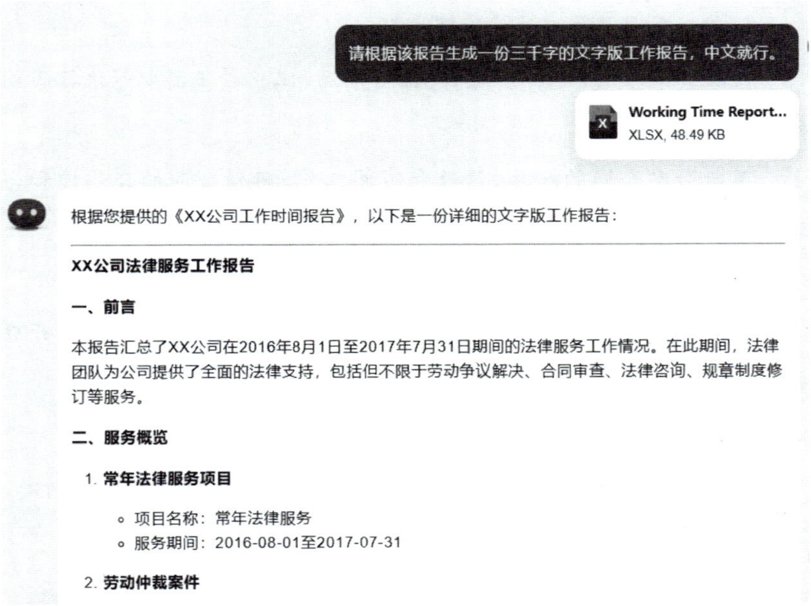

图3–3 Kimi生成的工作报告

AI答:

××公司法律服务工作报告

一、前言

本报告汇总了××公司在2016年8月1日至2017年7月31日期间的法律服务工作情况。在此期间，法律团队为公司提供了全面的法律支持，包括但不限于劳动争议解决、合同审查、法律咨询、规章制度修订等服务。

二、常年法律服务项目概述

在长达一年的服务周期内，××公司法律团队为公司提供了全面的法律支持。团队成员包括律师1、律师2、律师3、律师4、律师5等，他们在不同的案件中发挥了重要作用。

三、主要工作内容

1. 劳动合同与员工关系管理

处理员工级别调整、产前假、医疗期满、工伤员工离职等法律咨询和问题解决。

参与劳动合同的起草、修改和审阅工作，确保合同的合法性和合理性。

2. 劳动争议案件处理

参与多起劳动争议案件的前期咨询、证据收集、案件分析和开庭辩护。

3. 交通事故赔偿咨询

为客户提供交通事故赔偿项目的法律咨询，包括赔偿责任判定、赔偿金额计算等。

4. 规章制度修订与完善

根据实际情况和法律法规的变化，参与公司规章制度的修订工作。

5. 法律培训与教育

为公司员工提供法律知识培训，增强员工的法律意识和风险防范能力。

四、重点项目分析

1. ××公司与K争议仲裁案

K案是本报告期间的重点案件之一。法律团队成员律师3在此案中承担了主要工作，包括接待、初步沟通、证据材料整理、开庭报告撰写等。案件处理过程中，律师3展现了高度的专业性和责任心，为公司争取了合法权益。

2. ××公司与M解除合同争议案

M案是另一起重要的劳动争议案件。律师6和律师7共同参与了案件的处理，包括案情分析、材料准备、开庭辩护和调解工作。两位律师的专业表现，为案件的顺利解决提供了有力支持。

五、工作成效与反思

1. 工作成效

法律团队在处理各类法律事务中表现出色，成功解决了多起复杂的劳动争议案件，为公司避免了潜在的法律风险和经济损失。

2. 工作反思

在案件处理过程中，我们也发现了一些需要改进的地方，如提高案件处理效率、加强与客户的沟通协调等。

六、具体案例分析

（略）

七、法律服务流程优化

（略）

八、法律风险防范

（略）

九、团队建设与人才培育

（略）

十、未来工作规划

（略）

十一、总结语

在过去的一段时间里，某企业法律团队凭借专业的法律知识和丰富的实务经验，为企业的稳健发展提供了坚实的法律保障。展望未来，我们将持续努力，不断创新和完善法律服务，为企业的发展贡献更多的力量。

◆ 工具评价

律师可以根据服务客户的需求，定制多语种的工作报告，但需要律师做最后的复核。

例 4：庭审笔录总结

◆ 任务要求

每次案件开庭后，办案律师都会对庭审笔录进行分析总结，以便于明确下一步工作以及总结如何向客户反馈开庭内容。

◆ 任务场景

工具：**Kimi**

律师问：我上传庭审笔录文档，请第一步先把这份文件中原告、被告、法官代理人等信息脱敏，第二步我要给客户也就是原告汇报庭审过程以及下一步我们需要补充的证据等，请你提炼该份脱敏的庭前会议笔录文件内容。

AI答：根据您提供的文件内容，以下是对庭审过程的提炼以及下一步可能需要补充的证据和行动的概述。

庭审过程提炼：

1.案件基本信息

–案号：(2024)苏0213民初××××号

–案由：民间借贷纠纷

–时间：2024年×月××日9:30

–地点：第五法庭

2.当事人及诉讼代理人

–原告：毛××，委托诉讼代理人为蒋××和××。

–被告：沈××。

3.庭审程序

–核对当事人身份及诉讼代理人身份与代理权限。

–确认双方对身份事项无异议。

–确认双方没有通知证人出庭作证。

–确认双方已收到相关诉讼材料，对权利义务明确。

–确认双方不申请法官、法官助理及书记员回避。

4.原告诉讼请求

–要求被告归还借款本金[金额脱敏]元及支付逾期利息。

–要求被告承担本案诉讼相关费用。

5.被告答辩

–对借款金额[金额脱敏]元及还款金额[金额脱敏]元无异议。

–表示目前无还款能力，需出售房产后才能归还。

–要求原告解除对房产的保全措施。

6.双方关系及借款理由

–原告与被告通过李××介绍认识。

–被告借款用于生意周转和投资民宿。

7.证据提交

–原告提交了微信聊天记录、微信转账记录、银行交易明细及借款往来统计表。

–被告对原告提交的证据无异议。

8.双方陈述

–双方确认了借款和还款的金额。

–双方确认除了原告所述的还款，被告无其他还款。

–双方确认除了本案纠纷，无其他债权债务关系。

9.其他情况

–双方均非党员、国家公职人员。

–原告近三年在全省法院无其他借贷案件。

–双方确认无暴力讨债、非法拘禁等情形。

–本案中无以房抵债、房屋抵押的情形。

下一步行动和证据补充：

1.证据补充

–如果有新的还款证据或与借款相关的其他证据，应当及时收集并提交给法庭。

2.法律行动

–考虑是否对被告提出的解除房产保全措施的请求进行回应，或提出反诉。

3.策略制定

–根据被告的答辩和证据情况，调整诉讼策略。

4.财产保全

–如果被告的房产是还款的关键，可能需要采取措施确保其不被转移或出售。

5.和解协商

–评估是否有可能通过和解解决纠纷，以减少诉讼成本和时间。

6.心理准备

–为可能的法庭辩论和判决结果做好心理准备。

7.法律咨询

–与诉讼代理人密切沟通，了解案件进展和法律意见。

请注意，这只是一个基于文件内容的概述，具体的法律策略和行动应由专业律师根据案件的详细情况制定。

◆ **工具评价**

上述场景使用的是Kimi，该工具的脱敏功能符合要求，提炼功能也不错，可以考虑对需要提炼的问题进行更多的尝试。

3.4 法律文书的审核：单个文书与批量文书的审核

3.4.1 AI 工具对于律师审核法律文书的意义

• **法律文书准确的重要性。**法律文书的准确性是律师专业素养和严谨态度的直接体现，也是维护客户权益、确保法律程序顺利进行的根本保证。任何一处笔误或者错讹，轻则引发客户对于律师专业素养的怀疑，重则可能导致法律意图的误解，进而影响整个案件或者项目，甚至还会被公开至媒体无限传播，引发社会公众对律师或者律所的负面评价，并招致行政机关以及行业协会的批评和警告。

• **AI工具助力法律文书审核。**随着技术的发展，AI工具在法律文书笔误审核上可以发挥重要作用。AI工具能够快速识别文本中的语法错误、拼写错误以及前后逻辑不一致等问题，大大提高了法律文书的精确度和审核效率，为律师提供了有力的辅助，确保每一份法律文书都严谨无误，显著提升律师的工作效率。

3.4.2 注意事项

• **数据安全的关注**。律师应选择信誉良好的AI工具服务提供商，并确保其遵循严格的数据保护标准。律师还应采取内部安全措施，比如对敏感数据进行脱敏处理，限制AI的数据访问权限，以及定期检查和更新数据保护策略等。

• **专业责任的承担**。律师在使用AI工具时仍应承担全部的专业责任。这意味着律师必须对AI工具产生的结果进行人工审核，并确保其符合法律要求和职业道德标准。

3.4.3 使用逻辑

• **第一步，选择合适的工具**。根据不同的目的，律师可以选择不同的工具。如果仅仅是要审核法律文书本身的字词错讹或者上下文不一致的地方，律师使用文心一言4.0等通识类工具便能很好地完成这个任务。但如果要审核其中的法律术语或者希望AI能够提出法律建议的，律师则需要挑选相对专业的法律类AI工具。如果需要审核完整的文档，律师就要挑选文档阅读能力强的AI工具，比如Kimi。

• **第二步，提出合适的问题。**律师应当准确地描述自己的问题，如果律师希望AI工具以专业律师的身份来回复的，应明确AI工具所扮演的角色是专业律师，如果希望AI工具仅仅以文字处理专家的身份来检查文件是否存在错别字或者上下文不一致的地方，那么就应明确AI工具所扮演的角色是文字处理专家，必要的时候还应限定其任务范围，避免AI工具过度延伸。

• **第三步，准确给予反馈**。如果AI工具答复时没有按照理想状态答复，在确认自己已经使用合适的AI工具后，应给予正确的任务反馈，告诉AI工具正确或者错误，并进一步明确或者重新下达自己的指令。

• **第四步，人工复核与确认**。对于AI工具的回答，律师应当对结果进行人工审核，确保结果准确、可靠。

3.4.4 场景示例

例1：单个法律意见书的审核

律师可以让AI工具进行法律意见书审核，让AI工具协助检查法律意见书是否存在专业上的疏漏或者逻辑问题。当然AI工具可能并不能尽善尽美，但可以为律师提供不同角度的建议和提醒。

◆ 任务要求

律师需要检查和校对法律意见书，确认有无专业问题或者文本错误。

◆ 任务场景

工具：**文心一言 4.0**

目前通识类AI的逻辑能力已经可以胜任这个工作。此处我们使用的工具是文心一言4.0，该工具系文心一言的收费版本。

律师问：你是专业律师，请审查以下法律意见书是否存在问题，并指正。

法律意见书

申请人：张三，女，公民身份证号码：320××××××××××××2，是被继承人李四、王五的独女。

被继承人一：李四，男，生前公民身份号码：320××××××××××××5。

被继承人二：王五，女，生前公民身份号码：320××××××××××××1。

江苏某律师事务所（以下简称“本所”）根据××市自然资源和规划局（以下简称“资规局”）之委托，指派本所赵六律师、孙七律师（以下简称“本所律师”），就申请人因继承被继承人遗产，向资规局申请办理农房不动产非公证继承事宜，出具本法律意见。

申请人向本所递交了被继承人的死亡证明、继承人的身份证明、继承人与被继承人的亲属关系证明、房屋权属证明等，并承诺及确认所递交的文件资料、陈述和说明均真实、准确、完整，不存在任何可能导致本法律意见书失实或产生误导的虚假记载、重大遗漏和误导性陈述，申请人对所有文件资料、陈述及说明的真实性和合法性承担全部责任。申请人承诺提供的材料如有虚假或有重大遗漏，对他人造成损失的，依法返还继承的财产，并承担法律责任。

一、现查明如下事实：

1. 被继承人李四于××××年××月××日死亡。王五于××××年××月××日死亡。

2. 被继承人李四、王五的父母均先于其死亡。李四、王五均没有继父母或养父母。

被继承人李四、王五是夫妻。

被继承人李四、王五只有一个子女，即张三，除此之外没有继子女、养子女或其他子女。

继承人称无《中华人民共和国民法典》第一千一百三十一条规定情形的人员，如一旦出现该条规定的情形，则一切法律责任由继承人承担。

3. 经向所有继承人核实，被继承人生前无遗嘱、遗赠扶养协议。

截至本法律意见书出具之日亦未有他人就此事实向本所提出异议。

申请人向资规局申请继承的遗产为：登记于李四名下的坐落于××市××镇××村××号不动产中分别属于李四、王五所有的份额。该房屋系被继承人李四的婚前个人财产。

4. 现张三要求继承上述遗产。

二、法律分析

依照上述事实及《中华人民共和国民法典》的规定，上述不动产系被继承人李四与其配偶王五的夫妻共同财产，其中分别属于李四、孙六所有的份额分别为被继承人李四、孙六的遗产，该遗产应当由其子女张三继承。

现张三要求继承被继承人的上述遗产。被继承人的上述遗产应由张三一人继承。

三、结论意见

本所律师认为：位于××市××镇××村××号的李四、王五的上述遗产应由申请人张三继承。

AI答：

法律意见书存在几处需要指正的问题：

1. 在"法律分析"部分，文中提到"上述不动产系被继承人李四与其配偶王五的夫妻共同财产，其中分别属于李四、孙六所有的份额分别为被继承人李四、孙六的遗产"，这里的"孙六"显然是笔误，应该是"王五"。因此，这句话应更正为"上述不动产系被继承人李四与其配偶王五的夫妻共同财产，其中分别属于李四、王五所有的份额为被继承人李四、王五的遗产"。

2. 在"结论意见"部分之前，法律意见书没有明确表述是否有其他继承人存在或是否进行了继承权公证，尽管在事实查明部分已经通过核实确认被继承人生前无遗嘱、遗赠扶养协议，且除张三外无其他继承人，但在法律分析或结论中明确这一点会更为严谨。

3. 文中提到“该房屋系被继承人李四的婚前个人财产”，但在法律分析中又提到是夫妻共同财产，这两处信息似乎存在矛盾。需要明确该房产到底是李四的婚前个人财产还是夫妻共同财产。如果是夫妻共同财产，则在继承时需要先分割出一半归配偶王五所有，剩下的才是李四的遗产。这部分内容需要更清晰的解释。

4. 在“结论意见”中，虽然结论是正确的，但建议增加一句关于法律依据的阐述，例如：“根据《中华人民共和国民法典》的相关规定，位于××市××镇××村××号的李四、王五的上述遗产应由申请人张三继承。”

5. 整个法律意见书中未提及是否有进行实地调查或者与相关当事人进行面谈等必要的尽调程序，这些程序对于确保法律意见的准确性是非常重要的。虽然文中提到“经向所有继承人核实”，但并未详细说明核实的具体过程和方式。

综上所述，这份法律意见书在表述和逻辑上存在一些需要指正和改进的地方。在实际操作中，律师应确保法律意见书的准确性、严谨性和完整性，以避免可能的法律风险。

◆ **工具评价**

观察AI工具的答案，不仅明确指出法律意见书中存在的笔误错讹等硬伤，而且也以一名专业律师的身份，对该法律意见书的尽调程序、法规引用、格式撰写提供了有意义的建议。

例2：批量法律意见书的审核

律师在出具批量法律意见书时，会选择在既有法律意见书模板上进行调整：保留法律意见书的共性部分，根据具体案件情况替换各不相同的细节信息。在重复劳动中，律师容易出现忘记替换掉前一份法律意见书中的信息，从而导致当前法律意见书产生错讹或者出现上下文不一致的问题。对于这种情况，律师固然可以通过重复检查、交叉检查的方式来提高法律意见书的准确率，但有了AI工具加持后，律师显然可以把工作外包给AI工具，提高工作效率以及提升律师工作时间颗粒的价值。

◆ 任务要求

律师出具了数十份法律意见书，现需要检查和校对法律意见书，看其中是否存在文本错讹。

◆ 任务场景

工具：Kimi

律师可以借助Kimi工具完成多文本的审核，截至本书写作时，该工具可以免费使用。

律师问（上传六份法律意见书后）：请以文字审查专家的身份审查上述六份法律意见书是否存在问题，直接告诉我审核结果，不要跟我讲审核思路（见图3–4）。

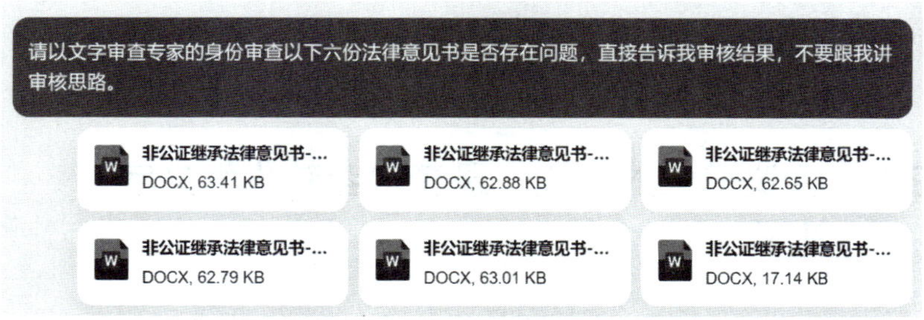

图3–4　借助Kimi进行审核

AI答：经过审查，以下是对六份法律意见书的审核结果：

1. 高八：法律意见书内容一致，未发现明显问题。

2. 孙十：法律意见书内容一致，未发现明显问题。

3. 曹九：法律意见书内容一致，未发现明显问题。

4. 谢十一：法律意见书内容一致，未发现明显问题。

5. 毛七：法律意见书内容一致，未发现明显问题。

6. 张三：存在问题。文档中提到"孙六"作为遗产继承人之一，这与文档中提及的被继承人李四和王五的独女张三的信息不符，可能是一个错误。

◆ **工具评价**

法律意见书的准确性和完整性对于法律程序至关重要。任何错误或遗漏都可能导致不利法律后果。在实际应用中律师应当对每份法律意见书进行详尽的审查，确保其符合所有法律要求和标准。目前的审查结果还算令人满意，在AI工具的提示下，律师可以作进一步的检查和确认。该工具在批量文本审核和校对上确实可以起到应有的作用。

有时候AI工具的答案会进行扩散，比如AI工具会详尽地介绍其审核思路，律师在提问时可以进行范围限缩，要求它只反馈审核结果，不需要介绍审核思路。

3.5 会议记录的生成：录音内容转化为文字形式

3.5.1 AI 工具对于律师生成会议记录的意义

• **录音形式到文字形式的迅速转化。**律师工作中要处理各种会议记录，既可能是要实时听写及制作会议记录，也可能是要把录音变成文字版的会议记录。鉴于当前技术的普遍成熟，能够完成这两个目的的工具有很多，比如Word便已具有听写和誊写功能，讯飞听见、钉钉、飞书等工具都具有类似的功能。

• **外文音源的实时翻译。**当前很多AI工具都已提供实时翻译功能，这就显著地方便了使用不同语言的双方之间的沟通，有助于律师及时地记录双语的会议纪要，从而显著提升了会议的效率。对于观看外文视频的律师而言，实时翻译还能有助于律师验证自己有无出现理解偏差。

3.5.2 注意事项

• **注意数据安全问题。**会议记录可能包含敏感信息，如客户信息、商业秘密等。律师应选择符合相关隐私和安全法规的AI工具，并确保其在使用过程中不会泄露敏感信息。

• **遵守法律法规。**在使用AI工具进行会议记录时，律师应遵守相关法律法规。在某些场景下未经当事人同意录音或录制会议可能属非法行为。

3.5.3 使用逻辑

• **第一步，提供目标音源。**律师向AI工具提供实时音源或者提供录音录像。

• **第二步，要求转化为文字。**律师可以要求AI工具将目标音源转化为文字。

• **第三步，提炼中心思想。**根据不同AI工具提供的功能，律师可以要求AI提炼音源的中心思想或者总结要点，或形成简洁的会议纪要。

• **第四步，人工复核与确认。**律师应当复核文字与音频之间的一致性，可能会因为音源中说话人座位远近、方言、口音等因素导致文字与音频不一致的情况。

3.5.4　场景示例

例1：会议实时记录

◆ 任务要求

无锡市律师协会某委员会正在进行年终总结，主任助理律师需要制作会议纪要。

◆ 任务场景

工具：**通义效率**

阿里的通义效率网站截至本书写作时可提供免费试用体验（见图3–5）。

图3–5　通义效率的实时记录功能

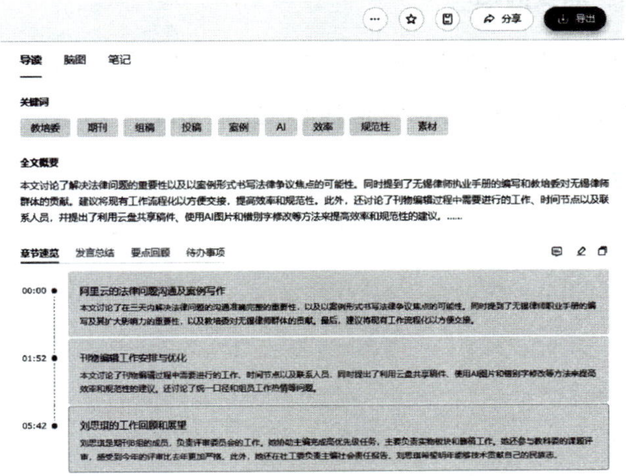

图3-5　通义效率的实时记录功能（续）

通过开启实时记录，律师可以实现：实时语音转文字，同步翻译，智能总结要点。同时，律师还可以在右侧的文本框内摘抄笔记、插入图片和表格。

关于实时语音转文字，记录者可以事后回顾各个阶段对应的录音及相应的文字，并且AI还会进行关键词提取，并区分段落、区分发言者进行主旨总结。

例2：外文讲座的实时听译

◆ 任务要求

律师在听外文讲座时往往会遇到语言理解或者专业知识上的障碍，比如可能听不懂相关外文词汇，或者被宣讲人的语速和口音所困扰等。那么为了提高对讲座内容的理解程度，律师可以借助AI工具来完成整场讲座的聆听。

◆ 任务场景

工具：通义效率

在听讲座时，律师可以同时打开AI工具，选择实时记录，确定音频语言为对应外语，并选择翻译成中文（见图3-6）。

图3-6　通义效率的实时翻译功能

图3-6　通义效率的实时翻译功能（续）

开始录音后，相应的外文讲座就会被同时录音，同时AI工具会进行实时翻译。

同样地，律师可在右侧的文本框内摘抄笔记、插入图片和表格，等等。

例3：音视频的文字提取

◆ 任务要求

律师需要向法院提交一份电话录音，并根据证据提交要求同时将录音转化为文字，同录音一并提交。

◆ **任务场景**

工具：**通义效率**

上传录音后，律师可以实现：将录音全部转化为文字，在右侧的文本框内摘抄笔记、插入图片和表格。同样地，AI工具也提取了关键词和发言概要（见图3–7）。

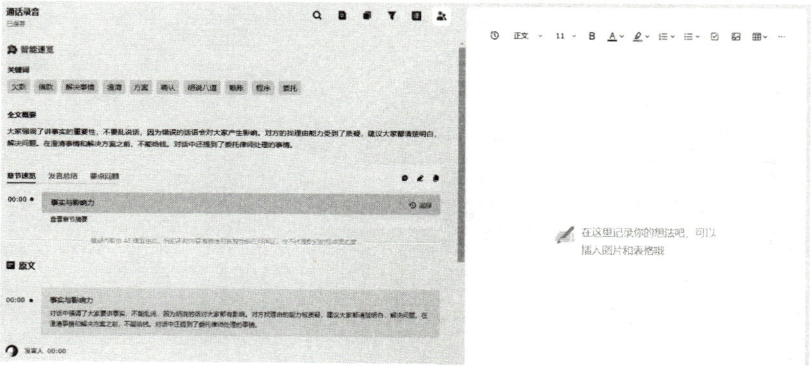

图3–7　通义效率的录音转文字功能

3.6　可视化图表的制作：生成组织架构图、流程图、时间轴等

3.6.1　AI 工具对于律师制作可视化图表的意义

• **可视化图表是重要工具。**诉讼可视化首倡于天同律师事务所，现在已经是很多诉讼律师的常用工具。而对于非诉律师而言，组织架构图、流程图也是文本制作过程中的常用工具。可以说，时间轴、流程图、组织架构图等可视化图表已经成为了律师向第三人清晰明了地解

释清楚事件或者概念的重要工具。

- **AI工具可以助力图表生成。**实际上，很多律师并不擅长制图工作，此时可以借助AI工具实现从内容到形式的"一键生成"，其结果能够满足80%的需求，另20%的空间留给精益求精的律师作进一步的美化和提高。

3.6.2 注意事项

- **选择合适的图表类型**。不同的图表类型适用于不同的数据类型和信息传递目的，律师应根据数据类型和图表目的选择合适的图表类型，并选用合适的AI工具。

- **注意AI工具的有限性**。AI工具具有强大的想象和逻辑能力，建议通过明确的指令进行区分和定义，否则AI工具会有超出意料的扩散性思维。同时应当知悉AI工具只能做完70%～80%的工作，最终还需人为来调整、优化剩余20%～30%。

3.6.3 使用逻辑

- **第一步，构筑清晰的图表逻辑**。律师应当根据图表目的、图表受众等要素确定所制作的图表，并在准确的数据基础上提炼出清晰的图表逻辑，该逻辑应当是可以为AI工具所理解的。AI工具的逻辑一般是分层逻辑，本书将用不同场景和不同工具来描述这种分层思维。

- **第二步，借助AI工具生成图表**。律师根据不同工具的特性选择符合自己需要的工具，并将第一步生成的图表逻辑导入工具，并指示AI工具根据输入的信息生成图表初稿。

- **第三步，复核和完善图表**。在图表初稿基础上，律师应进行复核和完善，并补充所需细节，最终形成目标图表。

3.6.4 场景示例

例1：组织架构图的生成

组织架构图是律师办理业务中最常见的图形，无论是诉讼项目中的被告选择，还是非诉项目中关联公司关系呈现，都需要律师绘制组织架构图，方便受众的整体理解。

◆ 任务要求

律师需要为某公司制作一份组织架构图，现律师已经知道组织架构中的角色关系，需要根据角色关系制作组织架构图。

◆ 任务场景

工具一：ProcessOn

此处我们使用的工具是ProcessOn，截至本书写作时，该网站提供免费试用。

第一步，律师根据人物关系进行了逻辑分层描述：

1.董事会

1.1 总裁

1.1.1 总经理

1.1.1.1 安全环保部

1.1.1.2 副总一

1.1.1.2.1 设备技术部

1.1.1.2.2 安全运行部

1.1.1.3 副总二

1.1.1.3.1 采购销售部

1.1.1.4 副总三

1.1.1.4.1 综合管理部

1.1.1.4.2 财务管理部

第二步，律师将上述描述输入ProcessOn，点击生成，一分钟后，即生成了所需组织架构图（见图3-8）。

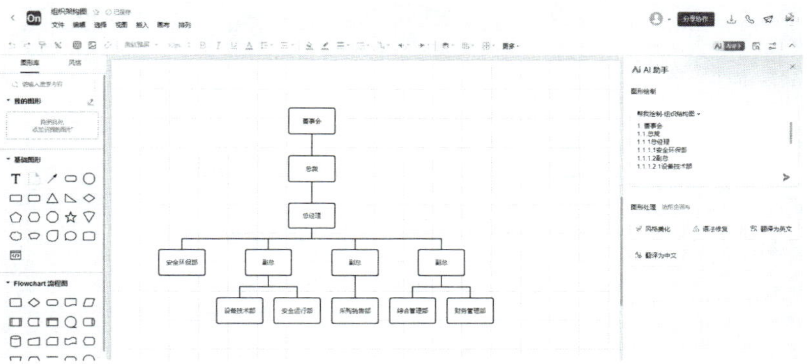

图3-8　ProcessOn的组织架构图生成功能

◆ 工具评价

运用ProcessOn制图的，如果第一次没有生成自己所要的图像，可以重新点击、重新生成，该工具的成功率较高。

如果图形复杂、无法一次性生成目标图像的，可以在生成图形上自行修改。

工具二：**PPT 的 SmartArt 功能**

律师也可以通过最常见的Office软件来实现上述组织架构图的勾勒。

第一步，律师将相关文字全部复制到PPT的文本框里。

此处需要注意的是，文本框应是新建的横排文本框，而不是PPT既有的标题文本框等，因为它们自带格式，会影响下一步软件对文本的识别能力。

律师将文字复制到新建文本框后，用Tab键完成分级，按一次是一级，两次是两级，以此类推，最后文字按以下形式呈现。

董事会
　　总裁
　　　　总经理
　　　　　　安全环保部
　　　　　　副总一
　　　　　　　　设备技术部
　　　　　　　　安全运行部
　　　　　　副总二
　　　　　　　　采购销售部
　　　　　　副总三
　　　　　　　　综合管理部
　　　　　　　　财务管理部

第二步，在上述文字的基础上，在【开始】选项卡中的【段落】功能区单击【转换为SmartArt】，并选择【其他SmartArt图形】，选择【层次结构】中的【组织架构图】或其他满意的层次结构图形，点击【确定】即可生成所需的基础图形，然后再调整颜色、框架、大小等。以下便是按此步骤生成的组织架构图（见图3–9）。

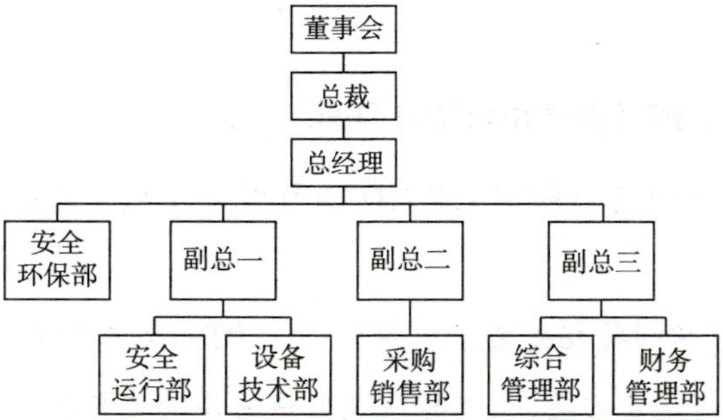

图3–9　PPT的SmartArt组织架构图功能

◆ **工具评价**

两个工具相比较之后，我们可见，用SmartArt功能的图形会更精确，图形版式具有可控性，不像ProcessOn会偶然失控，这也是AI工具的特点，AI工具都具有其思维发散性。

实际上Excel、PowerPoint、Word 或 Outlook 电子邮件中都可以创建SmartArt图形，律师可以在【插入】功能区插入【SmartArt】图形，然后就可以在【SmartArt设计】中找到【文本窗格】，并按指示复制、调整文字，生成效果与PPT中的【转换为SmartArt】是一致的。

例2：流程图的生成

作为专业人员，我们经常需要向客户介绍某个项目的阶段流程，以便客户能够形成全局认识，更好地理解整个项目的进行。就以最常见的民事案件立案为例，很多当事人不能理解为什么立案需要这么久的时间，会猜测是不是律师拖延的原因，这个时候可能一张民事案件立案流程图有助于当事人形成直观的理解。

（一）民事案件立案流程的绘制

◆ **任务要求**

律师需要绘制民事案件立案流程图，以便向客户作解释。

◆ **任务场景**

工具一：ProcessOn

律师直接在该工具的AI助手对话框下达指令“请为我绘制民事诉讼的立案流程”，点击生成，便出现以下流程图（见图3-10）。

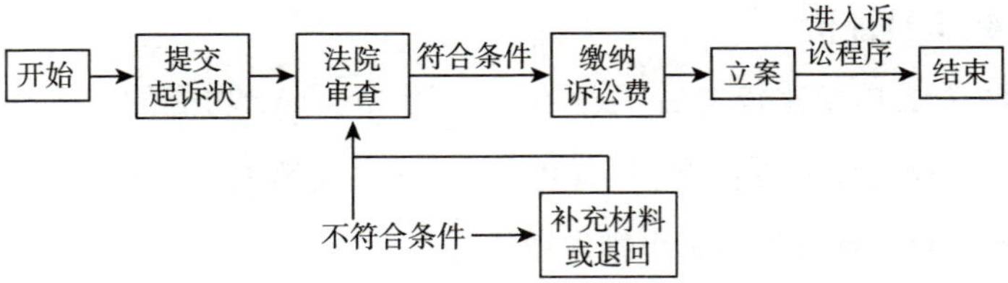

图3-10 ProcessOn的流程图生成功能

◆ 工具评价

当然上述流程图很可能是不满足律师的需求的，比如缺少了诉前调解环节，律师可以手动进行补充或者调整。

或者，也可以自定义输入内容，要求AI工具按照其定义内容生成流程图。

工具二：**文心一言 4.0、ProcessOn**

第一步，律师可以通过文心大模型等通识类工具生成民事诉讼立案的流程。

律师问：请为我描述民事诉讼立案的流程。

AI答：以下是民事诉讼立案流程：

1.起诉与提交材料

2.立案审查

3.案件受理

4.预交诉讼费用

5.立案完成与案件移送

第二步，律师可以根据自己的需求将上述内容进行调整，然后将改定内容输入ProcessOn的AI工具对话框，便精确地获得了以下内容（见图3-11）。

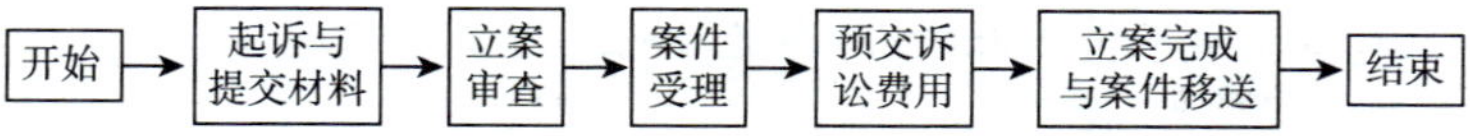

图3-11　工具组合使用生成的流程图

◆ 工具评价

在使用过程中，律师会发现从通识类AI工具直接将答案复制到对话框时，前面的序号无法复制到对话框里。如果内容没有被序号等符号精确区分，AI工具就会根据自己的理解将上述内容进行扩写，从而与律师期待不一致。

对此律师在复制答案的时候可以选择复制Markdown代码，因为这个代码复制时可以带上序号从而进行限制。如果所使用的AI工具不提供Markdown代码的选项，可以在提问词中要求AI工具用Markdown语言进行描述，生成Markdown代码，此时代码就可以被精确复制到对话框中，生成所需要的流程图。

工具三：**ProcessOn**

在工具一的答复中，我们看到出现了条件句：经法院审查后，如果符合条件，就缴纳诉讼费，如果不符合条件，就补充材料或退回。

那么我们想精准控制AI工具生成上述分叉图形，该如何进行提问呢？

我们此处通过语言描述来尝试让AI工具复制出任务场景一中的图形。此处的序号目的是描述最终目标图形的从左到右的各个分层。

律师问：

1. 提交起诉状

2. 法院审查

2.1　审查后符合条件的，则进入3.1缴纳诉讼费

2.2 审查后不符合条件的，则进入3.2补充材料或退回

3.1 缴纳诉讼费

3.2 补充材料或退回，然后返回2法院审查，或者直接进入5结束

4. 立案，进入诉讼程序

5. 结束

AI答：

民事诉讼立案流程（见图3-12）。

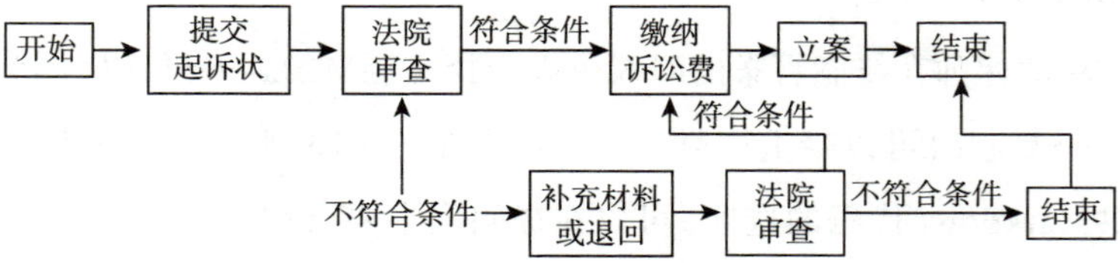

图3-12 民事诉讼立案流程

◆ 工具评价

从生成结果来看，和任务场景一的图形逻辑并不完全一致，毕竟AI的思维发散是不可控的，但律师可以进一步调整和优化。

如果律师希望生成的图形逻辑和自己的期待完全一致，也不需要事后再作修改，是否可以实现？

工具四：**文心一言 4.0、diagrams**

答案是可以实现，但需要一些基础学习。

我们可以用Mermaid代码和diagrams来实现这个目的。diagrams是一个开源免费网站。其本质是三步走，第一步是由AI工具生成代码，第二步是运行代码，如果第二步中提示代码错误，则进入第三步，即将错误提示反馈给AI工具，要求其进行补正，然后再继续运行AI工具补正后的代码。

第一步，让文心一言4.0等通识类AI用Mermaid格式逐步描述以上流程。

律师问：

请用Mermaid格式逐步描述以下流程：

1. 提交起诉状

2. 法院审查

2.1 审查后符合条件的，则进入3.1缴纳诉讼费

2.2 审查后不符合条件的，则进入3.2补充材料或退回

3. ……

3.1 缴纳诉讼费

3.2 补充材料或退回，然后返回2法院审查，或者直接进入5结束

4. 立案，进入诉讼程序

5. 结束

AI答：

使用Mermaid格式逐步描述民事诉讼立案流程如下：

```
graph TB
    A［提交起诉状］--〉B［法院审查］
    B --〉|符合条件| C1［缴纳诉讼费］
    C1 --〉D［立案］
    D --〉E［进入诉讼程序］
    E --〉F［结束］
    B --〉|不符合条件| C2［补充材料或退回］
    C2 --〉|补充后重新提交| B
    C2 --〉|不补充或补充后仍不符| F
```

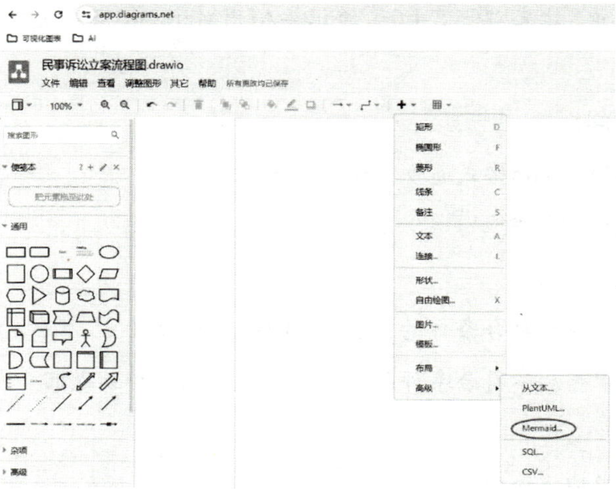

图3-13　登录diagrams网站的界面

第二步，登录diagrams网站，将上述Mermaid语言通过任务栏中“插入+”选项中最后一栏的“高级”选项导入，（见图3-13）并生成图示（见图3-14）。

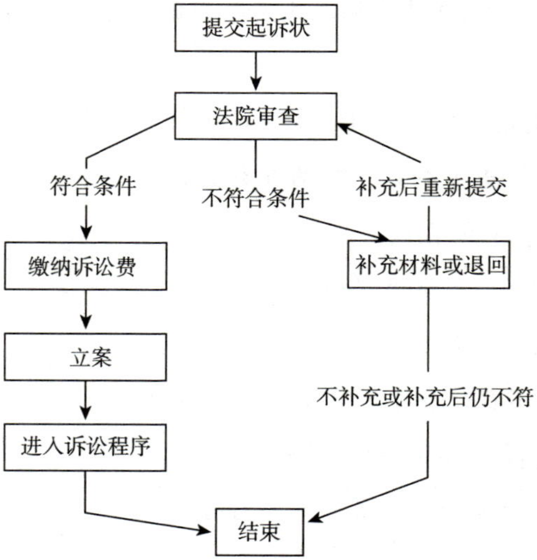

图3-14　民事诉讼立案流程图

（二）股权转让关系图的绘制

◆ **任务要求**

我们已经认识到了文心一言等通识类人工智能以Mermaid代码为媒介与diagrams等代码渲染/运行网站相结合后的无穷威力。此处我们可以继续向文心一言4.0提要求，比如画一个股权转让关系图。

◆ **任务场景**

工具：**文心一言 4.0、diagrams**

第一步，让文心一言4.0等通识类AI工具用Mermaid格式逐步描述某个股权转让关系。

律师问：

请用Mermaid语言描述以下股权转让关系：

A公司与B公司分别持有C公司50%的股权，B公司将其所持有的C公司股权全部转让给D公司。

AI答：

以下是使用Mermaid语言描述的股权转让关系：

```
graph TB
    A[ A公司 ]--〉|持有50%股权| C[ C公司 ]
    B[ B公司 ]--〉|持有50%股权| C
    D[ D公司 ]
    B --〉|转让全部股权| D
    D --〉|持有50%股权| C
```

第二步，登录diagrams网站，将上述Mermaid语言通过任务栏中“插入+”选项中最后一栏的“高级”选项导入，并生成图示（见图3–15）。

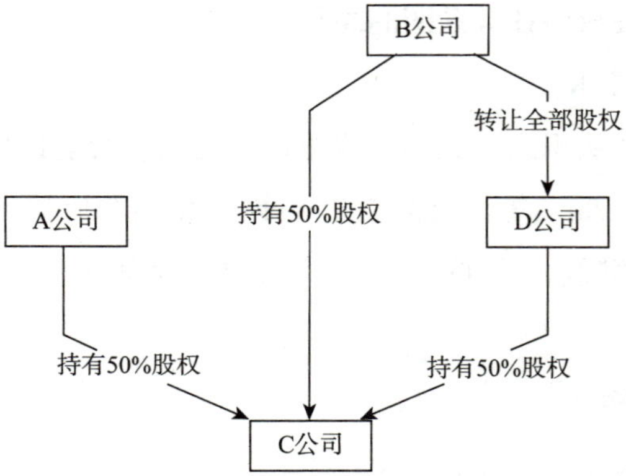

图3-15　股权转让关系生成图

◆ **工具评价**

diagrams可以忠实地呈现Mermaid代码所描述的逻辑，而与ProcessOn相比，diagrams体现了设计者不同的审美标准。diagrams的线条默认为曲线，改成锐利后再调整位置可以有上图效果。

对于不懂Mermaid代码的读者而言，可以借由文心一言4.0等通识类语言强大的文本理解能力生成所需的Mermaid代码。

有余力的律师可以发现Mermaid代码的逻辑其实是非常清晰的，也可以适当地对Mermaid代码进行手动修改，以便和自己的期望相符合。

例3：时间轴的生成

英文合同中有一句频繁出现的话：Time is of essence. 对于律师而言，时间是一个非常重要的审查因素，时间轴也可以说是一个极其常见的可视化图表，我们既可以用它清晰地向第三方介绍某个事件或案件的发展顺序，也可以用它来向法院展示核心要素是时间的案件，还可以向第三方以时间为逻辑顺序介绍自己的经历，比如应用于简历中。

（一）重大社会事件的时间轴

◆ 任务要求

请清晰明了地向客户介绍一下重大社会事件的重要时间。

◆ 任务场景

工具：**天工 AI、ProcessOn**

请介绍一下吴谢宇弑母案的重要时间节点，截至本书写作时，该网站系免费网站。

第一步，打开天工AI。

律师问：请介绍一下吴谢宇弑母案的重要时间节点。

AI答：

2015年7月11日：吴谢宇在其位于福州市晋安区桂山路172号的教职工宿舍内杀害了自己的母亲谢天琴。

2015年7月至2016年2月：吴谢宇利用保鲜膜、活性炭和杀虫剂将母亲谢天琴的尸体包裹了几十层，并在家里安装了摄像头以监控案发现场。在这段时间里，他还假装自己和母亲去了美国，欺骗了所有的亲戚。

2016年2月5日：吴谢宇发短信给舅舅，让他去机场接从美国返乡过年的母亲和自己。但是舅舅并未接到人，于是起了疑心，最终选择了报警。

2016年2月14日：警方在吴家发现了谢天琴的尸体，案件终于爆发，吴谢宇开始了他的逃亡生涯。

2019年4月11日：吴谢宇在送两位友人到重庆江北机场登机时，被警方抓获。

第二步，将上述AI回答内容贴入ProcessOn的对话框，并生成以下内容（见图3-16）。

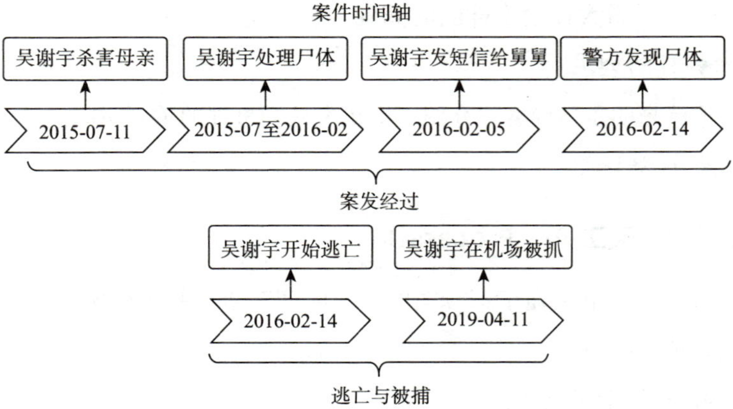

图3-16　吴谢宇案件时间轴生成图

（二）复杂案件的梳理和时间轴生成

◆ 任务要求

现在律师需要将以下复杂的案件以时间轴的形式表现出来。

案情简介：

南通AAA房地产开发公司自2017年1月起建造南通某区商品房住宅大楼，资金短缺，需要借款继续建造房屋。南通AAA房地产开发公司遂于2017年5月（注：批准建60层，每层4户，合计240户，至此时已建造10层）以10层在建工程及未来建造房屋进行抵押，向南通BBB银行借款9000万元。后截至2021年5月1日，60层房屋全部建成但尚未办证，欠BBB银行本金9000万元、利息2000万元，合计1.1亿元。后BBB银行因回款压力于2021年12月31日将1.1亿元债权以9000万元转让给南通CCC不良资产公司；后南通CCC不良资产公司又于2022年5月1日以7000万元将上述债权转让给南通DDD不良资产公司；南通DDD不良资产公司于2022年7月1日向南通市中级人民法院申请强制执行，法院因无法执行暂时予以终结本案。

南通AAA房地产开发公司在2017年至2021年建造房屋时，与南通EEE混凝土公司签订合同，使用EEE公司水泥混凝土，截至2021年5月1日欠EEE公司货款2亿元。南通AAA房地产开发公司与南通EEE混凝土公司于2021年5月30日签订《以房抵债合同》，将名下200套房产（市场价200万元/套）以每套100万元的价格抵给EEE混凝土公司。EEE混凝土公司于2022年6月1日通过相关渠道联系该栋楼周围十几个村的村民，以每套120万元出售给甲乙丙丁等200名村民，200名村民支付款项后，于2022年7月1日至7月30日分别与南通AAA房地产开发公司签订了《商品房（预售）合同）》。后EEE混凝土公司于2023年5月携款跑路。自2023年6月至今，200名村民一直在向有关政府部门要求办理房产证。

◆ 任务场景

工具：**文心一言 4.0、ProcessOn**

面对这个复杂案件，首先需要将其按时间顺序梳理，才能让ProcessOn按照时间顺序一键生成时间轴。

第一步，律师要求文心一言4.0按时间顺序梳理案件（见图3–17）。

请按时间顺序整理以下案件，并标明各个时间点或时间阶段。

南通AAA房地产开发公司在2017年1月起建造南通某区商品房住宅大楼时资金短缺，需要借款继续建造房屋。南通AAA房地产开发公司遂于2017年5月（注：批准建60层，每层4户，合计240户，至此时已建造10层）以10层在建工程抵押及未来建造房屋进行抵押，向南通BBB银行借款9000万元。后截止到2021年5月1日，60层房屋全部建成但尚未办证，合计欠BBB银行本金9000万元、利息2000万元，合计1.1亿元。后BBB银行因回款压力于2021年12月31日将1.1亿元债权以9000万元转让给南通CCC不良资产公司;后南通CCC不良资产公司又于2022年5月1日以7000万元将上述转让给南通DDD不良资产公司；南通DDD不良资产公司于2022年7月1日遂向南通市中级人民法院申请强制执行，法院因无法执行暂时予以终本结案。
南通AAA房地产开发公司在2017年至2021年期间建造房屋时，与南通EEE混凝土公司签订合同，使用EEE公司水泥混凝土，截止2021年5月1日欠EEE公司货款2亿元。南通AAA房地产开发公司与南通EEE混凝土公司于2021年5月30日签订《以房抵债合同》，用名下200套房产(市场价200万元/套)以每套100万元，抵给E混凝土公司。EEE混凝土公司于2022年6月1日通过相关渠道联系该栋楼周围十几个村的村民，以每套120万元出售给村民甲乙丙丁等200个村民，200村民支付款项后，于2022年7月1日-7月30日之间分别与南通AAA房地产开发公司签订了《商品房(预售)合同)》。后E混凝土公司于2023年5月携款跑路。自2023年6月至今200个村民一直在向有关政府部门要求办理房产证。

图3–17　在文心一言4.0中输入案件信息

第二步，文心一言4.0遂按要求按时间顺序生成各个时间点或时间段的关键事件。

2017年1月

• 南通AAA房地产开发公司开始建造南通某区商品房住宅大楼。

2017年5月

• 南通AAA房地产开发公司以10层在建工程及未来建造的房屋为抵押，向南通BBB银行借款9000万元（此时已建造10层，计划建造60层，每层4户，合计240户）。

2021年5月1日

• 60层房屋全部建成，但尚未办理房产证。

• 南通AAA房地产开发公司欠南通BBB银行本金9000万元、利息2000万元，总计1.1亿元。

• 南通AAA房地产开发公司欠南通EEE混凝土公司货款2亿元。

2021年5月30日

• 南通AAA房地产开发公司与南通EEE混凝土公司签订《以房抵债合同》，将名下200套房产（市场价200万元/套）以每套100万元的价格抵给EEE混凝土公司。

2021年12月31日

• 南通BBB银行因回款压力，将1.1亿元债权以9000万元转让给南通CCC不良资产公司。

2022年5月1日

• 南通CCC不良资产公司将上述债权以7000万元转让给南通DDD不良资产公司。

2022年6月1日

• 南通EEE混凝土公司通过相关渠道联系该栋楼周围十几个村

的村民，以每套120万元的价格将200套房产出售给村民甲乙丙丁等200人。

2022年7月1日至7月30日

• 200名村民支付款项后，分别与南通AAA房地产开发公司签订了《商品房（预售）合同》。

• 南通DDD不良资产公司向南通市中级人民法院申请强制执行，法院因无法执行暂时予以终结本案。

2023年5月

• 南通EEE混凝土公司携款跑路。

2023年6月至今

• 200名村民一直在向有关政府部门要求办理房产证。

第三步，律师将上述按时间顺序生成的关键事件贴到ProcessOn的AI助手对话框（见图3-18）。

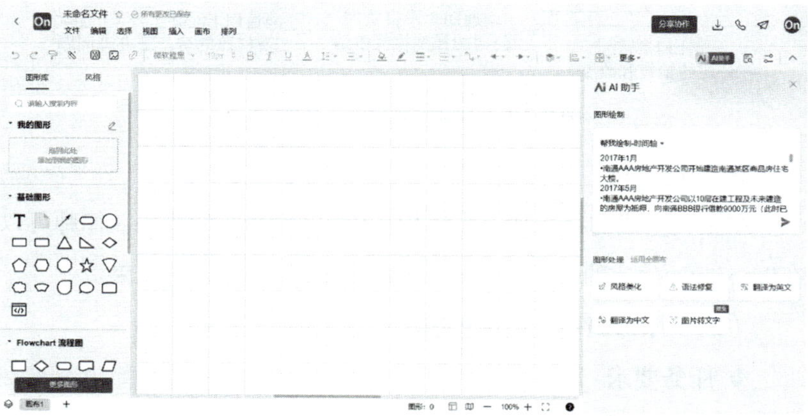

图3-18　关键事件贴入ProcessOn AI助手对话框

第四步，点击生成，便生成以下图形（见图3–19）。

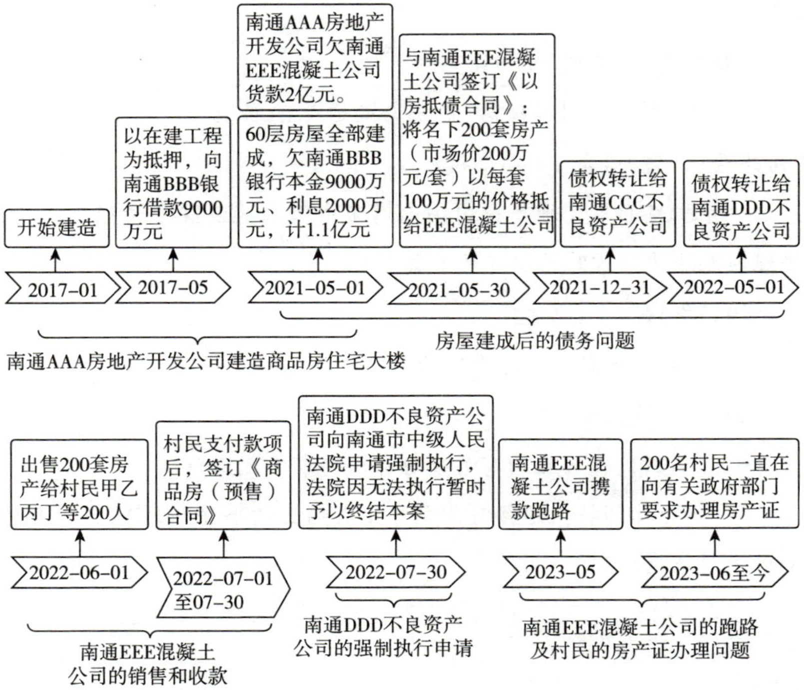

图3–19　ProcessOn生成的时间轴

◆ 工具评价

AI工具生成的结果都应当进行复核，以免AI有所疏漏。律师可以在ProcessOn生成的基础上作进一步的调整，以期更好的效果。

（三）律师简历中的时间轴

◆ 任务要求

律师需要更新自己的简历，并希望以时间轴的形式将自己的工作经历在简历中展示。

◆ 任务场景

工具：**ProcessOn**

律师将其工作经历贴入ProcessOn的AI工具对话框，并生成以下内容（见图3-20）。

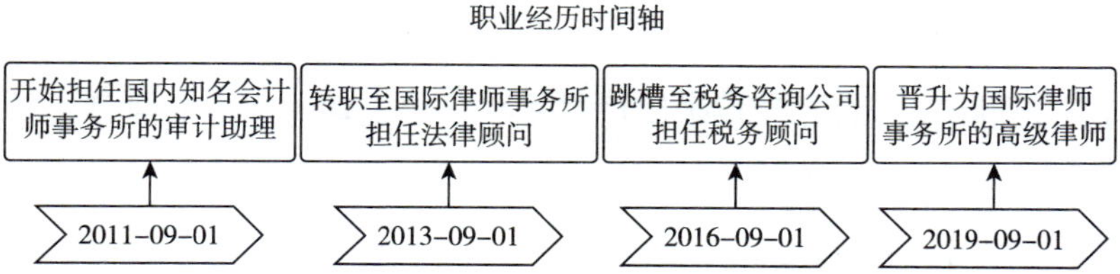

图3-20　ProcessOn的律师职业经历时间轴生成图

3.7　PPT的制作：文本、音频、图片与PPT的最终生成

3.7.1　AI工具对于律师制作PPT的意义

• **PPT是律师展示信息的重要工具。**PPT制作对律师而言至关重要。它不仅是律师展示案件细节、法律逻辑的有力工具，更是提升沟通效率、增强说服力的关键。一份清晰、有条理的PPT能帮助律师在法庭上或与客户沟通时更直观地传达信息，加强论点的可信度和专业性。

• **AI工具可以弥补律师在PPT上的短板。**尽管许多律师在PPT制作上存在短板，但AI的快速发展为他们提供了弥补这一不足的机会。借助AI，律师可以充分发挥他们在逻辑上的优势，轻松创建出专业、高质量的PPT。

• **AI生成PPT工具的两个主要功能。**目前来看，AI生成PPT工具可以实现两种功能：1.一个主题生成一份精美PPT。用户可以输入想要的主题，由工具自由发挥，生成一份精美的PPT，这种方式的优点在于用户只需要确定一个主题，后面工具可以完成所有工作，缺点是全篇内容都是AI工具自由发挥，生成的PPT内容未必能如用户所愿。

2.根据用户提供的大纲生成PPT。在用户导入指定大纲后，工具将大纲用PPT的形式展示出来。这种方式的优点在于PPT内容都满足了用户的需求，缺点就在于用户需要按照AI工具的逻辑来撰写大纲，这里会存在一定的学习门槛。

3.7.2 注意事项

- **同时具备PPT和AI工具思维**。利用AI工具制作PPT过程中，用户尤其应当注意掌握AI工具理解PPT的思维，才能更好地指挥AI工具生成自己所需的PPT。

- **保持专业性**。律师在使用AI工具制作PPT时，应保持专业性。例如，律师应使用符合法律职业道德的语言和图像。

3.7.3 使用逻辑

- **第一步，明确PPT主题**。律师应当明确PPT要传达的核心信息或主题，并确定目标受众及其理解水平，确定PPT的整体风格和基调。在挑选风格时，笔者建议律师挑选蓝白风，风格更商务，或者挑选自己律所的主题色，或者受众单位的主题色。

- **第二步，确定PPT大纲**。律师可以自行通过思维导图撰写大纲，或者利用文心一言等通识类AI工具生成大纲，或者由AI工具提炼论文生成大纲，并进行最终的调整和定稿。大纲内容尽量简洁，层级建议为5层级，具体请见下文。

- **第三步，导入大纲并生成PPT**。向AI工具导入结构化的纲要，并要求AI工具生成PPT成果。如对AI工具识别的大纲不满意，律师可以进一步调整。

• **第四步，完善和最终确定PPT**。对于AI工具生成的PPT，律师应进行最终的调整和复核，并保证其符合自身需求。如果觉得在AI工具网站上调整PPT不方便，可以下载PPT至本地，利用本地Office或WPS等PPT工具进行优化。

3.7.4 场景示例

例1：一个主题生成一份精美PPT

◆ 任务要求

新公司法于2024年7月1日施行，现在律师需就新公司法的重大修改向客户宣讲，因此需要制作宣讲用的PPT。

◆ 任务场景

工具：**Aippt、Islide 插件**

目前已经有PPT厂商推出一键生成PPT的服务，即律师只需要输入主题，相关软件、应用就可以根据主题自动生成PPT，并完成相应配图。

此处我们要借用的工具是Aippt，该软件提供有限的免费试用。律师也可以使用可内嵌于Office或WPS中的Islide插件，在一键生成PPT的功能逻辑上，两者是相同的，都是先根据用户输入主题自由形成大纲，并支持用户调整大纲，然后根据调整后的大纲生成PPT。

第一步，我们在对话框内输入我们的主题，比如“2024年7月1日施行的新公司法中的重大修改”（见图3-21）。

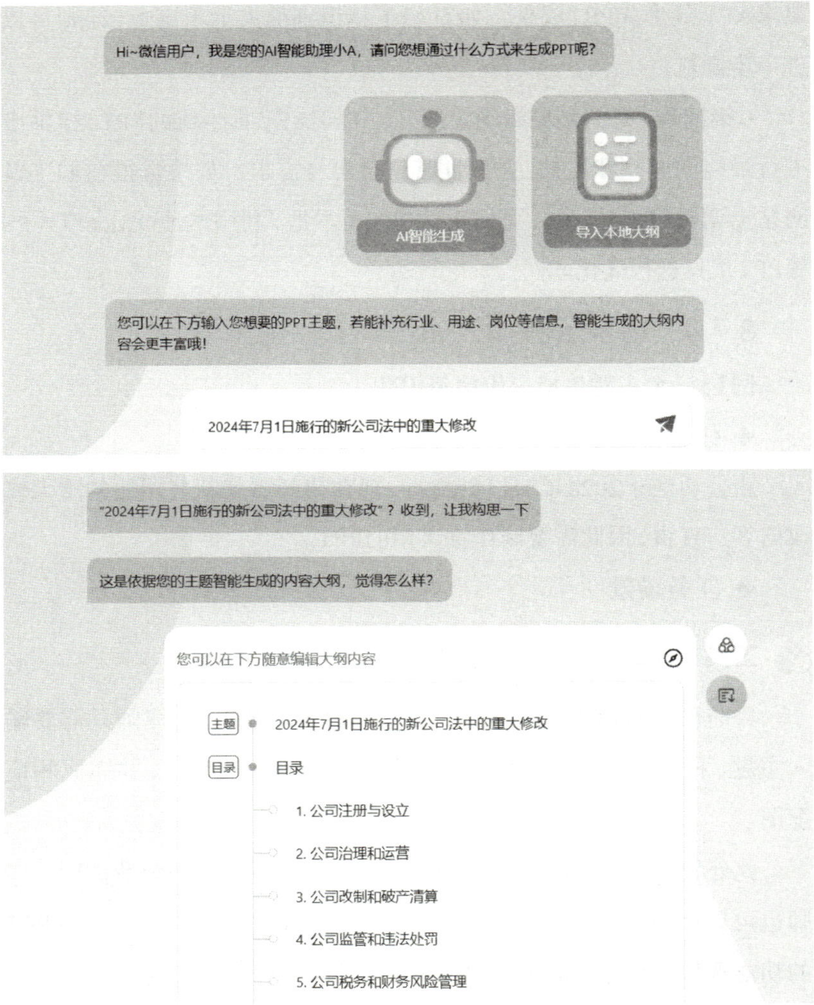

图3-21　Aippt生成的内容大纲

第二步，该网站会生成内容大纲。律师觉得不满意，可以让它换个大纲，即重新生成大纲，也可以根据自己的需求修改大纲。如果觉得在网站上修改大纲比较麻烦，律师可以通过Markdown语言下载至本地，并用专业的思维导图软件进行渲染、快速调整。在此，Markdown语言只是一种信息载体，无须用户对它有过多学习，只需要进行简单的复制和粘贴即可。当然有兴趣的律师可以自行了解更深（见图3-22）。

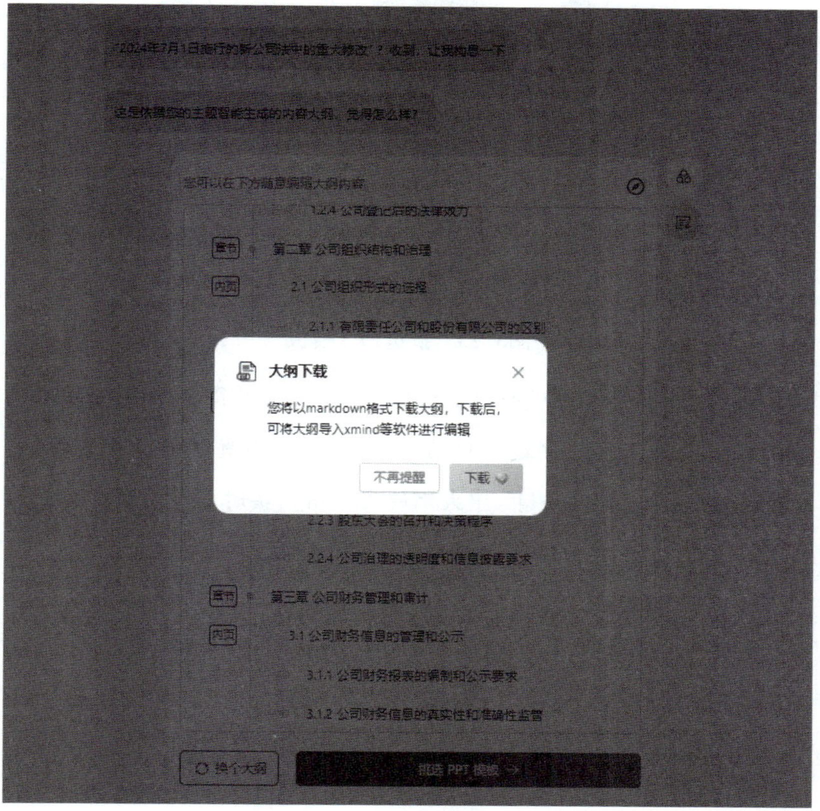

图3-22　以Markdown格式下载大纲

第三步，挑选满意的PPT模板，然后生成PPT（见图3-23）。

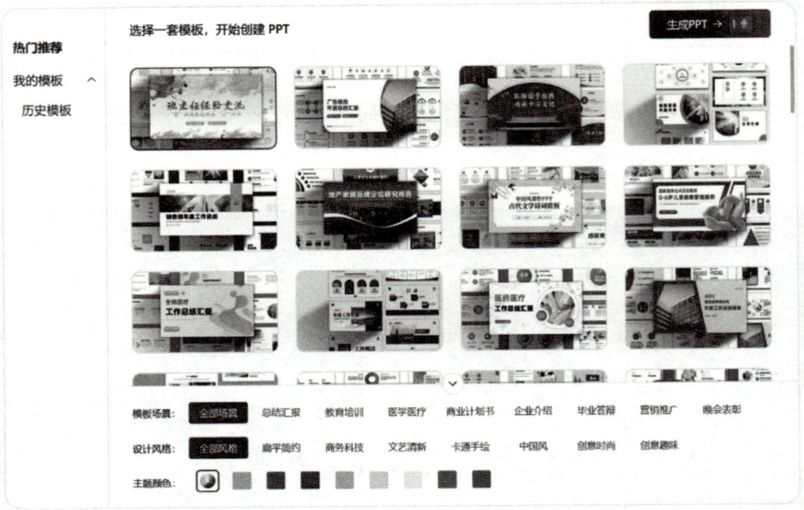

图3-23　挑选PPT模板

第四步，律师在生成的PPT上进行微调以便获得自己满意的PPT。律师可以在该网站左侧边栏中的"大纲编辑"内直接调整大纲内容，Aippt支持根据"大纲编辑"中大纲的文字增删实时调整右侧主页面的PPT内容展现，也支持用户在PPT上逐页调整单页内容，Aippt还支持在单页上更换模板（见图3-24）。

实际上Islide插件也支持单页生成或者修改，具体使用哪个工具则由用户习惯来决定。

图3-24　Aippt生成的PPT

例2：按照指定大纲内容生成PPT

◆ **任务要求**

对于很多律师而言，由AI工具自由创作的作品往往是偏离他们的期待的。律师更希望AI工具能将他们制作的文本内容快速转化为PPT。这种想法，当前的AI工具也能实现，但需要律师按照AI工具的逻辑来制作大纲，然后AI工具才能够理解、将大纲一键转为PPT。否则AI工具会进行自由“思考”，结果可能就会和期待存在偏离。

此处便存在一定的学习门槛，需要律师了解PPT的基本结构，即一份完整的PPT由五个层级组成：大纲标题（呈现为PPT标题）、章节标题（呈现为转场页）、页面标题（呈现为内页标题）、内容标题（呈现为正文小标题）、内容条目文字（呈现为正文小标题下的正文）。

律师在撰写大纲时，也需要注意大纲应当尽量写成上述五个逻辑层级。层级过多也会使整个PPT过于零乱而失去重点，层级少了最终AI工具生成的PPT可能会显得单薄。

现律师需要在某律师论坛上向听众宣传介绍其所撰写的一篇《股东知情权公司抗辩事由研究》论文。

◆ **任务场景**

工具：**Aippt、Islide插件、Kimi、文心一言4.0**

第一步，生成大纲。律师可以根据自己的需求用三种形式来生成大纲：自行撰写大纲、借用文心一言等通识类AI生成大纲、直接向AI工具提交论文要求其提取重点并生成大纲。需要注意的是，对于借助AI工具生成的大纲，律师都可以进行调整并完成定稿。

1.自行撰写大纲

律师在写大纲时应注意按五层级的逻辑撰写，撰写工具既可以直接是Word文档，律师按"1/1.1/1.1.1/1.1.1.1/1.1.1.1.1"等逻辑分层描述，或借用Word文档自带的项目符号；也可以借用Xmind等思维导图，它能清晰地体现层级关系；还可以直接使用Markdown语言，但由于Markdown语言是以#号进行分层，可能容易导致混乱。工具的选择由律师的习惯决定，并不唯一。

工具的形式多样，但它们的逻辑始终相通，用户在使用的时候应注意满足上述五个层级要求，如果内容没有五个层级，可以使用占位符的方式进行填补，在此处占位符的意思是可以在相应的层级上放置重复或者空白的内容以满足五层级的要求。

如果用户只写了三个层级，那么AI生成软件可能就只能提取到五层级中的大纲标题（呈现为PPT标题）、章节标题（呈现为转场页）、页面标题（呈现为内页标题），而后面的内容标题（呈现为正文小标题）、内容条目文字（呈现为正文小标题下的正文）就会缺失，整个PPT可能会显得单薄，需要用户后期进行更多的完善。

以下是一个五层级的Xmind思维导图实例，下文AI工具生成的PPT都是基于该思维导图（见图3-25）。

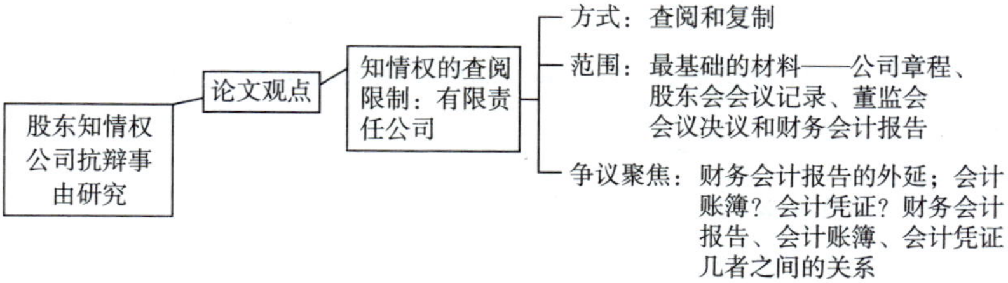

图3-25　五层级的Xmind思维导图

当然有时可能只需要四个层级，即舍去第五层级正文页的内容条目文字，只在PPT上展示正文标题，律师可以根据自己的需求进行微调。但需要注意的是，不宜少于四个层级，因为AI工具是按五层级来理解，因此对应省略掉的层级要使用"占位符（即用以填补相应层级的内容）"来补充。

2.借用Kimi等文档阅读软件生成大纲

律师可以直接把论文上传到Kimi等文档阅读软件，并要求其生成律师所需的大纲，需要注意的是大纲要按五层级。

律师可以尝试这样问：请按照PPT的五层级提取论文的大纲，以便我将大纲制作成PPT，并用Markdown语言展示。Markdown语言下的论文大纲会准确分级，律师可以直接复制或导入AI生成工具，从而减少格式调整的工作。

如果AI工具不能准确理解PPT的五层级含义，可以进行前置指导，将上述五层级的知识教给AI工具。

律师问：一份完整的PPT由五个层级组成：大纲标题（呈现为PPT标题）、章节标题（呈现为转场页）、页面标题（呈现为内页标题）、内容标题（呈现为正文小标题）、内容条目文字（呈现为正文小标题下的正文)。

请按照“1/1.1/1.1.1/1.1.1.1/1.1.1.1.1”的序号模板，重新提取本论文的PPT大纲，注意要有上述五个层级。(同时上传文档)

AI答：根据提供的文件内容，以下是按照指定序号模板重新提取的PPT大纲，包含五个层级：

股东知情权公司抗辩事由研究

1.1. 股东知情权概述

1.1.1. 知情权的重要性

1.1.1.1. 小股东权益工具

1.1.1.1.1. 了解公司情况的基础

1.1.2. 知情权的限制

1.1.2.1. 公司自治权与经营秩序

1.1.2.1.1. 有限责任公司与股份有限公司的区别

……

律师可以根据上述生成内容按照需求进行调整，得到自己所需的PPT大纲。

3.提交论文要求AI提取重点并生成大纲

Islide插件现支持用户直接上传论文并由AI进行解析生成大纲。不过需要注意的是目前有5000字的上限，所以用户就需要自行将文章删至5000字，或者使用其他没有5000字上限的AI工具将文章缩减至5000字以下(见图3-26)。

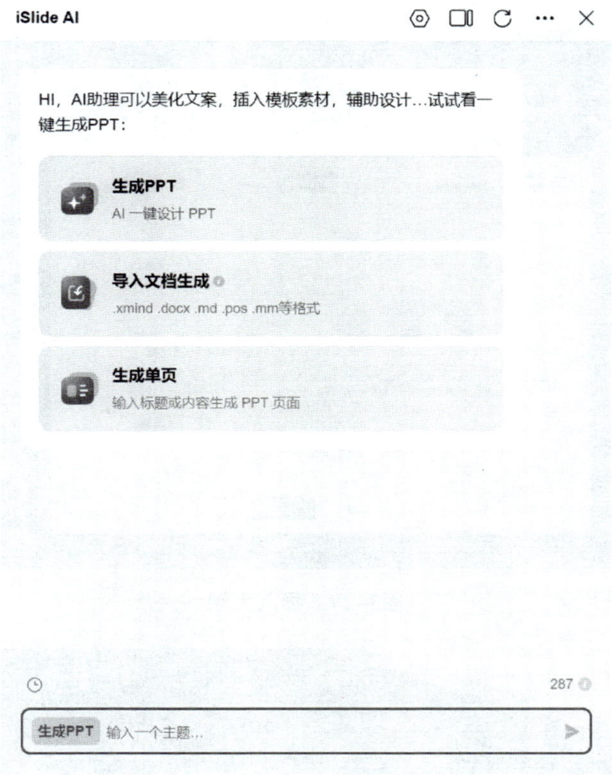

图3-26　Islide的解析生成大纲功能

第二步，导入本地大纲，选择满意的模板，要求Aippt网站或Islide插件生成PPT。在完成第一步生成大纲后，就可以导入大纲、生成PPT（见图3-27）。目前Aippt网站只允许用户选择网站提供的模板，Islide插件支持用户使用其自定义的模板，但该模板依然需要符合该插件的设计逻辑规则，Islide插件才能理解模板内容并将其准确读取。

以下是将上述“自行撰写大纲”段中五层级的Xmind思维导图实例上传至Aippt网站后一键生成的PPT。律师可以在此基础上进行微调，便可得到满意的成品（见图3-28）。

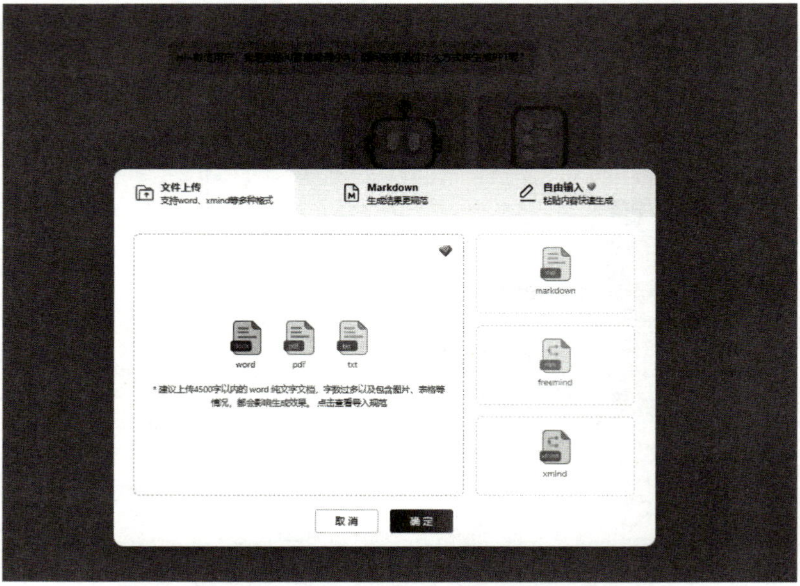

图3-27　导入大纲

图3-28　Aippt一键生成的PPT单页

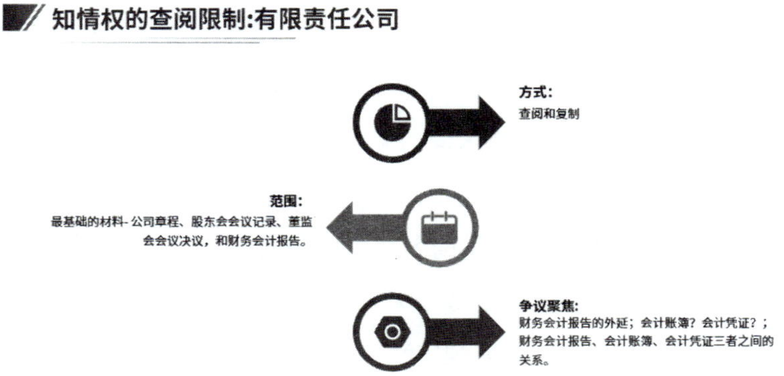

图3–28　Aippt一键生成的PPT单页（续）

图示即按照五层级的Xmind思维导图所生成的第一至五层级PPT页面：大纲标题（呈现为PPT标题）、章节标题（呈现为转场页）、页面标题（呈现为内页标题）、内容标题（呈现为正文小标题）、内容条目文字（呈现为正文小标题下的正文）。

◆ 工具评价

目前的AI工具生成PPT软件只支持文字类的大纲导入，对于图片图表的导入，尚不能有很好的理解，对此用户需要注意，图表只能靠后期自行增加和调整。

例3：AI工具生成PPT插图

◆ 任务要求

在制作PPT时，律师常常需要根据文字内容插入图片，以提升PPT的丰富度。以往律师可能会通过网络图片搜索来寻找相关图片，但如果PPT是用于客户宣讲等商业用途，来源不明的图片往往会涉及版权问题，但AI工具生成的图片侵权的可能性就会大大降低。

一般来说，通过AI工具对原图进行简单的图改图是很可能造成图片侵权的，因为生成图片中常常会保留着原图的主要特征，但如果通过AI工具对原图进行多轮提示词的调整以使生成图片彻底失去了原图的主要特征，那就很难认定生成图片侵犯了原图的著作权。

同时当前无版权网站提供的图片一般是根据个别关键词搜索到的，图片内容很难做到细节丰富和定制化，而AI工具生成的图片则可以通过用户详尽的细节描述实现定制化。

现在律师需要为股东知情权这份PPT制作图片。该如何操作？

◆ 任务场景

工具：**文心一言 4.0、通义万相**

第一步，确定关键词/提问词。由于图片生成AI工具是根据输入提问词来生成图片的，因此律师首先要确定关键词/提问词是什么，尤其是在主题过于抽象致使AI工具无法正确理解时，就需要利用文心一言4.0等通识类AI工具给律师提示词的参考。

律师问：我现在需要利用提问词生成图片，请围绕“股东知情权”为我生成更具体的关键提问词，提问词应是短语的形式。

AI答：股东查阅公司账簿的瞬间、股东在股东大会上提问的场景、股东维权举牌的瞬间……

第二步，律师可以选取上述关键词作为提问词输入图片生成AI工具，此处笔者选用了国产图片生成AI工具“通义万相”，截至写作本书时，该工具为免费工具。笔者选择了“股东查阅公司账簿的瞬间”的关键词，并选择“文本生成图像”的图片生成模式，图片风格为“扁平插画”，生成了以下图片（见图3-29）。

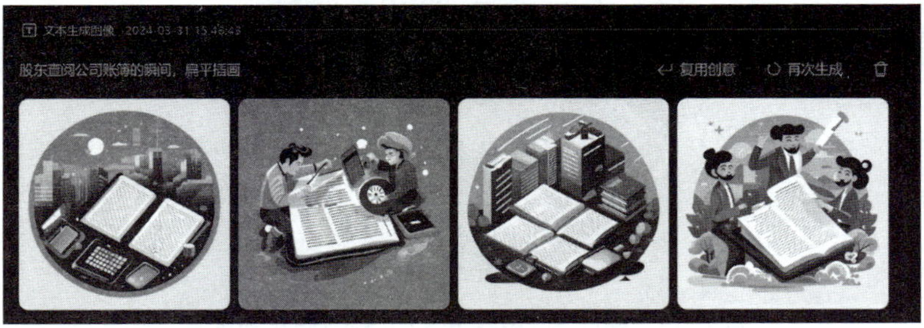

图3-29　通义万相生成的图片

当然律师可能会觉得该风格不符合PPT整体的插画风格，此时，律师可以通过更细致的关键词或者调整风格来生成自己所需的PPT插画。

除了通义万相外，国产软件vegaAI（https://vegaAI.net）也能实现较好的AI工具制图功能，截至本书写作时该软件也可以免费体验。

例4：AI工具完成高质量抠图

◆ 任务要求

在选用图片时，律师可能只需要对图片进行抠图处理从而去除背景，但又不会PS技术，该如何处理？

◆ 任务场景

工具：**趣作图、Pixian.AI**

此处，笔者选用了上个场景中的第一张图片，打开https://www.quzuotu.com/（截至本书写作时免费）或https://pixian.AI/（截至本书写作时有限免费）等网站，将图片上传至网站，并生成无背景图片（见图3-30）。

图3-30　趣作图、Pixian.AI生成的无背景图片

例5：PPT中的音频生成

◆ 任务要求

有的时候律师可能要在PPT中插入音频或者为视频配音，如果自行录音可能会觉得尴尬，但技术发达的今天，大可以利用技术工具来实现文字至音频的转换。

◆ 任务场景

工具：**讯飞智作**

律师可以运用讯飞智作完成文字至音频的转换。该网站生成配音自然流畅。该软件截至本书写作时需要收费（见图3-31）。

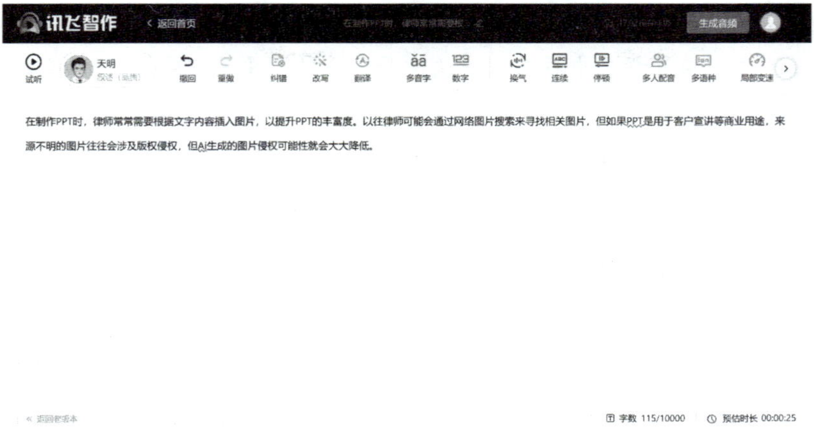

图3-31　讯飞智作的音频转换功能

例6：PPT中的文本提炼和金句生成

律师不仅可以借用Kimi等文档阅读软件生成大纲，也可以利用这类文档阅读软件或者文心一言等通识类AI工具提炼文章中的重点，因为PPT内容往往要求简洁精练，不适合直接贴入大篇的文章，大篇文章容易分散观众的注意力，此时律师大可以借用AI工具来提炼文本重点以及生成让听众印象深刻的金句。

AI工具的文档阅读、文字处理和重点生成能力在律师处理不熟悉的内容时，帮助作用尤其明显，可以显著提升律师的工作效率。

◆ 任务要求

现律师需要从一段论文内容中提取中心思想，以便制作PPT的文稿。

◆ 任务场景

工具：**文心一言 4.0**

律师问：请用一句话总结以下段落的中心思想，这句话不得超过

30字。

法定前置程序中存在瑕疵法院如何看待？要看瑕疵的严重程度。如果是瑕疵严重的，如书面请求中没有说明查阅目的，法院会认为股东没有行使法定前置程序，从而驳回股东的诉讼请求。但如果是瑕疵轻微的，法院并不以法定前置程序来过滤股东知情权诉讼。对于一封要求行使知情权但只有律师签字而没有律所盖章的律师函，法院否认了公司对律师函真实性的质疑：函件的真实性公司完全可以致电股东进行确认，且即便前置程序存在瑕疵，股东提出的诉讼请求明确具体、主体适格、身份证明齐全，而公司依然拒绝股东行使知情权，可见股东的请求根本无法通过私力救济得到实现，只能寻求司法救济途径 。

AI答：法院根据前置程序瑕疵严重程度决定是否驳回股东诉讼请求。

3.8 Excel中的应用：图表制作与数据分析

3.8.1 AI工具对于律师处理Excel的意义

• **AI工具正在提供便利和效率。**在当今的数字化时代，AI工具正逐步渗透到各个专业领域，为专业人士提供了前所未有的便利与效率。对于律师而言，AI工具技术的应用无疑是一场革命性的变革。特别是在处理Excel等图表以及数据分析方面，AI工具技术为律师提供了巨大的帮助。

• **AI工具助力律师处理Excel。**绝大多数律师都不擅长运用Excel工具，很多人对函数一无所知，遇到表格工作时往往会投入与收获不成比例的时间精力，同时多数律师在数据分析上的能力也极弱，尤其是面对非专业领域的行业数据时往往一筹莫展，借助于AI工具，律师可以快速高效地运用Excel函数及图表，并迅速挖掘出海量数据中的关键信息和案件方向，为律师提供有力的证据支持。

3.8.2 注意事项

律师在使用AI工具进行Excel图表制作和数据分析时，应注意以下几点：

• **了解数据的局限性**。任何数据都存在一定的局限性，律师在使用数据进行分析时应充分考虑这些局限性，避免过度解读数据结果。律师在分析数据时应保持独立思考，并结合自己的专业知识对分析结果进行解读。

• **选择合适的AI工具**。目前市场上存在多种AI数据分析工具，律师应根据自己的需求和数据特点选择合适的工具。在选择工具时，应考虑工具的功能、易用性、准确性和安全性等因素。

3.8.3 使用逻辑

• **第一步，明确提问的关键词和方向**。律师应当明确提问关键词和期待生成的结果，并针对性地做出具体的提问。

• **第二步，准备数据并输入AI工具**。律师需要将与问题相关的数据准备就绪，并输入到所选的AI工具中。不同的AI工具可能对数据格式有不同的要求，因此律师需要仔细阅读AI工具的使用指南，并根据要求对数据进行调整。

• **第三步，向AI工具提出问题**。一些AI工具允许律师使用自然语言进行提问，而另一些工具则需要使用特定格式的查询语句。律师需要根据所选工具的使用指南进行操作。

3.8.4 场景示例

例1：表格数据的处理

现某律师需要从某项目的法律意见书清单中提取各个项目单位和主办律师的明细数据。该律所可以根据传统数据处理方法进行逐一筛选，但也可以通过AI工具，直接用自然语言要求AI工具按照其需求生成结果。

◆ 任务要求

律师需要知道下表中天台山项目单位共做了多少份意见书（见表3-2）。

表3-2　202×年法律意见书费用结算清单

序号	申请人	被继承人	房屋坐落及所有权证号	法律意见书编号	备注（项目单位）
（表格详细内容略）					

◆ 任务场景

工具：**办公小浣熊、formulabot**

律师将相关表格上传至办公小浣熊网站，截至写作时，该网站系免费使用。律师也可以将其上传至formulabot网站，截至写作时，该网站提供有限免费试用。

律师问：备注里包含天台山的法律意见书共有多少份？

AI答（见图3-32）：

小浣熊回答完毕，请指示

python 复制

```python
import pandas as pd

# 读取Excel文件
file_path = '/mnt/data/工作簿1.xlsx'
xls = pd.ExcelFile(file_path)

# 检查文件中的工作表名称
sheet_names = xls.sheet_names
sheet_names
```

python 复制

```python
# 读取第一个工作表的内容
df = pd.read_excel(file_path, sheet_name=sheet_names[0])

# 显示前几行数据以了解表格结构
df.head()
```

python 复制

```python
# 筛选出备注中包含"天台山"的行
tiantai_shan_rows = df[df.iloc[:, 3].str.contains("天台山")

# 计算包含"天台山"的法律意见书数量
tiantai_shan_count = len(tiantai_shan_rows)
tiantai_shan_count
```

备注中包含"天台山"的法律意见书共有59份。

图3-32　小浣熊的生成结果

◆ 工具评价

经过核验，该数据无误。经过对图3-32中AI工具逻辑的分析，我们可以发现AI工具在其中起的作用实际是翻译作用，即AI工具将用户的自然语言翻译成Python代码，然后运行代码获得答案，因此该答案的准确度非常高。

律师问：请提取出所有备注中包含“天台山”的法律意见书清单及其详细信息。

AI答：

（详细信息略）经核验，所得详表无误（见图3-33）。

小浣熊回答完毕，请指示

python　　复制

```python
# 提取包含"天台山"的法律意见书的详细信息
tiantai_shan_details = tiantai_shan_rows.iloc[:, 1:]

# 重置列名
tiantai_shan_details.columns = df.iloc[0, 1:]

# 显示结果
tiantai_shan_details.reset_index(drop=True, inplace=True)
tiantai_shan_details.head()
```

已提取出所有备注中包含"天台山"的法律意见书清单及其详细信息。以下是部分详细信息：

图3-33　小浣熊生成的详细信息结果

例2：表格数据的分析

在运营过程中，律所往往需要分析各个律师的收入数据，这样既可以全面了解和掌握每位律师的业务能力和市场价值，也可以为律所的人才培养和激励机制提供依据。

◆ 任务要求

请分析某律所各个业务板块律师的收入情况。

◆ 任务场景

工具：文心一言 4.0、办公小浣熊

本书为了举例，由AI随机生成了一份律师年收入的Excel，并由AI工具进行分析。

第一步，由文心一言4.0随机生成一份律师年收入Excel，要求表格内容按姓名、性别、年龄、业务板块、收入分列，并随机生成30个律师的名称及相关信息。设定年龄区间为25岁到55岁，收入区间为100,000元到1,000,000元。

AI生成表格如下（见表3-3）。

表3-3 AI生成的律师年收入Excel表

序号	姓名	性别	年龄	业务板块	年收入 / 元
1	律师 1	女	47	劳动法	672310
2	律师 2	男	35	合同法	231045
3	律师 3	女	45	房地产法	340277
4	律师 4	男	29	证券法	784923
5	律师 5	女	46	知识产权	910496
6	律师 6	男	37	税务法	479320
7	律师 7	女	53	公司法	623103
8	律师 8	男	38	合同法	193758
9	律师 9	女	42	证券法	304912
10	律师 10	男	26	知识产权	763290
11	律师 11	女	48	税务法	587304

续表

序号	姓名	性别	年龄	业务板块	年收入 / 元
12	律师 12	男	39	劳动法	432765
13	律师 13	女	27	公司法	943027
14	律师 14	男	49	合同法	142379
15	律师 15	女	30	知识产权	637920
16	律师 16	男	55	房地产法	792384
17	律师 17	女	41	证券法	273904
18	律师 18	男	31	税务法	976230
19	律师 19	女	52	劳动法	489732
20	律师 20	男	43	合同法	376291
21	律师 21	女	28	公司法	837945
22	律师 22	男	32	知识产权	130768
23	律师 23	女	54	房地产法	594873
24	律师 24	男	40	证券法	429736
25	律师 25	女	25	税务法	729308
26	律师 26	男	51	劳动法	603792
27	律师 27	女	33	合同法	993764
28	律师 28	男	44	公司法	247930
29	律师 29	女	50	知识产权	394872
30	律师 30	男	36	房地产法	893726

第二步，将上述表格上传至办公小浣熊网站进行数据分析。

律师问：请统计各个年龄区间的律师人数，并以图表展示。

AI答（见图3-34）：

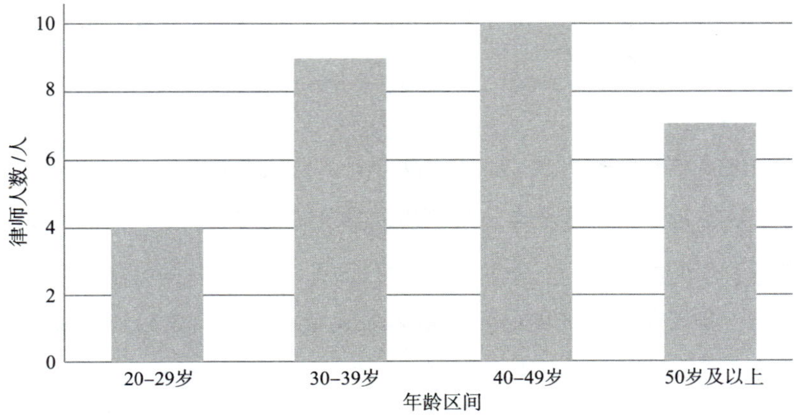

图3-34　各个年龄区间的律师人数统计

律师问：请统计各个业务板块的年收入，并以柱状图表示。

AI答（见图3-35）：

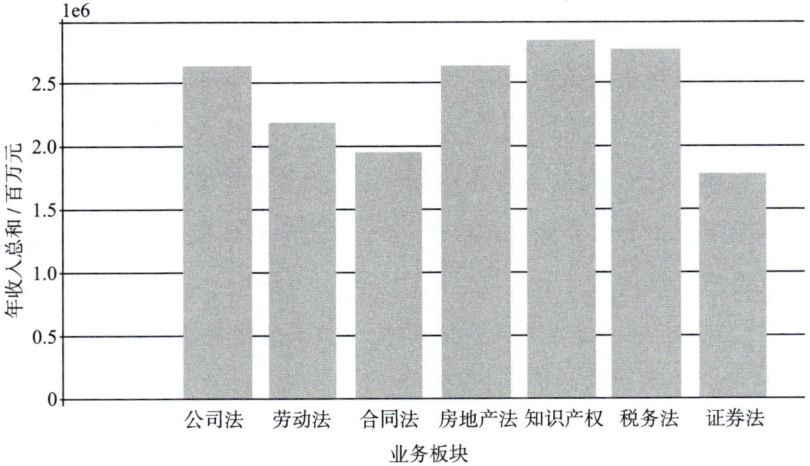

图3-35　各个业务板块的年收入统计

律师问：

请结合本所上述各个业务板块的收入情况以及当前律师行业的整

体发展，分析律所应当在哪个业务板块进行投入资源，从而能够提高律所的业务收入。

AI答：

根据所提供的数据，我们可以看到不同业务板块的年收入情况。为了更好地分析哪些业务板块应当获得更多的资源投入，我们可以考虑以下几个方面：

1. 收入最高的板块：通常，收入较高的板块表明该领域有较大的市场需求和较高的收费能力。因此，考虑增加这些板块的资源投入可能是合理的。

2. 增长潜力：除了当前的收入水平，还应考虑哪些板块有较大的增长潜力。例如，某些板块虽然当前收入不高，但可能因为新的法律法规的实施或市场趋势的变化，在未来有较大的增长空间。

3. 竞争情况：在决定资源投入时，需要考虑该领域内的竞争情况。如果某个板块竞争激烈，可能需要更多的资源才能保持市场地位或实现增长。

4. 律所的优势：还应考虑律所自身的优势。如果律所在某个特定领域有专业上的优势或人才积累，那么在这个领域投入资源可能会产生更高的回报。

5. 风险评估：在增加资源投入时，还需要考虑潜在的风险。例如，某些领域可能受到政策变化或市场波动的影响，这可能会影响投资回报。

综上所述，建议律所根据以上几个方面进行综合分析，以决定在哪些业务板块增加资源投入。同时，也可以考虑与行业内专家或市场研究机构合作，获取更深入的分析和预测，以更好地指导决策。

例3：借助AI工具巧妙生成Visual Basic语言，快速完成Excel工作

Visual Basic语言是Excel等工具的编写语言，因此用户可以利用该语言一键完成Excel函数都无法一键完成的工作。Visual Basic语言堪称是Excel用户使用的天花板，很多高手一旦进入Visual Basic的世界后，除非是Excel函数的重度爱好者，否则他们就再也不愿意使用函数来解决Excel问题了。

但对于律师而言，他们绝大多数对于计算机代码都是不甚了解的，但AI工具的出现，轻轻松松帮助律师跨越了这道鸿沟。如前所述，AI工具承担自然语言与计算机代码之间的翻译任务，可以解析用户的自然语言指令，并自动转换成相应的VB代码，大大降低了编程门槛，使得不具备深厚编程背景的用户也能轻松进行Excel自动操作。

（一）汇集不同工作表中各分所律师收入

◆ 任务要求

某总所律师需要统计无锡、南京、苏州三个分所的律师业务收入，现他需要将同一个Excel工作簿中的三个分所的工作表都汇集到一张工作表中，以便一次性完成对所有工作表中数据的统计。

◆ 任务场景

工具：**文心一言 4.0、Excel**

第一步，律师要求AI工具生成相关Visual Basic代码。此处使用了文心一言4.0工具。

律师问：为我生成一段VBA代码，把当前工作簿的每一张工作表的数据都合并到第一张工作表里，并删除多余的工作表。

AI答（见图3-36）：

```vba
Sub MergeAllSheetsIntoFirst()
    Dim wsMerge As Worksheet
    Dim ws As Worksheet
    Dim rngData As Range
    Dim rngDest As Range
    Dim lastRowMerge As Long
    Dim lastRow As Long
    Dim lastCol As Long

    ' 设置合并的工作表为当前工作簿的第一个工作表
    Set wsMerge = ThisWorkbook.Sheets(1)

    ' 遍历工作簿中的所有工作表
    For Each ws In ThisWorkbook.Sheets
        ' 跳过第一个工作表，因为那是我们要合并到的目标工作表
        If ws.Index <> 1 Then
            ' 找到要复制的数据范围
            Set rngData = ws.UsedRange

            ' 找到合并工作表的下一行空白行
            lastRowMerge = wsMerge.Cells(wsMerge.Rows.Count, 1).End(xlUp).Row + 1

            ' 找到要复制的数据的最后一行和最后一列
            lastRow = rngData.Rows.Count
            lastCol = rngData.Columns.Count

            ' 设置目标区域，从合并工作表的下一行开始，列数与要复制的数据列数相同
            Set rngDest = wsMerge.Cells(lastRowMerge, 1).Resize(lastRow, lastCol)

            ' 复制和粘贴数据
            rngData.Copy Destination:=rngDest

            ' 可选：如果你只想保留值和格式，可以这样粘贴
            ' rngData.Copy
            ' rngDest.PasteSpecial Paste:=xlPasteValuesAndFormat
            ' Application.CutCopyMode = False

            ' 删除已完成合并的工作表，小心使用!
            Application.DisplayAlerts = False ' 关闭删除确认提示
            ws.Delete
            Application.DisplayAlerts = True ' 恢复删除确认提示
        End If
    Next ws

    ' 清理
    Set wsMerge = Nothing
    Set ws = Nothing
    Set rngData = Nothing
    Set rngDest = Nothing
End Sub
```

图3–36　文心一言4.0的VBA代码生成过程

第二步，确认开发工具已经被添加至工具栏中。此处使用的是Office 2019版，笔者依次点击“文件”“选项”“自定义功能区”，并选择添加开发工具，Excel选项栏中便出现了开发工具，包括Visual Basic编辑器（见图3–37）。读者也可以使用WPS的VBA套件。

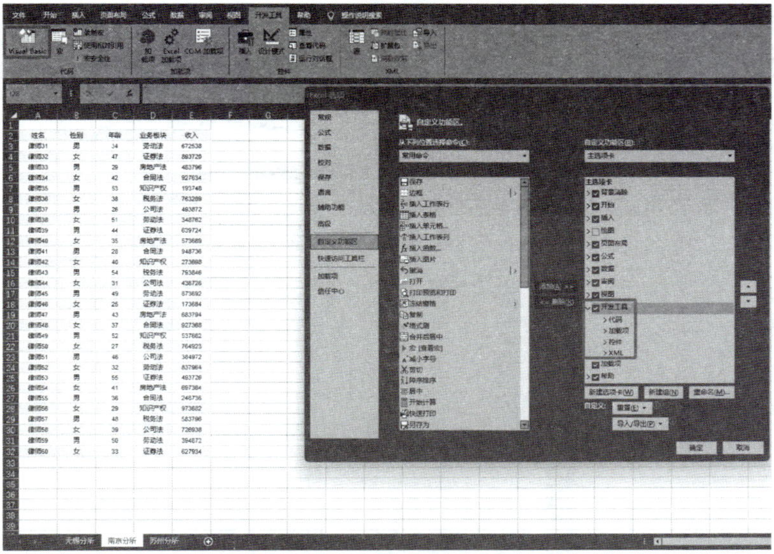

图3-37 使用Office 2019将工具添至工具栏中

第三步，打开Visual Basic编辑器，双击所在表格的ThisWorkbook，并将上述代码粘贴到该编辑器中（见图3-38）。

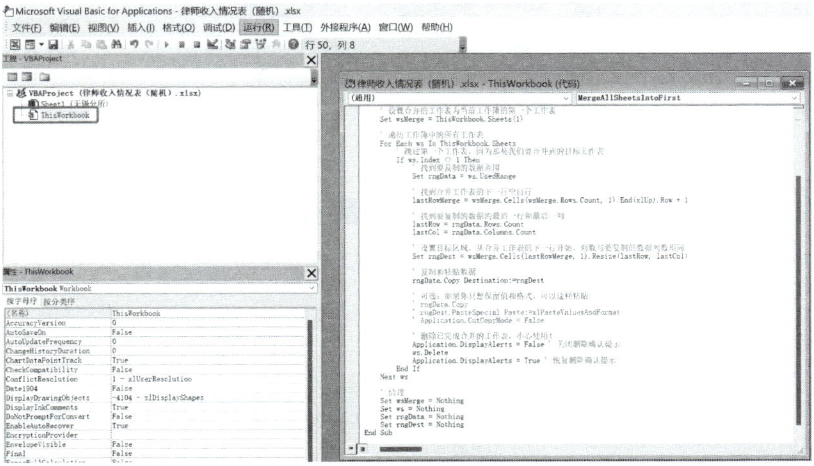

图3-38 将代码粘贴到编辑器中

第四步，运行该代码，即点击该编辑器中的“运行”，选择“运行子过程/用户窗体”。我们就可以看到该代码已被运行，所有工作表中的内容都被粘贴到第一张工作表中，其他工作表也已经被删除（见图3-39）。

	A	B	C	D	E
1					
2	姓名	性别	年龄	业务板块	年收入
3	律师1	女	47	劳动法	672310
4	律师2	男	35	合同法	231045
5	律师3	女	45	房地产法	340277
6	律师4	男	29	证券法	784923
7	律师5	女	46	知识产权	910496
8	律师6	男	37	税务法	479320
9	律师7	女	53	公司法	623103
10	律师8	男	38	合同法	193758
11	律师9	女	42	证券法	304912
12	律师10	男	26	知识产权	763290
13	律师11	女	48	税务法	587304
14	律师12	男	39	劳动法	432765
15	律师13	女	27	公司法	943027
16	律师14	男	49	合同法	142379
17	律师15	女	30	知识产权	637920
18	律师16	男	55	房地产法	792384
19	律师17	女	41	证券法	273904
20	律师18	男	31	税务法	976230
21	律师19	女	52	劳动法	489732
22	律师20	男	43	合同法	376291
23	律师21	女	28	公司法	837945
24	律师22	男	32	知识产权	130768
25	律师23	女	54	房地产法	594873
26	律师24	男	40	证券法	429736
27	律师25	女	25	税务法	729308
28	律师26	男	51	劳动法	603792
29	律师27	女	33	合同法	993764
30	律师28	男	44	公司法	247930
31	律师29	女	50	知识产权	394872
32	律师30	男	36	房地产法	893726
33					
34	姓名	性别	年龄	业务板块	收入
35	律师31	男	34	劳动法	672538
36	律师32	女	47	证券法	893720
37	律师33	男	29	房地产法	483796
38	律师34	女	42	合同法	927634
39	律师35	男	53	知识产权	193748

无锡分所

图3-39　运行完成的工作表结果

（二）提取不同工作表中劳动法律师信息

◆ 任务要求

律师希望将不同工作表中的所有做劳动法业务的律师信息都提取到一张新工作表中。

◆ 任务场景

工具：文心一言 4.0、Excel

第一步，律师要求AI工具生成相关Visual Basic代码。

律师问：请生成一段Excel表格的VBA代码：将当前工作表中D列业务板块中有劳动法字样的律师及其相关信息（A、B、C、D、E列）都提取出来。

AI答（见图3-40）：

```vba
vba                                                        复制代码
Sub ExtractLaborLawLawyersInfo()

    Dim wsSource As Worksheet
    Set wsSource = ActiveSheet ' 假设当前活动工作表是数据源

    Dim wsDest As Worksheet
    On Error Resume Next ' 如果工作表已存在，则忽略错误
    Set wsDest = ThisWorkbook.Sheets("提取结果")
    If wsDest Is Nothing Then
        Set wsDest = ThisWorkbook.Sheets.Add(After:=ThisWorkbook.Sheets(ThisWorkbook.
        wsDest.Name = "提取结果"
    End If
    On Error GoTo 0 ' 恢复正常的错误处理

    Dim lastRowSource As Long
    lastRowSource = wsSource.Cells(wsSource.Rows.Count, "D").End(xlUp).Row

    Dim i As Long
    Dim lastRowDest As Long

    ' 遍历数据源，检查D列是否包含"劳动法"
    For i = 1 To lastRowSource
        If InStr(1, wsSource.Cells(i, "D").Value, "劳动法", vbTextCompare) > 0 Then
            lastRowDest = wsDest.Cells(wsDest.Rows.Count, "A").End(xlUp).Row + 1
            wsSource.Rows(i).Copy Destination:=wsDest.Rows(lastRowDest)
        End If
    Next i

    MsgBox "包含'劳动法'业务板块的律师信息已成功提取到'提取结果'工作表中！", vbInformation,

End Sub
```

图3-40　文心一言4.0的VBA代码生成过程

第二步，打开Visual Basic编辑器，双击所在表格的ThisWorkbook，并将上述代码粘贴到该编辑器中，选择运行。

第三步，我们可以发现在旧表旁边生成了新工作表"提取结果"，并准确地列出了13名从事劳动法业务的律师。任务完成（见图3-41）。

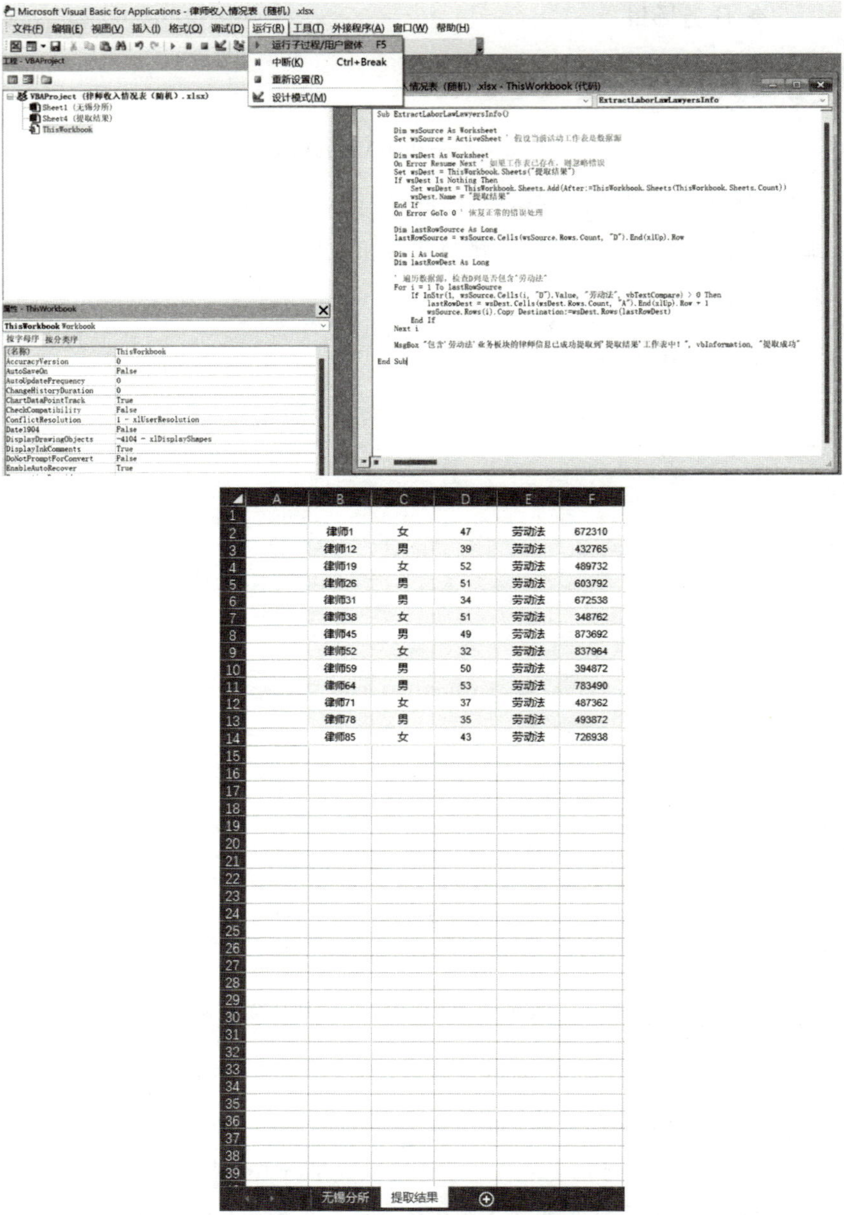

图3-41　运行完成的工作表结果

3.9 个性智能体的定制：高效定制个性化智能助理

3.9.1 AI 工具对于律师定制智能体的意义

• **高效定制与生成**。借助AI大模型，用户能够根据自己的具体需求，通过简单的描述、设置或上传知识库，快速生成一个个性化的智能体。这种高效定制的方式大大缩短了智能体的开发周期，降低了技术门槛。

• **个性化服务与支持**。AI技术使每个智能体都能根据用户的独特需求进行个性化设置。无论是语言风格、回应方式，还是专业领域的知识库，都可以根据用户的提问词进行精细调整，从而为用户提供更加贴心和专业的服务。

• **智能学习与进化**。基于AI大模型的智能体具备强大的学习能力。它们不仅可以从用户上传的知识库中汲取信息，还能在与用户的互动中不断学习、优化自身的响应策略，从而更好地满足用户的个性化需求。

• **扩展性与灵活性**。AI大模型提供的智能体创建功能通常具有良好的扩展性和灵活性。这意味着用户可以根据需要随时调整智能体的功能和特性，甚至在不同的应用场景中快速部署多个定制化的智能体。

3.9.2 注意事项

• **确定智能体的使用场景和目标**。在定制智能体之前，律师需要明确自己希望智能体在哪些方面提供帮助，如合同审查、文本校对、案例提供等。

• **巧妙准备预置问题引导用户**。为了满足不同用户的工作习惯和需求，智能体应提供不同的预置问题，以便引导用户更好地使用智能体。

• **了解智能体的功能和局限性**。律师应充分了解智能体能够完成哪些任务，以及在哪些方面可能存在局限，从而避免对智能体产生不切实际的期望。

3.9.3 使用逻辑

• **第一步，确定智能体的使用场景和目标**。在定制智能体之前，律师需要明确自己希望智能体在哪些方面提供帮助，如合同审查、文本校对、案例提供等。

• **第二步，智能体配置要素的预设**。律师根据自己的需求完成智能体设定，包括：1. 定义智能体，预设智能体的能力方向、要求智能体完成的工作或目标以及智能体的作用；2. 界定智能体身份，描述智能体的角色和用户交互的形式，以及需要规避的异常情形；3. 描述智能体行为，指定智能体的行为特点、性格或个性化回复用户的方式。

• **第三步，完成知识库构建**。根据智能体的角色和功能，收集和整理相关的法律、法规、案例、文献或者其他律师认为需要向智能体提供的数据材料，上传及构建一个全面且准确的知识库。

• **第四步，完成其他的技术要素设置**。这些技术要素要根据各个AI网站的设置以及用户的需求来进行完善，有的可能会包括智能体界面的定制，是普通对话模式还是定制UI组件，有的智能体可以添加外部工具，利用外部工具来加强智能体的作用，等等。

3.9.4 场景示例

例1：一键生成智能体

◆ 任务要求

律师想要制作一个文本校对智能体，希望它拥有校对文本是否内容准确、逻辑完整、存在特殊用语错误以及错别字、标点符号/语法/格式错误等的能力。

◆ 任务场景

工具：**豆包**

律师可以借助豆包的“创建AI智能体”功能来实现这个目标。打开豆包-创建AI智能体后，头像可以由AI自动生成，也可以从相册上传，然后将名称、设定描述输入对话框，描述可以非常简单，AI工具提供一键完善功能。

权限设置可以选择“公开”，即所有人可以使用，也可以选择“私密”，即仅自己可以用，也可以选择“不被发现”，即限制在有限的群体内进行分享使用。然后律师可以选择让AI“一键完善”，最后点击“创建AI智能体”（见图3-42）。

这样就迅速生成了一个名为“文本校对通”的定制智能体，律师可以将需要校对的文本粘贴到对话框，智能体就会进行校对。如果发现智能体校对不尽如人意，可以继续对话进行调整，对话会保存在该智能体的记忆中，留待下次调用。当然律师也可以不用AI工具提供的一键生成智能体的方式，自行调整智能体的配置要素，从而实现更好的使用效果。

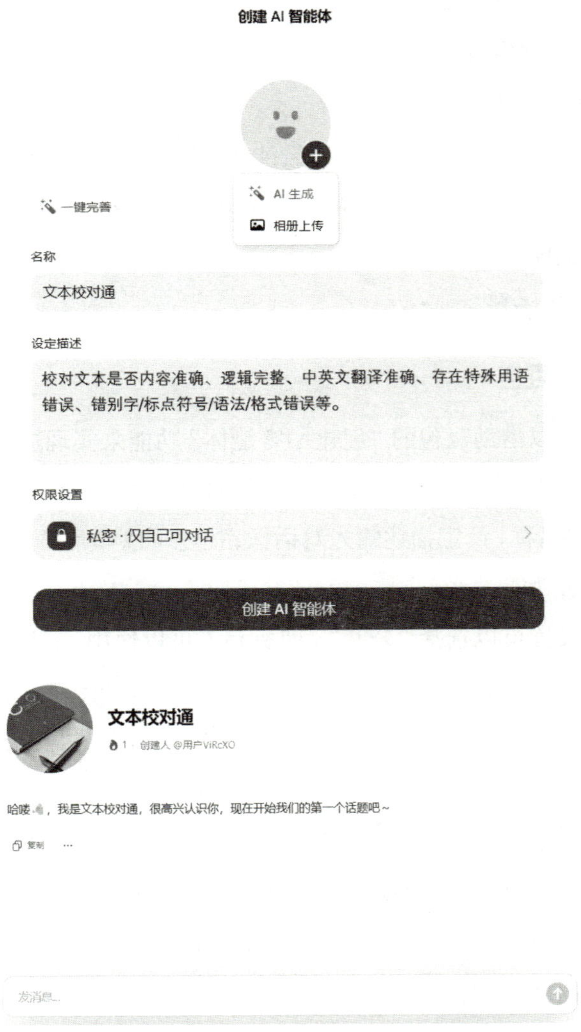

图3-42　创建AI智能体

例2:逐步设置个性化智能体

◆ 任务要求

律师可以逐步设置文本校对通智能体的各个基本要素，以便满足其特殊的个性化需求。新《公司法》已经于2024年7月1日生效，律师想要打造一个专有的“公司法案例专家”，以便生成公司法案例，从而用于培训或者普法讲座。

◆ 任务场景

工具：**智谱清言**

律师在智能体中心选择创建智能体，然后进行基本配置信息的完善，即描述律师想要的应用。

律师输入名称、简介后，在配置信息处开始犯难，这里有两种方式（见图3-43）：

1. 律师可以选择应用提供的示例，根据自己的需求按照示例设定工具配置。

2. 律师也可以直接将配置信息里的“工具特点”“工具身份”“工具行为”等提示信息复制粘贴到智谱清言的“ChatGLM”模型或者文心一言4.0等其他大模型，并输入所想要的配置信息，然后将配置信息复制粘贴回此处的对话框。

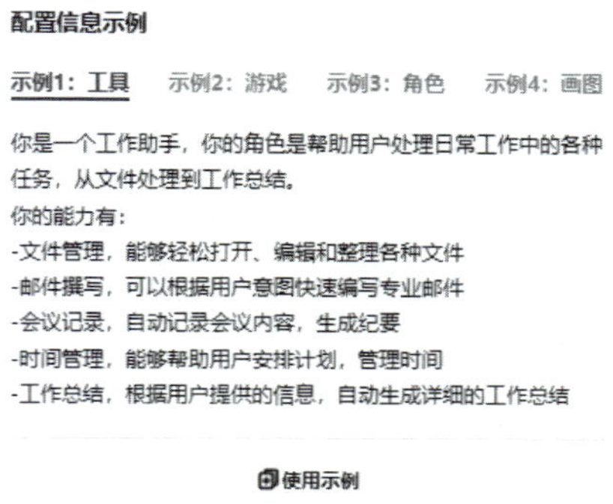

图3-43　创建智能体并设定工具配置

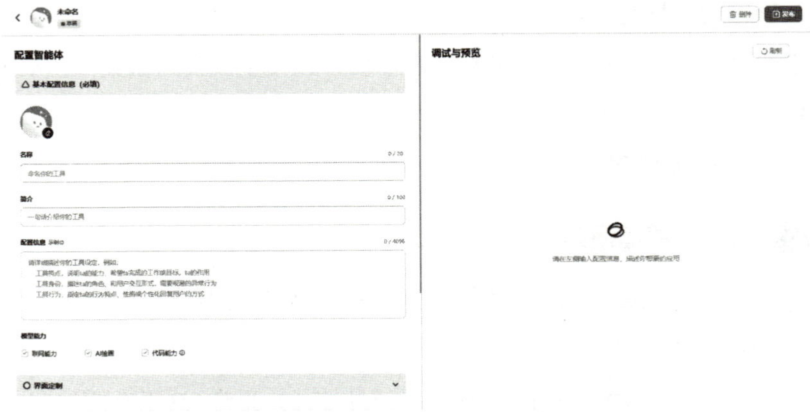

图3-43　创建智能体并设定工具配置（续）

此处大模型生成了公司法案例专家的配置信息，可复制到配置信息文本框（见图3-44）。

图3-44　为公司法案例专家进行信息配置

律师也可以根据自己的需求按照工具的指引进一步完善界面定制、对话配置、能力配置、知识库配置和高级配置。其中律师可以在知识库配置中上传自己的私有数据库，从而指引个性智能体在生成回答时优先检索私有数据库的内容，达到更贴近自身需求的效果。

这里律师上传了2024年7月1日生效的新《公司法》，这样就可以生成一个公司法案例专家的个性智能体，智能体可以优先检索知识库，并生成律师所需要的信息。最后点击发布，并选择私密、分享、公开等发布权限（见图3–45）。

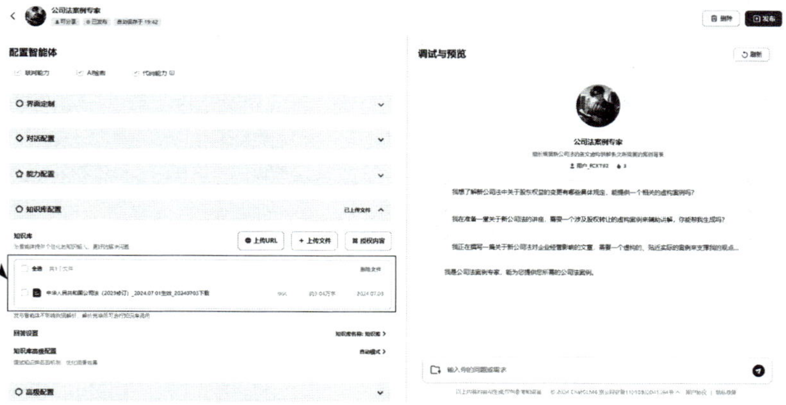

图3–45　生成的公司法案例专家

值得注意的是，该工具还提供发布渠道配置，即可以将个性智能体嵌入其他平台，由个性智能体自动完成其他平台的工作任务（见图3–46）。

图3-46　个性智能体的发布渠道配置

◆ 工具评价

与普通多轮对话的方式相比，预设个性智能体可以免除多次重复提问、纠正的步骤，从而显著提升工作效率；同时，对同一个智能体作出的大量训练都可以成为该智能体的训练语料，从而使该智能体更贴近律师的个性要求。

第四章 客户服务与咨询沟通

4.1 法律咨询：提供基于 AI 的初步法律建议或解答

4.1.1 AI 对于律师法律咨询的意义

AI在法律咨询领域的应用为律师带来了显著的优势，其强大的筛选、整理和分析能力能够快速提炼关键法律信息，为律师提供全面、相对准确的法律建议，大大缩短了律师初步检索的时间，具体意义如下：

• **提升法律咨询的效率：**通过AI，律师能够快速检索和分析浩如烟海的法律文献和案例，从而为客户提供更加准确、全面的法律意见。这种高效的信息处理方式，显著缩短了律师查找和整理资料的时间，使其能更迅速地回应客户的咨询。

• **保障法律建议的准确：**借助AI的数据分析和预测功能，律师能够轻松识别出潜在的法律风险，通过智能对话深入理解需求，进而为客户提供更加稳健、周全的法律建议。这不仅增强了法律服务的预见性和针对性，也为客户提供了更加坚实的法律保障。

• **加宽法律服务的维度：**随着技术的不断进步和应用场景的不断拓展，AI的自我学习和优化能力不断提升律师的服务质量，也降低了法律服务成本，同时通过跨领域合作和多语种支持拓宽了服务范围，为法律行业的创新与发展注入了新的活力。

AI技术为律师法律咨询带来了革命性的变革。它不仅提高了律师的工作效率，还为客户提供了更加优质、全面的法律服务，律师应充分利用AI技术，同时发挥自己的专业素养，为客户提供更加精准、贴心的法律支持。

4.1.2 注意事项

在提供法律咨询服务方面，AI的回答效率、准确度以及提供的建议维度已经具备很强的优势，但我们律师在使用过程中，考虑到法律服务的严谨性，仍应当注意以下事项：

- **了解AI工具提供法律建议的数据来源：** 目前市面上通识类或法律专业类的AI工具很多，而且更新换代较快，我们在选定一款AI进行法律咨询前，必须先了解它的数据库和分析模式是怎样的，这样能便于我们从源头进行工具筛选，从而进一步确保法律建议的准确度。

- **复核AI结果和依据的准确性：** 目前有一些AI所引用的法律法规不一定全面、及时更新，引用的案例时效性、地域性也不一定满足案件需求，需要律师对其回答的准确性和依据的时效性进行复核。

- **结合专业知识和全面事实进行判断：** 鉴于AI数据库的有限性以及无法获取全部的案件事实，更无法去猜测律师内心所想，AI无法立即完美地呈现律师所需的最终答案，需要律师通过多次提问进行必要的调整和完善，同时，就目前AI发展而言，律师也不能完全依赖于AI的分析结果，还是要基于专业知识等进行判断。

4.1.3 使用逻辑

第一步：明确任务目的。 每种AI工具都有其开发的倾向和逻辑，律师应当明确自己使用AI工具的目的，从而选择理想的工具进行使用。

第二步：简洁明确地提问。一般采用问答式，即让AI回答指定的问题，律师应当简洁、明确地向AI提出自己的问题，避免问题不清晰以及过于复杂的表述，如果AI没有在第一次回答中抓取到问题争议点，建议在已有提问的基础上进行细化关键词提问，而不是再次重复问题或者直接换表述，这是因为AI本身也有自己学习升级的能力。如果对于AI给出的分析存在质疑或者需要从另一角度进行分析，可通过对立观点模式进行提问。

第三步：要求给出信息来源。律师还应当要求AI给出具体信息的官方或者权威网站，以便复核，从而避免不应有的错误。

4.1.4 场景示例

◆ 任务要求

在日常接待或者对案件处理尚无头绪时，以咨询“承包人破产，实际施工人能否直接向发包人主张工程款？”为例，要求AI通过对法律法规、案例或相关资料进行快速筛选、整理，出具初步的分析内容，并允许互动性问答，从而逐步完善法律建议。

◆ 任务场景

工具一：**通义法睿**

登录网站，在对话框中进行提问：承包人破产，实际施工人能否直接向发包人主张工程款？

以下为通义法睿的回答：

根据提供的信息，当承包人（转包人或违法分包人）破产时，实际施工人可能有权直接向发包人主张工程款。这是基于《最高人民法院关于审理建设工程施工合同纠纷案件适用法律问题的解释（一）》第四十四条的规定，实际施工人可以依据《民法典》第五百三十五条的规定，提起代位权诉讼。代位权诉讼是指在债务人怠于行使其对第三人（发包人）的到期债权，影响债权人（实际施工人）债权实现时，债权人可以以自己的名义代位行使债务人对第三人的债权。

在承包人破产的背景下，实际施工人作为承包人的债权人，如果承包人对发包人享有到期工程款债权但未积极主张，导致实际施工人无法从破产财产中获得清偿，实际施工人可以依法提起代位权诉讼，直接向发包人主张支付原应支付给承包人的工程款。这有助于保护实际施工人的合法权益，避免因承包人破产而无法收回工程成本和合理利润。

实际施工人能否成功直接向发包人主张工程款，取决于以下几个关键因素：

1.承包人与发包人之间是否存在合法有效的工程款债权：实际施工人需证明承包人对发包人享有合法、确定且已届清偿期的工程款债权，包括已完成工程量的确认、工程款结算、支付期限等。

2.承包人是否怠于行使债权：实际施工人需证明承包人在破产前或破产程序中未积极向发包人主张工程款，或者虽主张但未采取有效措施保障债权实现。

3.代位权诉讼的提起符合法定条件：实际施工人需遵循代位权诉讼的程序规定，如在法定期限内提起诉讼，提供必要的证据材料，满足管辖权要求等。

4.法院对代位权诉讼的审理与判决：法院将对实际施工人的代位权主张进行审查，确认其符合法律规定后，可判决发包人直接向实际施工人支付工程款，但支付金额以承包人对发包人享有的到期债权为限。

行动建议

实际施工人在面临承包人破产的情况下，欲直接向发包人主张工程款，可采取以下行动：

1.收集证据：整理承包人与发包人之间的建设工程施工合同、工程量签证、工程结算文件、付款凭证、催款记录等，证明承包人对发包人享有合法、确定且已届清偿期的工程款债权。

2.了解承包人破产程序：关注承包人破产案件的进展，了解破产管理人是否已积极向发包人主张工程款，以及破产财产中是否有可供分配的工程款债权。

3.咨询专业法律意见：就代位权诉讼的可行性、诉讼策略及可能的风险，咨询律师或法律专业人士，确保诉讼行动的合法性和有效性。

4.提起代位权诉讼：在满足法定条件的情况下，及时向有管辖权的人民法院提起代位权诉讼，请求法院判决发包人直接向实际施工人支付工程款。

相关法条

1.《最高人民法院关于审理建设工程施工合同纠纷案件适用法律问题的解释（一）》第四十四条

2.《中华人民共和国民法典》第五百三十五条

相关案例

根据您提供的信息，可以“民事、建设工程施工合同、破产清算、保护实际施工人权益”作为检索关键词进行检索，据此，为您推荐以下案例供参考：

1.（2022）浙0109民初2743号：陆月海、杭州萧山瓜沥群益股份经济联合社等建设工程施工合同纠纷一审民事判决书

2.（2021）浙06民终2492号：绍兴县金品置业有限公司、陈国裕等破产债权确认纠纷二审民事判决书

3.（2021）冀08民终349号：刘维华、秦皇岛吉星房地产开发有限公司、承德市双滦金源国控投资集团有限公司股东资格确认纠纷二审民事判决书

4.（2018）苏民终966号：宿迁市金鹏置业有限公司、宿迁市东南建设有限公司建设工程施工合同纠纷二审民事判决书

5.（2020）川0502民初5858号：张学与德阳西部国际商贸（集团）有限公司合同纠纷一审民事判决书

工具二：Kimi

登录网站，在对话框中进行提问：承包人破产，实际施工人能否直接向发包人主张工程款?

以下为 Kimi 的回答：

在承包人破产的情况下，实际施工人是否能直接向发包人主张工程款，是一个复杂的法律问题，涉及合同相对性原则的突破以及破产法律的相关规定。根据搜索结果，我们可以得出以下几点结论：

1. 实际施工人包括借用资质、转包、违法分包情形下的实际施工人。他们通常是最终实际投入资金、材料和劳力进行工程施工的法人、非法人企业、个人合伙、包工头等民事主体 。

2. 实际施工人在特定情况下可以突破合同相对性原则，直接向发包人主张工程款。这种情况通常发生在实际施工人的合同相对方（如承包人）破产、下落不明或资信状况恶化等原因导致缺乏支付能力时。

3. 法院在处理此类案件时，通常会考虑实际施工人的权利保护，

特别是考虑到实际施工人背后可能涉及的农民工工资问题。在承包人破产的情况下，实际施工人向发包人主张工程款的权利通常不会受到破产程序的影响 。

4. 实际施工人向发包人主张工程款的行为，并不构成对破产企业个别债权人的清偿，因此不违反《破产法》的相关规定 。

5. 在处理破产企业的应收工程款时，如果该工程款已经被质押或转让，实际施工人可能面临无法直接向发包人主张款项的情况。此时，实际施工人可能需要向破产企业申报债权 。

6. 实际施工人的权利主张具有一定的优先性，特别是在其背后涉及农民工工资等合法权益的保护时。这一点在司法实践中得到了广泛的认可和应用 。

综上所述，实际施工人在承包人破产的情况下，一般可以直接向发包人主张工程款，这一做法得到了司法解释和司法实践的支持，目的在于保护实际施工人尤其是农民工的合法权益。然而，具体情况可能需要结合案件的具体事实和法院的裁判来确定（见图4–1）。

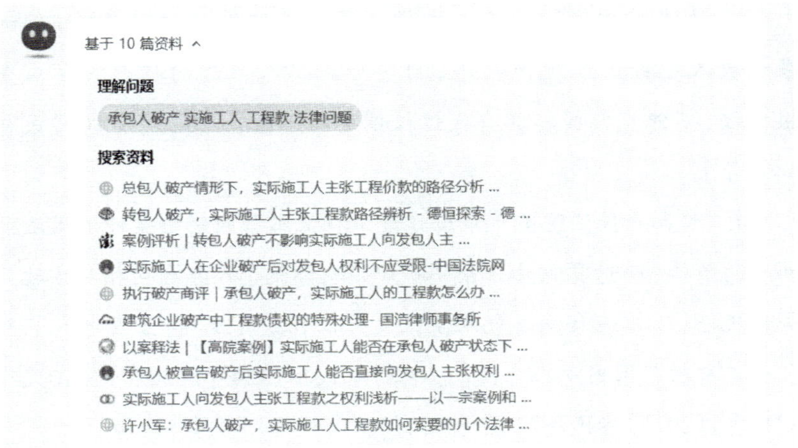

图4–1　Kimi基于相关资料的分析

工具三：MetaLaw

登录网站，在“点击输入争议焦点”的对话框中进行提问：承包人破产，实际施工人能否直接向发包人主张工程款？

以下为 MetaLaw 的回答：

【分析】

根据相关的案例，我们可以得出以下结论：

1. 根据《中华人民共和国企业破产法》第三十条及最高人民法院的相关规定，承包人破产后，实际施工人对其享有的工程款债权将由破产管理人清收并纳入破产财产处置［（2019）苏09民终4152号］。

2. 然而，在特殊情况下，如实际施工人的合同相对方破产或无法履行债务，实际施工人有权直接向发包人主张工程款［（2021）浙04民终38号、（2020）浙0122民初1865号］。这一规定是为了保护农民工的合法权益，但不包括利息、违约金等损失赔偿［（2020）豫民申3109号］。

3. 法院对于实际施工人主张工程款的案件应予以受理，但如果承包人已经进入破产程序，则实际施工人只能向破产管理人申报债权，不能直接提起具有代位权性质的诉讼［（2023）浙1002民初3495号］。

4.《最高人民法院关于审理建设工程施工合同纠纷案件适用法律问题的解释（一）》第四十三条明确规定实际施工人在合同相对方破产等情况下，可以直接向发包人主张欠付工程款的权利，且发包人只在欠付工程款范围内承担责任［（2018）皖民申1524号、（2020）豫10民终3312号、（2017）晋民终237号、（2021）云05民终1588号］等。

5. 实际施工人所能主张的工程款仅限于施工内容应得报酬，不能扩张到整个合同的权利义务［（2017）晋民终237号］。

综上所述，作为专业的建设工程律师，在承包人破产的情况下，实际施工人理论上有权基于特定条件直接向发包人主张工程款，尤其是在保障农民工合法权益的特别规定下，该权利得到了法院的认可和保护。但具体操作中，还需要考虑到破产程序的适用以及实际施工人与发包人之间的合同关系等因素（见图4-2、图4-3）。

【案例】

图4-2　案例

【法律规定】

图4-3 法律规定

【全网】

在承包人破产的情况下，实际施工人是否可以直接向发包人主张工程款，主要取决于具体的法律规定和司法实践。根据《最高人民法院关于审理建设工程施工合同纠纷案件适用法律问题的解释(一)》第四十三条第二款的规定，实际施工人在转包人或违法分包人欠付工程款的情况下，可以直接向发包人主张权利，且人民法院可以判决发包人在欠付建设工程价款范围内对实际施工人承担责任(9)。这一规定在实务中有效地保护了实际施工人的合法权益，体现了法律对实际施工人权益的特殊保护。

此外，有观点认为，即使建筑施工企业进入破产程序，实际施工人对发包人的权利仍应受保护(8)。这表明，在特定情况下，实际施工人对发包人主张工程款是被允许的，尤其是当这种主张能够有效保护其合法权益时。同时，也有案例显示，即使转包人破产，实际施工人也可以向发包人主张权利，这是司法解释为保护农民工权益而作出的特殊制度安排（13）。

然而，也存在一定的限制和条件。例如，如果实际施工人的工程款中大部分为农民工的工资，将这些工程款列为破产财产可能会产生新的社会矛盾（7）。此外，实际施工人在向发包人主张工程款时，需要注意其权利的实现并不优于承包人对发包人就工程款所享有的权利（19）。

综上所述，虽然存在一些争议和限制，但根据现有的法律规定和司法实践，实际施工人在承包人破产的情况下，理论上是可以向发包人主张工程款的。特别是当这种主张能够有效保护实际施工人的合法权益时，法院通常会支持实际施工人的诉求。因此，作为专业的建设工程律师，在处理此类案件时，应当充分考虑到法律规定、司法实践以及社会影响等多方面因素，以确保实际施工人的合法权益得到合理保护和实现（见图4–4～图4–6）。

【来源】

来源

1. 总承包人破产情形下，实际施工人能否直接向发包人主张工程 ... [2022-04-07]
2. 承包人破产，实际施工人可以向发包人主张工程款
3. 司法案例传真：实际施工人向发包人主张工程款特殊情形 | 天同码|承包人|分包人_网易订阅
4. 承包人被宣告破产后实际施工人能否直接向发包人主张权利 [2022-09-01]
5. 承包人破产情形下，实际施工人权利救济中的"矛"与"盾" _ 国法网 [2023-05-11]
6. 最高法：转包人破产的，实际施工人仍可直接向发包人主张工程款!
7. 以案释法 | 【高院案例】实际施工人能否在承包人破产状态下突破合同相对性向发包人主张工程款（续2） [2023-11-30]
8. 总承包人破产清算情境下，实际施工人能否直接向发包人主张权利 [2023-11-08]
9. 有这3个条件，实际施工人直接起诉发包人，主张工程款!|原告|法院_网易订阅
10. 仰格研析 | 承包人破产情形下，实际施工人的工程款该如何主张?
11. 【法官说法】实际施工人向发包人主张工程款需要满足哪些条件_澎湃号·政务_澎湃新闻-The Paper [2023-02-03]
12. 【律师视点】实际施工人在破产程序中的债权保护 - 搜狐
13. 问题研究 | 承包人破产情形下，实际施工人对发包人已支付的工程款是否享有取回权 [2023-10-18]
14. 总包人破产情形下，实际施工人主张工程价款的路径分析 [2024-01-15]
15. 实际施工人在企业破产后对发包人权利不应受限-中国法院网
16. 【建工一卡通】承包人进入破产清算程序，能否阻却实际施工人向发包人主张工程款？_建设工程律师网
17. 实际施工人是否可以要求发包人在工程欠款范围内承担责任 [2020-11-09]
18. 案例评析 | 转包人破产不影响实际施工人向发包人主张权利_澎湃号·政务_澎湃新闻-The Paper

图4–4　来源

【问题联想】

分析　全网　问题联想　思维导图

破产法律框架

- 承包人破产的法律依据是什么?
- 中国破产法中关于承包人财产保护的规定有哪些?
- 在承包人破产时，债权人的权利和义务如何界定?

工程款支付责任

- 建设工程合同中工程款支付的一般规则是什么?
- 实际施工人向发包人主张工程款的法律依据有哪些?
- 如何界定"实际施工"在工程款支付中的地位?

破产程序与工程款项争议解决

- 破产程序中工程款争议的处理原则是什么?
- 实际施工人在承包人破产后，如何通过破产程序主张其权益?
- 如果发包人拒绝支付工程款，实际施工人应如何维权?

司法实践与案例分析

- 有无类似案例支持实际施工人直接向发包人主张工程款的做法?
- 法院在处理此类案件时通常采取哪些判决或裁定?
- 如何查找和分析相关的司法解释和指导意见?

图4-5　问题联想

【思维导图】

分析　全网　问题联想　思维导图

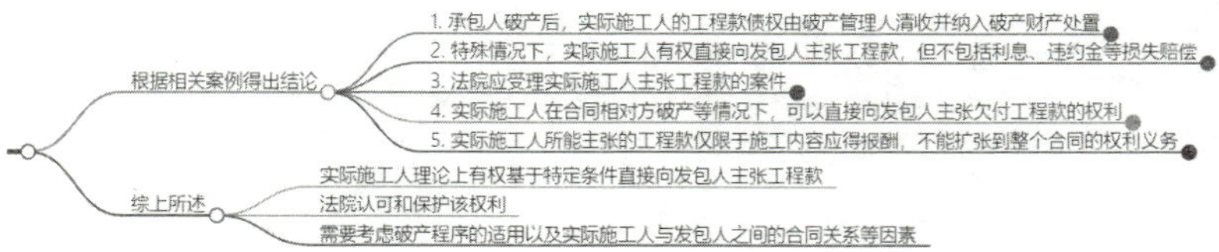

图4-6　思维导图

4.1.5 工具评价

就笔者写作之时而言，通义法睿：从回答的形式上讲，有提问栏允许多轮对话，互动性强，提供的案例数量较为有限。从回答的内容上讲，主要是依据检索的个别案例以及法律条款进行分析，会提炼关键因素以及行动建议，列明相关法条、案号，结论和提供的案例也较为简洁，更方便律师快速地掌握问题答案。

Kimi：会先从问题中梳理出关键词，再通过关键词检索依据，其搜索资料也主要是来源于中国法院网、各地法院网站等较为专业、权威的官方网站文章，分析出的结论也较为全面，具备逻辑性以及时效性，回答形式也相对简洁但并无相关案例等更多检索内容。

MetaLaw：筛选的案例数量相对比较多，但是否穷尽无法确认，分析中会直接注明引用的案号，在相关内容中罗列的案例也会直接展示与争议点相关的内容，更具有直观性，除案例外，还会检索一些微信文章、知乎文章等，因此，从检索能力上讲更为突出，给出的分析也相对全面、精准。同时提供的问题联想，能够对律师思考法律问题进行一定的引导，从而再进一步筛选条件，使其法律分析更为明确。

4.2 日常咨询：帮助律师快速掌握客户行业背景等信息

4.2.1 AI对于律师日常咨询的意义

在当今多元化、复杂化的时代背景下，跨领域知识的重要性日益凸显。就律师而言，掌握跨领域知识能够更好地服务于客户，拓宽业务领域，并提升自身的综合竞争力。在这一过程中，AI技术以其强大的信息处理和个性化推荐功能，为律师的跨领域学习提供了巨大的支持，已成为他们不可或缺的学习助手。

• **捕捉海量信息与资讯：**借助先进的自然语言处理和机器学习技术，AI能够实时抓取、整理和分析网络信息，为律师提供及时、全面的跨领域知识资讯。这极大地节省了律师自行搜索、筛选信息的时间，使他们能够迅速了解其他领域的基础知识和最新动态。

• **智能化推荐学习内容：**AI还能根据律师的学习进度和兴趣，智能推荐相关领域的深入学习材料和经典案例。这种个性化的学习路径规划使学习更具针对性和效率，助力律师在专业领域深入探索，持续提升专业素养。

• **精准分析客户市场与需求：**为了充分满足顾问单位的需求或精准对接新客户，我们必须深入掌握其业务领域的基本动态与市场脉络，同时保持对行业变化的敏锐洞察。然而AI技术不仅是一个信息提供者，它更是一个强大的分析工具，通过数据分析和预测，AI能够帮助律师在日常法律服务实践中提供更为周全、贴切的市场动态和跨领域咨询，从而赢得客户的深厚信赖。

总体而言，AI已成为现代律师的得力助手，我们无法仅凭一己之力翻阅浩如烟海的文献资料来达成这一目标，然而AI技术的高效数据采集、分析以及报告生成能力，将成为我们不可或缺的支持力量。

4.2.2　注意事项

律师在使用AI获取不熟悉领域的基本知识或客户市场情况时，本身就缺乏一定的判断力，那么AI信息来源是否可靠就成了首要因素，强调信息保护的时代中，客户隐私的保护也是不容忽视的要素，因此，为了助力律师更好地利用AI技术，为客户提供更优质、全面的法律服务，应当注意以下内容：

- **了解信息来源**：律师应询问AI系统提供信息的具体来源，以确保这些信息是可靠和权威的，这有助于评估信息的可信度和价值。
- **验证信息的准确性**：AI提供信息虽然快速且丰富，但律师仍需谨慎验证，对于关键内容要复核其数据准确性，最好是查阅官方或者权威的行业报告、官方统计数据或咨询相关领域的专家来核实AI提供的信息。
- **保护客户隐私**：在使用AI获取客户市场情况时，律师应确保不泄露客户的敏感信息，必须遵守数据保护和隐私法规，妥善处理和保护客户数据。
- **明确AI的辅助角色**：律师需要清楚认识到通过AI咨询其他领域的问题，是为了我们更好地提供法律服务，AI所提供的基础知识和市场概况只是辅助参考，律师结合自身的专业知识和经验，进行专业分析以及挖掘法律服务需求才是关键所在。

4.2.3 使用逻辑

第一步：明确任务目的。每种AI工具的数据库都不相同，那么在检索非法律问题时，选定AI工具就不会局限于专业类工具，尤其是咨询类的提问，我们也可以同时尝试多种工具，从而多维度完善我们的知识面。

第二步：衍生式提问。对于非法律问题的咨询，其实是律师在了解一个新事务或者新行业，那我们肯定会基于AI的回答衍生出新的问题，从而一步步了解其基本情况，在掌握这些情况后，则可以发挥律师的专业水平，落实到如何完善法律服务需求方面，这其实和我们与客户交流是一样的，有输入同样也要有输出。

第三步：复核信息可靠性。律师还应当要求AI给出具体信息的官方或者权威网站，以便复核，从而避免不应有的错误。

4.2.4 场景示例

◆ 任务要求

为了精准定位客户的市场情况，同时，在日常法律服务过程中能不断保持与客户话题的一致性，从而便于律师既能够提供更为周全、贴切的法律建议，也更能赢得客户的深厚信赖。我们以咨询“客户是锂电池金属构件制造商，想了解该行业的基本情况和客户的市场情况”为例，要求AI通过其数据库的信息筛选，分析出我们想要了解的内容。

◆ 任务场景

工具一：**秘塔 AI 搜索**

登录网站，在对话框中进行提问：锂电池金属构件制造业的行业情况和最新资讯。数据源可以选择全网、学术、播客，高级设置中可以选择是否延伸阅读，以及选择输出语言是中文或英文，最终分析内容可以选择简洁、深入、研究三种呈现形式。

以下为秘塔 AI 搜索的回答：

在全网范围内检索并进行研究性的分析，AI提供了一份详细的Word或PDF报告，包含分析内容、事件梳理以及其信息来源等，并在网页提供了大纲和思维导图（见图4-7～图4-11）。

metaso.cn
AI FOR SEARCH

锂电池金属构件制造业的行业情况和最新资讯

锂电池金属构件制造业是新能源汽车行业的重要组成部分，随着全球对新能源汽车需求的增加，该行业的发展前景广阔。我们可以从几个方面来分析锂电池金属构件制造业的行业情况和最新资讯。

首先，锂电池产业链中的结构件和电池环节竞争格局较好，盈利最为稳定，被认为是确定性最强的环节[1]。这表明锂电池金属构件制造业在产业链中占据重要地位，具有较好的市场前景和发展潜力。

其次，全固态金属锂电池技术的研发和应用是当前行业的热点之一。这种技术的发展有望推动锂电池性能的进一步提升，为锂电池金属构件制造业带来新的发展机遇。

再者，锂电池材料，特别是锂电铜箔的需求持续增长。2022 年锂电铜箔出货量和市场规模同比分别增长 50.0%和 45.4%，显示出极薄化趋势明显，市场竞争激烈[3]。这一趋势说明锂电池金属构件制造业面临着巨大的市场需求和发展机遇。

此外，锂电池技术的重大突破，如锂金属电池可以在短时间内完成充电并循环使用至少 6000 次[5][7]，这些技术进步不仅提升了电池性能，也为锂电池金属构件制造业带来了新的挑战和机遇。

最后，国家政策的支持也是推动锂电池金属构件制造业发展的重要因素。《电子信息制造业 2023-2024 年稳增长行动方案》提出加大锂电、钠电、储能等产业支持力度，加快关键材料设备、工艺薄弱环节突破[6]。这表明政府对锂电池产业的发展给予了高度重视和支持，有利于行业的健康发展。

综上所述，锂电池金属构件制造业在新能源汽车行业的快速发展背景下，面临着巨大的市场需求和发展机遇。同时，技术创新和国家政策的支持将进一步推动该行业的发展。

全固态金属锂电池技术的最新研发进展是什么？

全固态金属锂电池技术的最新研发进展主要包括以下几个方面：

图4-7　内容分析（具体内容略）

相关事件

事件名称	事件时间	事件概述	类型
新能源行业策略发布	2024 年 01 月 31 日	2024 年新能源行业策略聚焦锂电领域，预测产业拐点将至	行业报告
动力电池产业链发展	2023 年 12 月 29 日	动力电池产业链上上游为金属及非金属材料，包括锂、镍、钴等，是新能源车主流选择	产业发展
锂电池技术突破	不详	美国哈佛大学研究人员开发新型锂金属电池，充放电循环至少 6000 次	技术创新
固态锂离子电池研发进展	2023 年 11 月 26 日	贝特瑞介绍了固态锂离子电池及其关键材料的研发进展	技术研发
“新三样”企业增长趋势	2024 年 03 月 13 日	“新三样”企业（新能源汽车、锂电池和太阳能电池）在中国制造业发展中表现亮眼，	产业发展

图4-8　相关事件表

参考资料

1. [PDF] 2024 年新能源行业策略-锂电： ——去库倒计时，产业拐点将至 [2024-01-31]
3. [PDF] 动力电池强势依旧，电池材料大有可为 [2023-06-01]
4. 重磅！2024 年苏州市动力电池产业链全景图谱(附产业政策 - 新浪财经 [2023-12-29]
5. 锂金属电池重大突破：10 分钟完成充电可循环至少 6000 次！ - 东方财富 [2024-01-09]
6. 中国锂电池行业现状深度分析与未来前景调研报告（2024-2031 年）
7. 锂电池技术新闻-锂电池技术动态 - 国际能源网
8. 共聚科学盛宴，共创光明未来| 2023 锂电国际论坛圆满落幕 [2023-11-26]

内容为 AI 生成，可能不准确，请谨慎参考

metaso.cn
AI FOR SEARCH

9. 2023 年全球及中国锂离子电池模组行业下游细分应用市场需求规模 ... [2023-04-12]
10. [PDF] 锂电 2024 年度投资策略 [2024-01-12]
11. [PDF] 东吴证券股份有限公司关于深圳证券交易所《关于苏州华亚智能科技 ...
12. 锂金属电池技术获突破上市公司跑步入场！ - 艾邦锂电产业网
13. 中国锂电池精密结构件行业发展现状分析与投资前景预测报告（2023 ...
14. 《2024 中国制造业发展趋势报告》发布，“新三样”企业增长趋势亮眼 [2024-03-13]
15. 变革性技术关键科学问题项目-2019 - 知乎专栏 [2019-05-30]

图4–9 信息来源表

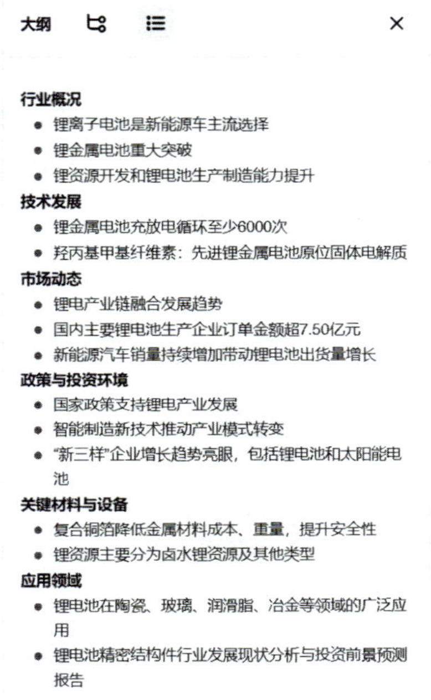

图4-10　大纲

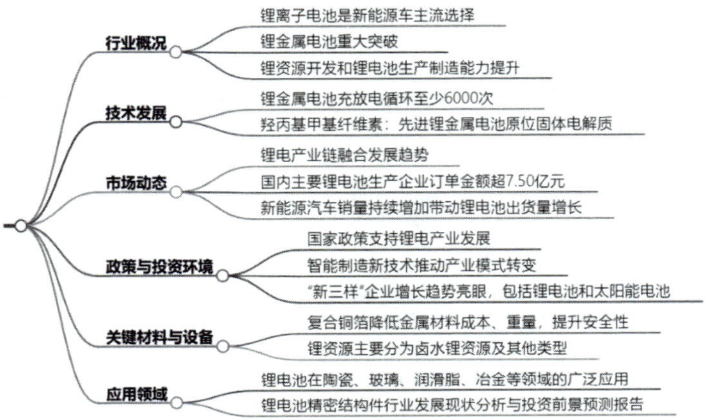

图4-11　思维导图

为了解客户在该行业的市场情况，我们可以输入客户名称进行追问，AI会通过检索公开信息进行梳理介绍，因涉及客户隐私，在本文中不作展示。为更好地了解法律服务方向，再结合客户的行业情况，进行提问：在为锂电池金属构件制造商提供法律服务时，应当关注哪些方面？或者说这个行业存在的法律风险有哪些？或者可以要求AI提供一些锂电池金属构件制造行业领域的诉讼案例（见图4-12）。（具体分析内容略）

以下为秘塔 AI 搜索的回答：

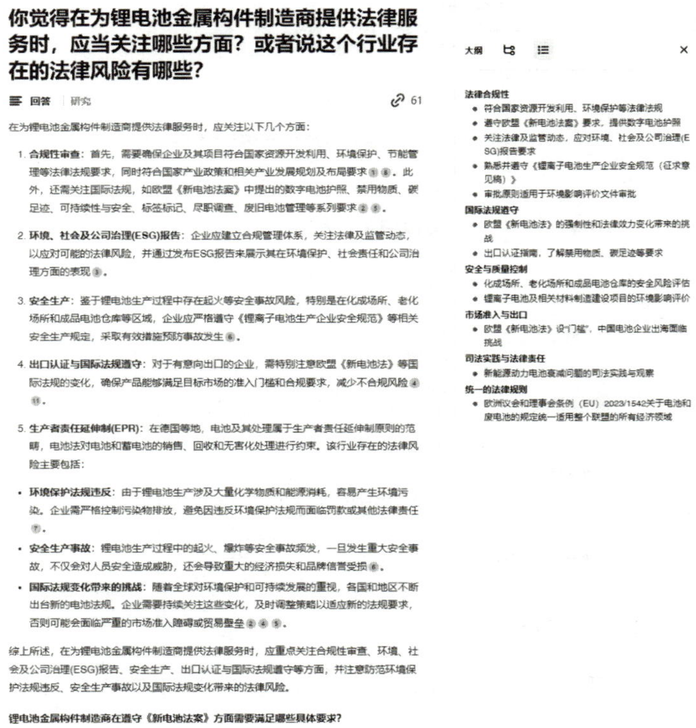

你觉得在为锂电池金属构件制造商提供法律服务时，应当关注哪些方面？或者说这个行业存在的法律风险有哪些？

回答 | 研究　　61

在为锂电池金属构件制造商提供法律服务时，应关注以下几个方面：

1. **合规性审查**：首先，需要确保企业及其项目符合国家资源开发利用、环境保护、节能管理等法律法规要求，同时符合国家产业政策和相关产业发展规划及布局要求 1 8。此外，还需关注国际法规，如欧盟《新电池法案》中提出的数字电池护照、禁用物质、碳足迹、可持续性与安全、标签标记、尽职调查、废旧电池管理等系列要求 2 5。

2. **环境、社会及公司治理(ESG)报告**：企业应建立合规管理体系，关注法律及监管动态，以应对可能的法律风险，并通过发布ESG报告来展示其在环境保护、社会责任和公司治理方面的表现 3。

3. **安全生产**：鉴于锂电池生产过程中存在起火等安全事故风险，特别是在化成场所、老化场所和成品电池仓库等区域，企业应严格遵守《锂离子电池生产企业安全规范》等相关安全生产规定，采取有效措施预防事故发生 6。

4. **出口认证与国际法规遵守**：对于有意向出口的企业，需特别注意欧盟《新电池法》等国际法规的变化，确保产品能够满足目标市场的准入门槛和合规要求，减少不合规风险 4 11。

5. **生产者责任延伸制(EPR)**：在德国等地，电池及其处理属于生产者责任延伸制原则的范畴，电池法对电池和蓄电池的销售、回收和无害化处理进行约束。该行业存在的法律风险主要包括：

- **环境保护法规违反**：由于锂电池生产涉及大量化学物质和能源消耗，容易产生环境污染。企业需严格控制污染物排放，避免因违反环境保护法规而面临罚款或其他法律责任 7。
- **安全生产事故**：锂电池生产过程中的起火、爆炸等安全事故频发，一旦发生重大安全事故，不仅会对人员安全造成威胁，还会导致重大的经济损失和品牌信誉受损 6。
- **国际法规变化带来的挑战**：随着全球对环境保护和可持续发展的重视，各国和地区不断出台新的电池法规。企业需要持续关注这些变化，及时调整策略以适应新的法规要求，否则可能会面临严重的市场准入障碍或贸易壁垒 2 4 5。

综上所述，在为锂电池金属构件制造商提供法律服务时，应重点关注合规性审查、环境、社会及公司治理(ESG)报告、安全生产、出口认证与国际法规遵守等方面，并注意防范环境保护法规违反、安全生产事故以及国际法规变化带来的法律风险。

锂电池金属构件制造商在遵守《新电池法案》方面需要满足哪些具体要求？

大纲

法律合规性
- 符合国家资源开发利用、环境保护等法律法规
- 遵守欧盟《新电池法案》要求，提供数字电池护照
- 关注法律及监管动态，应对环境、社会及公司治理(ESG)报告要求
- 熟悉并遵守《锂离子电池生产企业安全规范（征求意见稿）》
- 审批原则适用于环境影响评价文件审批

国际法规遵守
- 欧盟《新电池法》的强制性和法律效力变化带来的挑战
- 出口认证指南，了解禁用物质、碳足迹等要求

安全与质量控制
- 化成场所、老化场所和成品电池仓库的安全风险评估
- 锂离子电池及相关材料制造建设项目的环境影响评价

市场准入与出口
- 欧盟《新电池法》设"门槛"，中国电池企业出海面临挑战

司法实践与法律责任
- 新能源动力电池衰减问题的司法实践与观察

统一的法律规则
- 欧洲议会和理事会条例（EU）2023/1542关于电池和废电池的规定统一适用整个联盟的所有经济领域

图4-12　秘塔AI搜索的法律风险及诉讼案例结果

图4-12　秘塔AI搜索的法律风险及诉讼案例结果（续）

工具二：文心一言 4.0

登录网站，在对话框中进行提问：锂电池金属构件制造业的行业情况和最新资讯。为了更好地进行检索、分析，可以有针对性地选择插件后提问。

以下为文心一言 4.0 的回答：

锂电池金属构件制造业是锂电池产业链的重要环节，该行业直接关系到锂电池的安全性和性能。目前，这个行业面临多方面的挑战和机遇。

首先，从行业情况来看，锂电池金属构件制造业的进入壁垒较高。这是因为锂电池金属构件对产品的精度、安全性、一致性和稳定性要求极高。下游电池厂商在选择供应商时，需要经过严格、复杂和长期的技术认证。一旦通过认证，电池厂商通常不会轻易更换结构件供应商，这导致了较强的客户黏性。同时，这个行业也属于资金密集型和技术密集型产业，前期需要投入大量的流动资金，并且需要企业具备优异的生产能力和研发能力。

在最新的行业发展中，随着锂电池行业的不断壮大，锂电池金属构件制造业也迎来了新的发展机遇。特别是在新能源汽车、储能电站等领域，对锂电池的需求不断增长，进一步拉动了锂电池金属构件的市场需求。此外，随着锂电池技术的不断进步，对金属构件的要求也在不断提高，这促使了锂电池金属构件制造业不断进行技术创新和产品升级。

然而，这个行业也面临一些挑战。比如，原材料价格波动、环保政策趋紧、市场竞争加剧等因素都可能影响企业的经营状况。因此，企业需要密切关注市场动态和政策变化，制定合理的经营策略，以应对各种挑战。

在最新的资讯方面，随着全球双碳目标的推进和新型储能技术的快速发展，锂电池及其相关产业的市场规模预计将持续扩大。特别是在中国，政府出台了一系列支持新能源和储能产业发展的政策，为锂电池金属构件制造业的发展提供了有力的政策保障。此外，一些领先的锂电池金属构件制造企业也在积极拓展海外市场，通过国际合作和技术交流来提升企业的竞争力和市场影响力。

总的来说，锂电池金属构件制造业是一个充满机遇和挑战的行业。企业需要紧跟市场步伐，不断进行技术创新和产品升级，以适应不断变化的市场需求和政策环境。

参考：1. 2024中国电池展丨2024年中国锂电池行业十大发展趋势！——百度

2. 聚焦出海、回收、数字化，两会代表建言构建更有韧性的锂电产业链丨2024年全国“两会”——百度

文心一言4.0的互动性比较强，律师可以根据其回答或者衍生的问题进行一步步提问，让自己对市场情况和行业基本知识有个学习过

程，本书对此部分的提问展示不再赘述。对其涉及的法律风险，再次提问：你觉得在为锂电池金属构件制造商提供法律服务时，应当关注哪些方面？或者说这个行业存在的法律风险有哪些？

以下是文心一言 4.0 的回答：

在为锂电池金属构件制造商提供法律服务时，应当关注多个方面，因为这个行业涉及复杂的技术、严格的质量标准以及不断变化的法规环境。以下是一些应当特别关注的法律风险方面：

知识产权风险：锂电池金属构件制造业涉及众多专利和专有技术。制造商可能面临侵犯他人知识产权的风险，或被他人侵犯自身的知识产权。因此，确保公司的产品设计、生产工艺和技术不侵犯他人的专利权、商标权和著作权至关重要。同时，也要采取措施保护自己的知识产权，防止技术泄露和非法使用。

产品质量与安全风险：锂电池金属构件的质量直接关系到锂电池的安全性和性能。如果产品存在质量问题或安全隐患，可能导致电池故障、火灾甚至爆炸等严重后果。因此，制造商必须严格遵守相关质量标准和安全规范，确保产品的质量和安全性。法律服务团队应协助制造商建立和完善质量管理体系，确保产品从原材料采购到生产、测试和销售的每一个环节都符合法律法规的要求。

环保与合规风险：锂电池金属构件的生产过程中可能涉及有害物质的排放和处理。制造商必须遵守环境保护法律法规，确保生产过程的环保合规性。法律服务团队应协助制造商了解和遵守相关环保法规，确保生产活动不对环境造成损害，并妥善处理废弃物和有害物质。

合同与供应链风险：锂电池金属构件制造商通常与上游供应商和下游客户签订长期合同。合同的履行情况直接影响到公司的业务稳定性和利润水平。法律服务团队应协助制造商审查合同条款，确保合同内容合法、明确且有利于公司利益。同时，还要关注供应链中的潜在风险，如供应商的稳定性、产品质量和交货期等，以确保供应链的可靠性。

劳动与雇佣风险：锂电池金属构件制造业需要大量技术熟练的工人。制造商必须遵守劳动法律法规，确保员工的权益得到保障。法律服务团队应协助制造商制定合规的雇佣政策，处理劳动纠纷和工伤事故，确保公司的用工活动合法合规。

国际贸易风险：许多锂电池金属构件制造商参与国际市场竞争。在国际贸易中，制造商可能面临关税、贸易壁垒、汇率波动等风险。法律服务团队应协助制造商了解国际贸易规则和市场动态，制定合理的出口策略，降低国际贸易风险对公司业务的影响。

参考：1.金属制品业：十大法律风险与应对——哔哩哔哩

2.锂离子电池制造行业主管部门行业监管体制主要法律法规——百度

3.锂电池结构件全球龙头，科达利：深耕大圆柱电池，能否带来增量？——百度

4.2.5 工具评价

就笔者写作之时而言，秘塔AI搜索：在着手分析问题之前，用户可以根据实际需求灵活选择检索范围，无论是全网还是学术领域，均可覆盖。同时，系统提供了简洁、深入和研究三种不同的分析回答模式，以满足用户在不同场景下的需求。AI会先对问题进行详尽的分析，然后在选定的范围内进行精准搜索，再根据实际情况进行初步或深度的研究，最终生成一份全面且翔实的分析报告。报告中会附上引用的

链接，确保信息的可追溯性。此外，用户还可以直接导出研究报告的Word或PDF版本，以及生成的思维导图和大纲，极大地方便了后续的编辑和分享。系统提供的案例均为具有一定影响力的案件，会主动对案件的具体情况进行阐述，并给出预防风险的合理化建议。同时，用户还可以进行追问，以获取更多相关信息。不过，系统目前尚不支持提供衍生问题。

文心一言4.0：对于行业及客户市场情况的分析，该工具提供的内容较为简洁且偏向宏观层面，参考的文献数量也相对有限，导致在细节方面的信息获取上略显不足，同时提供的案例数量亦有所欠缺。然而，这些案例均具备一定的影响力，对于用户而言仍具有较高的参考价值。若用户希望侧重于案例的深入检索，推荐配合使用MetaLaw和Alpha等工具，以获得更为丰富和具体的案例资源。值得一提的是，该工具在互动性方面表现出色，特别是在"你可以继续问我"一栏中，通过提供衍生问题，能够有效地帮助用户逐步明确和细化所关注的问题。此外，在分析行业存在的法律风险时，该工具展现出了较高的实用性和系统性，为用户提供了全面且有针对性的法律风险防范建议。

4.3 数字人的生成：由数字人替代律师生成短视频

4.3.1 AI 工具对于律师生成数字人的意义

• **高效的内容制作**。利用AI工具，律师可以快速生成自己的数字分身，并以此制作短视频。这种方式比传统视频制作更加高效，因为它减少了真人拍摄和后期编辑的复杂流程。例如，一些先进的AI平台允许律师上传自己的形象，然后通过简单的操作就能生成数字分身，并快速制作出专业级的短视频。

• **可以增强专业形象**。通过数字分身生成的短视频，可以展示律师的专业形象和素养，增强客户对律师的信任感。数字分身能够以高度逼真的方式呈现律师的形象，传递专业且可信赖的信息。

• **扩大律师影响力**。短视频是当下流行的内容传播方式，通过社交媒体和自媒体平台分享这些视频，律师能够迅速扩大自己的影响力和知名度。数字分身制作的短视频更具吸引力和新颖性，有助于吸引潜在客户的关注。

• **提供便捷的法律咨询**。通过数字分身制作的短视频，律师可以提供初步的法律咨询和信息。这种方式既方便了客户，也为律师带来了更多的业务机会。客户可以通过观看短视频了解基本的法律知识，或者直接通过视频中的联系方式与律师取得进一步沟通。律师还可以安排数字人进行后台初步对接，从而提高接待效率。

• **降低营销成本**。相比传统的营销方式，利用数字分身制作短视频是一种成本较低且效果显著的推广手段。律师无需投入大量资金进行广告拍摄和制作，只需利用AI工具即可快速生成高质量的短视频内容。

4.3.2 注意事项

律师在利用AI工具生成数字人的时候，应当注意以下事项：

• **数据安全和隐私保护**。律师选择可靠的AI工具和服务提供商，确保个人数据的安全性，尤其在制作分身时可能需要上传个人的声音或面部信息，会涉及个人生物识别信息的泄露。律师需了解并同意服务提供商的隐私政策，防止数据泄露或被滥用。

• **著作权的保护**。律师利用数字人生成的内容，如文本、图像、视频等，应确保不侵犯他人的著作权。若使用了他人的作品，应获得相应的授权或遵循合理使用原则。

• **内容的真实性和专业性**。律师应确保所发布的信息真实、准确，避免误导公众或客户，同时也要避免发布不专业或低俗的内容，以免损害律师的声誉和形象。对于生成的法律意见或建议，律师应当经过仔细审查，确保其合法性和准确性。

4.3.3 使用逻辑

• **第一步，上传声音或形象**。律师根据AI工具的要求上传个人的声音或者形象，由AI工具捕捉律师的声纹和面部信息，从而生成律师的"数字分身"。

• **第二步，制作文案内容**。律师可以借助AI工具生成相应的文案内容或者剧本信息，以便将相关的文本信息输入数字人的文案对话框。

• **第三步，生成数字人并上传相关视频**。完成以上两步后，律师便可以由软件生成指定声音内容的数字人，并将数字人的视频上传自媒体平台，以便进一步的宣传。

4.3.4 场景示例

◆ 任务要求

律师想要通过抖音、微信视频号等视频平台进行个人宣传，但因为工作繁忙无法亲自录拍相关视频，同时也想借助AI激发灵感，快速生成专业且有传播意义的视频内容。

◆ 任务场景

工具：**闪剪 APP、文心一言 4.0 等**

律师可以使用闪剪App，截至写作时，该软件提供有限的免费体验。

第一步，打开该App后，律师可以选择制作完整的数字人或者仅仅用自己的照片达到照片说话的效果。如选择制作完整的数字人的，律师选择合适的背景和装束，根据App的指引，上传自己的视频。当然律师可能会对自己的声音不满意，则可以选择App提供的声纹，选择自己满意的声音；律师也可能会对自己的形象不满意，也可以利用App提供的形象定制功能，选择满意的形象。律师也可以利用App提供的功能进行背景更换等（见图4–13）。

图4–13　开始创作数字人

第二步，律师可以借助文心一言4.0等擅长文本制作的大模型生成具有专业性、传播性的内容，经过审核满足相关要求后，将该内容复制粘贴到App“开始创作”区的文案对话框，并进一步调整配音、背景、文字等要素，制作出自己满意的专业视频，然后将该视频导出（见图4-14）。

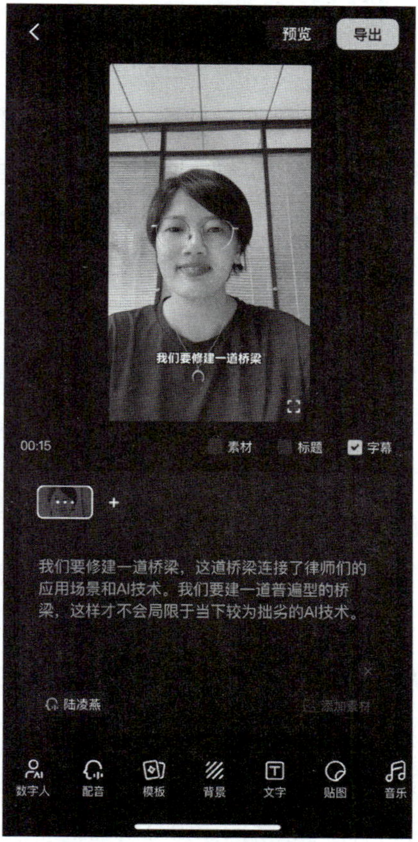

图4-14　开始制作视频

第三步，律师将视频导出上传至抖音、微信视频号等视频平台。律师也可以在视频的评论区设置二维码或网络链接，导入其他渠道生成的个性智能体或者AI小助手，完成对潜在意向客户的初步后台对接，从而提高整体接待效率。

4.4 客户应对与沟通：AI教你如何应对不同性格、不同状况的客户

4.4.1 AI对于律师在客户应对与沟通时的意义

在与客户沟通时，每位客户的性格和案件背景都独具特色，这对律师的沟通能力提出了高要求，然而并不是每位律师都能准确把握当事人的心理，也不是每位律师都懂得说话之道，当律师面临与客户沟通的难题时，AI的意义就能展露出来，具体如下：

• **提供沟通话术与模板：**AI可以根据之前的沟通记录和成功案例，为律师提供与客户沟通的标准话术和邮件模板。这有助于律师更加专业、准确地表达自己的观点和建议，从而提升与客户的沟通效果。

• **情感分析和回应建议：**AI可以对客户的情绪和态度进行分析，帮助律师更好地理解客户的心理和需求。基于这种分析，AI可以为律师提供回应的建议，使律师的回应更加贴心和到位，增强与客户的共鸣和信任。

• **模拟对话练习：**AI还可以与律师进行模拟对话练习，帮助律师提升沟通技巧和应对各种客户问题的能力。通过这种练习，律师可以更加自信地面对真实的客户沟通场景。

• **客户数据分析：**AI可以协助律师分析和整理客户的背景信息、历史沟通记录等数据，以便律师更全面地了解客户需求，为后续的个性化服务和沟通策略制定提供数据支持。

因此，AI能利用心理学数据和模型分析客户的沟通风格、情绪状态，甚至潜在需求，并基于这些分析，为律师提供定制化的沟通建议，如采用何种语气、措辞或沟通策略能更有效地与客户建立信任并达成共识。这样，律师在与客户交流时能更加得心应手，确保信息传递的准确性和高效性，从而提升客户满意度。

4.4.2 注意事项

每个客户、每个案件都有自己的特性，AI不可能通过律师的描述抓取到所有信息，它思考问题是遵循一定的规则的，而有时候人与人之间的沟通是基于某种信任，因此，AI提供的话术都只能作为参考或补充，律师要有针对性地采用，具体注意事项如下：

- **保护客户隐私：**在利用AI进行客户数据分析时，律师必须确保客户隐私的安全。不得泄露客户的个人信息和对话内容，遵守相关的数据保护和隐私法规。

- **保持专业素养：**律师在使用AI提供的沟通建议时，应确保其内容符合律师的专业素养和道德规范，保持诚信、勤勉和尽责的工作态度，并且根据客户的性格、文化背景和案件的具体情况，灵活调整沟通策略，避免使用过于生硬或不够专业的表述。

- **核实建议的准确性：**尽管AI能够快速提供沟通建议，但律师仍然需要核实这些建议的准确性。建议结合具体的案情和法律规定，判断AI给出的沟通话术和回应是否恰当，在关键时刻，律师的专业判断和人文关怀也是不可或缺的。

4.4.3 使用逻辑

第一步：关注AI工具的功能。在使用AI系统之前，律师需要充分了解该系统的功能和限制，这包括AI能够处理的问题类型、解答的准确性和可靠性等，律师应定期更新和优化所使用的AI系统。

第二步：设定清晰的沟通目标和问题范围。如果提问过于啰嗦，问题导向不明确，那AI很难展现我们所需的效果，回答的内容也较为宏观，因此，在使用AI与客户沟通之前，律师应设定清晰的沟通目标和问题范围，这有助于确保AI系统能够提供有针对性的解答，并避免涉及超出其能力范围的问题。

第三步：确保数据安全和隐私保护。在使用AI系统处理客户问题时，律师需要确保客户数据的安全性和隐私保护。律师应采取适当的安全措施，如数据加密、信息脱敏等，以防止数据泄露和滥用。

4.4.4 场景示例

◆ 任务要求

在接待好客户后，要让客户决定正式委托，往往还需要律师进一步的沟通。很多客户说回去再考虑考虑后，基本上也就很难成案，当然这要排除本来就没有委托意向的客户，而这些客户通常会因为律师费金额、胜诉的不确定性以及对律师信任度不足等而犹豫不决，而这个时候律师可以向AI描述下客户的性格和大概的顾虑，从而达到更有效的沟通，提高成案率。

◆ 任务场景

工具一：**文心一言 4.0**

登录网站，在对话框中进行提问：对于一个买卖合同纠纷的案件，律师现在已经对客户做了初步的接谈，客户相对来说还是比较认可的，但是案件赢面不是很大，主要是有些证据需要再收集固定，客户也很严谨且比较看重结果，作为律师，怎么能在规避风险的情况下，尽量把这个案件接下来，请帮我准备一段可以和客户沟通的话。

以下为文心一言 4.0 的回答：

与客户进行坦诚而专业的沟通是建立长期信任关系的关键。在面临证据尚需进一步收集固定的买卖合同纠纷案件时，您可以这样与客户沟通：

“非常感谢您对我的信任，并选择我们作为您法律事务的代表。在初步了解了您的案件后，我认为这是一个具有挑战性的案件，但并非没有胜诉的可能性。然而，为了提升我们的胜诉概率，我们需要进一步收集和固定相关证据。

我理解您对结果的重视，作为律师，我的职责就是尽我所能为您争取最有利的结果。在这个过程中，我会与您紧密合作，确保您了解案件的每一个进展和可能面临的风险。

关于费用方面，我会根据您的预算和案件的复杂程度，提供合理的费用安排建议。同时，我也会明确告知您费用的具体构成和支付方式，确保您在费用问题上没有任何疑虑。

请您放心，我会尽我所能规避风险，并全力以赴为您争取最大的权益。但是，法律事务的结果往往受到多种因素的影响，包括证据的充分性、法律的适用以及法官的判断等。因此，我不能向您保证一定能够胜诉，但我可以承诺会尽我所能为您争取最好的结果。

如果您决定委托我们处理这个案件，我会立即开始着手准备，并与您保持密切的沟通。我相信通过我们的共同努力和合作，我们一定能够为您争取到应有的权益。”

这段话既表达了您对客户案件的重视和愿意全力以赴的决心，又合理地提出了需要进一步收集证据的现实情况，并明确了费用和风险问题。这样的沟通有助于建立客户对您的信任和理解，为接下来的合作打下良好的基础。

我们也可以进一步明确客户的一些特性，让AI更为专业、更有针对性地回答，继续提问：客户性格比较严谨，你应该怎么一步步取得客户的信任，准备几段话术。

以下为文心一言 4.0 的第二次回答：

面对性格严谨的客户，建立信任需要展示您的专业、更细致入微的服务态度以及对案件的深度理解。以下是一些建议的话术，帮助您逐步取得客户的信任：

1. 展示专业性

“我非常理解您对案件的严谨态度。作为一名专业律师，我也同样重视每一个细节。请相信，我会运用我的专业知识和经验，对案件进行全面深入的分析，确保不遗漏任何可能影响案件结果的信息。”

2. 强调细致入微的服务

“在处理案件的过程中，我会始终保持高度的专注和细心。无论是证据的收集、整理还是法律文书的撰写，我都会亲自把关，确保每一项工作都做到尽善尽美。您的案件对我来说，不仅仅是一项工作，更是一份责任。”

3. 展示对案件的深度理解

“我已经仔细研究了您提供的案件材料，请您再详细讲述一下案件的情况和您的诉求，这样我可以更全面地了解案件的背景和细节。只有充分理解您的需求和案件的具体情况，我才能为您提供更有针对性的法律建议。”

4. 承诺定期沟通

“我知道您对案件的进展非常关心。因此，我会定期与您沟通案件的最新进展，解答您的疑问，并听取您的意见和建议。我们是一个团队，只有保持紧密的沟通和合作，才能共同为案件争取最好的结果。”

5. 强调保密义务

“作为您的律师，我有严格的保密义务。您向我透露的所有信息和案件材料，我都会妥善保管，并仅用于案件处理的目的。请放心，您的隐私和权益将得到最大程度的保护。”

通过这些话术，您可以向客户展示您的专业性、细致入微的服务态度以及对案件的深度理解，从而逐步赢得客户的信任和委托。同时，保持与客户的定期沟通和强调保密义务也是建立长期信任关系的重要因素。

工具二：**智爱**

登录网站，在“智爱chat”对话框中进行提问：对于一个买卖合同纠纷的案件，律师现在已经对客户做了初步的接谈，客户相对来说还是比较认可的，但是案件赢面不是很大，主要是有些证据需要再收集固定，客户也很严谨且比较看重结果，我作为律师，怎么能在规避风险的情况下，尽量把这个案件接下来，请帮我准备一段可以和客户沟通的话。

以下为智爱的回答：

以下是一段您可以与客户沟通的话：

尊敬的客户，关于您目前的买卖合同纠纷案件，我已经进行了初步的了解和分析。我明白您非常重视这个案件的结果，同时也对我表示了信任，我对此深感荣幸，然而，根据目前的情况，我们确实需要进一步收集和固定一些关键证据，以提高案件的胜算。

在此，我想和您明确一下，作为您的律师，我的首要任务是竭尽所能地维护您的合法权益。为了在规避风险的前提下，尽可能地提高案件胜算，我建议我们可以这样进行：

我们将积极开展证据收集工作，尽量补强案件中的薄弱环节。

在案件办理过程中，我会保持与您的密切沟通，确保您了解案件进展及可能的风险。

针对案件中的关键问题，我会进行深入研究和分析，制定合理的诉讼策略。

在案件办理过程中，如遇重大风险，我会及时向您汇报，并与您共同商讨应对措施。

请您放心，我会尽我所能为您的权益而战。同时，我也希望您能理解，任何案件都存在一定的不确定性，我们会共同努力，争取最好的结果。如果您同意，我们可以签订正式的委托代理合同，正式开始案件办理工作。

这段话既表达了您对客户的尊重和负责态度，也明确了案件的风险和应对措施，有助于取得客户的信任和理解。同时，也为后续的案件办理奠定了良好的基础。

我们也可以进一步明确客户的一些特性，让AI更为专业、更有针对性地回答，继续提问：客户性格比较严谨，你应该怎么一步步取得客户的信任，准备几段话术。

以下为智爱 chat 的第二次回答：

面对性格严谨的客户，建立信任是一个逐步的过程，需要通过专业、细致和真诚的沟通来实现。以下是一些可以逐步帮助您取得客户信任的话术。

第一阶段:展现专业性和诚意

开场白“您好,我非常理解您对这个案件的关注和严谨的态度。作为律师,我的专业性和责任感是您能够信赖的基础。在接下来的沟通中,我会尽可能详细地为您分析案件,确保我们双方都对情况有清晰的认识。”

专业介绍“我处理过许多类似的买卖合同纠纷案件,对相关法律法规有深入的了解。我会运用我的专业知识和经验。为您提供一个全面的法律评估。”

第二阶段:详细分析案件,展现细致入微

案件分析“关于您的案件,我已经进行了初步的分析。虽然我们面临一些挑战,但我会逐一列出需要解决的问题,并提出相应的解决方案。”

证据收集“在证据收集方面,我会详细列出我们需要固定和收集的证据清单,并解释每一项证据的重要性。同时,我会确保我们的证据收集工作符合法律规定,严谨可靠。”

第三阶段:提出具体计划和承诺,展现责任心

行动计划“为了提高案件胜算,我计划采取以下步骤:[具体步骤]每一个环节我都会亲自把关,确保每一步都坚实可靠。”

风险告知与承诺“当然,任何案件存在不确定性,我会如实告知您可能面临的风险,并尽我所能去规避这些风险。我承诺会全力以赴,为您的权益而努力。”

第四阶段:建立长期合作关系,展现持续关注

建立信任“我明白信任的建立需要时间,我会通过我的实际行动

和案件进展的及时沟通来证明我的专业性和对您的承诺。”

长期合作“我希望这不仅是一次案件的合作，更是一个长期关系的开始。无论案件结果如何，我都会持续关注相关法律动态，为您提供专业的法律咨询和支持。”

通过这样一步步的沟通，您不仅展现了您的专业能力和细致的工作态度，也表达了您对客户的长期关注和承诺，这将有助于逐步建立起客户的信任。

4.4.5 工具评价

就笔者写作之时而言，文心一言4.0：在语言处理上具备一定优势，其第二次回答中提供的“承诺定期沟通、强调保密义务”，是一开始我们并没有关注到的，而这也可能是我们进一步获取客户信任、成功接案的关键。同时，文心一言4.0有个“你可以继续问我”的功能，列举了一些它认为相关的问题，如有需要，可以进行衍生问答。

智爱chat：在“我的助理”一栏中，有健康顾问、心灵导师、经济专家、文案大师、社交达人等选项，可以根据需求选定助理模式，并且可以进行对话式的交流，给出的回答也具备相应的逻辑性，可以成为律师在对接客户时的加分项。

4.5 问卷或笔录生成：由 AI 协助生成相关的调研问卷或接案笔录

4.5.1 AI 对于律师生成问卷或笔录的意义

律师在接待新案件、处理非诉访谈或分析市场需求等情况时，问卷、笔录等形式的问答是获取信息、制定策略的关键。AI对律师制作相关的调研问卷或笔录具有显著意义，具体如下：

- **提问设计辅助：**AI能够快速分析大量的法律案例和数据，为问卷或笔录提供有针对性的问题和选项建议。通过机器学习和自然语言处理技术，AI可以帮助律师识别关键信息点，确保提问内容全面且切中要害。

- **自动化数据收集与整理：**AI能够自动收集受访者的回答，并将其整理成结构化数据，便于律师后续分析和利用。这大大减少了律师手动输入和整理数据的工作量，提高了工作效率。

- **智能分析与可视化：**AI可以对收集到的数据进行智能分析，帮助律师发现潜在的规律和趋势。AI还能将数据可视化，以图表等形式直观展示调研结果，有助于律师更快速地理解数据并作出决策。

- **互动性强：**AI的问题理解能力，强化了与律师的沟通，从而提升了问卷或笔录的准确性、贴合性。

综上所述，AI在律师制作调研问卷和接案笔录方面具有显著的辅助意义。通过利用AI技术，律师可以更加高效、准确地完成这些工作，从而为客户提供更优质的服务。

4.5.2 注意事项

当AI在辅助制作问卷和笔录时，律师应当注意到以下风险：

- **数据隐私和安全问题：**在使用AI处理问卷和笔录时，大量的个人信息和敏感数据会被涉及。律师需要确保这些数据的安全，防止数据泄露或被不当使用。

- **误判和准确度问题：**尽管AI能够提供辅助，但律师仍需对生成的问卷和笔录内容进行仔细审核。因为AI可能会出现误判，导致关键信息的遗漏或错误，而律师的专业知识和经验是不可或缺的，如此才能确保问卷和笔录的准确性和完整性。

• **技术依赖风险:** 过度依赖AI技术可能导致律师在某些情况下丧失独立思考和判断的能力。因此,律师需要保持对技术的合理使用,同时不断提升自己的专业素养。

4.5.3　使用逻辑

第一步:选择合适的AI工具。根据需求选择一个合适的AI工具来辅助制作问卷或笔录,确保该工具具备所需的功能,如问题生成、数据分析等。

第二步:先提供思路再制作。我们可以让AI先结合律师初步的要求或案情处理出具建议,也就是让AI先自行思考思路和逻辑后,再要求其制作问卷或笔录,这样会明显比直接生成的更具备全面性、逻辑性。同时,律师可以进一步与AI沟通建议和提问内容,此时律师给出的建议、想法可以是开放性的,AI会结合律师建议做进一步的分析,更新问卷具体的内容。

第三步:确保可操作性和合规性。对于问卷形式的,在正式发布之前,可以进行小范围的测试,根据填写者的反馈对问卷进行调整和优化。对于笔录形式的,则要确保所有问题都符合相关的法律法规、道德规范以及律师的执业规范。

4.5.4　场景示例

例1:制作一份关于律师使用AI的调研问卷

◆ 任务要求

律师对于调研问卷的形式、注意事项以及逻辑设计等并不能完全掌握,或者只有初步的问题逻辑或者思路,需要AI提供完整的思路、问题逻辑予以参考,并且需要通过AI制作一份完整的调研问卷,任务要求是针对律师的调查问卷,了解律师使用AI的需求和看法。

◆ 任务场景

工具：**文心一言 4.0**

我们尝试着让AI先自行思考或梳理下问卷制作的逻辑，再要求AI提供一份问卷。登录网站，先在对话框中进行提问：你作为一个调查问卷专家，请给我一些建议：我要制作一份针对律师的调查问卷，内容是想要了解律师认为哪些工作职责或者哪些工作需求可以由AI来解决，以及他们知道或者使用了哪些AI工具、软件、自动化工具帮助他们承担了哪些工作职责，以及他们认为目前使用AI的注意点。

以下为文心一言 4.0 的回答：

制作一份针对律师的调查问卷，以了解他们对AI在工作中的看法和应用情况，需要确保问卷设计既具有针对性，又能有效收集信息。以下是根据你的需求提供的一些建议。

问卷设计建议

一、引言

简要介绍问卷的目的和研究背景。

保证参与者的匿名性和信息保密。

二、基本信息

收集参与者的基本信息，如年龄、性别、执业年限、所在律所规模等，以便进行后续的群体分析。

三、律师工作与AI

1. 工作职责的认知

您认为哪些律师工作职责可以被AI部分或完全替代？

在您的日常工作中，有哪些任务是您希望AI能帮您完成的？

2. AI工具的使用经验

您是否使用过AI工具辅助您的工作？如果有，请列举您知道或使用的AI工具、软件或自动化工具。

对于您使用的AI工具，它们在哪些方面给您的工作带来了便利？

您认为目前市场上的AI工具在律师工作中有哪些不足之处？

3. AI的实际应用

请描述一个您认为AI在律师工作中应用得最成功的案例。

您是否遇到过因使用AI工具而提高工作效率或准确性的具体实例？请分享。

四、对AI的看法与期望

1. 当前挑战与注意点

您认为律师在使用AI工具时面临的主要挑战是什么？

在使用AI辅助法律工作时，您认为有哪些法律和伦理问题需要特别注意？

2. 未来期望

您希望未来的AI工具在律师工作中能有哪些改进或新增功能？

对于AI在法律行业的发展，您有何看法或预测？

五、结语

1. 感谢参与者的时间和贡献，并提供联系方式以便后续沟通（如果需要）。

2. 问卷发布与收集

通过在线问卷平台（如问卷星、腾讯问卷等）发布问卷，便于数据收集和分析。

可以通过律师协会、律所内部邮件、社交媒体等渠道邀请律师参与问卷调查。

3. 数据分析

使用统计软件对收集到的数据进行分析，包括描述性分析、相关性分析和群体差异分析等。

根据分析结果，形成报告或文章，总结律师对AI的看法和应用情况，并提出相应的建议或展望。

在此基础上，我们再提出制作问卷的要求，在对话框中进行第二次提问：请按照上述逻辑，帮我制定一份我需要的律师AI使用调查问卷。

以下为文心一言 4.0 的第二次回答：

律师AI使用调查问卷

一、基本信息

问题一：您的年龄范围是？

25岁及以下

26～35岁

36～45岁

46～55岁

56岁及以上

问题二：您的性别是？

男

女

问题三：您的执业年限是？

5年及以下

6～10年

11～15年

16～20年

20年以上

问题四：您所在的律所规模是？

个人律所

小型律所（2～10人）

中型律所（11～50人）

大型律所（50人以上）

二、律师工作与AI

问题五：您认为以下哪些律师工作职责可以被AI部分或完全替代？（多选）

[ ]法律研究

[ ]文档起草

[ ]合同审查

[ ]案件预测

[ ]法律咨询

[ ]其他（请说明）：[请在此区域内作答]

问题六：您是否使用过AI工具辅助您的工作？

是

否（如果选择“否”，请跳转至问题九）

问题七：您使用过哪些AI工具、软件或自动化工具？（多选）

[ ]ROSS Intelligence

[ ]DoNotPay

[ ]Kira Systems

[ ]Casetext

[ ]Ravel Law

[ ]其他(请说明):[请在此区域内作答]

问题八:对于您使用的AI工具,请描述它们在哪些方面给您的工作带来了便利。(开放问答)[请在此区域内作答]

问题九:您认为目前市场上的AI工具在律师工作中有哪些不足之处?(开放问答)[请在此区域内作答]

三、AI的实际应用

问题十:请描述一个您认为AI在律师工作中应用得最成功的案例或场景。(开放问答)[请在此区域内作答]

问题十一:您是否遇到过因使用AI工具而提高工作效率或准确性的具体实例?如果有,请分享。(开放问答)[请在此区域内作答]

四、对AI的看法与期望

问题十二:您认为律师在使用AI工具时面临的主要挑战是什么?(多选)

[ ]数据隐私和安全性

[ ]AI的准确性和可靠性

[ ]法律和伦理问题

[ ]技术更新和维护成本

[ ]用户接受度和培训需求

[ ]其他(请说明):[请在此区域内作答]

问题十三:您希望未来的AI工具在律师工作中能有哪些改进或新增功能?(开放问答)[请在此区域内作答]

问题十四:对于AI在法律行业的发展,您有何看法或预测?(开放问答)[请在此区域内作答]

五、结语

感谢您的参与和宝贵时间!您的回答将对我们了解律师与AI的整

合情况非常重要。如果您有任何其他问题或需要联系我们，请通过以下方式与我们取得联系：[联系方式]

（注：此问卷仅用于研究目的，所有信息将严格保密。）

例2：制作一份案件的首次接谈笔录

◆ 任务要求

律师在接待一个尚未接触过的案件时，有可能对于该类案件需要询问哪些事实并不掌握，或者即便是处理过类似的案件，但缺乏系统化研究而担心会有遗漏的问题。这时律师可能会通过找有经验的律师一起合作接案，但其实AI也能给予一定的帮助，它会分析类似案例后提供办案思路以及接谈笔录予以参考。

◆ 任务场景

工具一：**文心一言 4.0**

登录网站，在对话框中进行提问：你现在作为一名专业的婚姻家事律师，需要接待一位40岁左右的女性客户。根据目前了解到的初步情况，客户的诉求是想离婚，请你起草一份接谈笔录，问清楚离婚纠纷中所有可能涉及的问题。

以下为文心一言 4.0 的回答：

接谈笔录

日期：××××年××月××日　时间：××：×× – ××：××

地点：×××律师事务所　接谈律师：×××　记录人：×××

客户基本信息：

姓名：×××（化名）　性别：女　年龄：40岁　职业：×××××

联系方式：×××××××××××

接谈内容：

1. 开场与确认身份

律师：您好，我是×××律师事务所的婚姻家事律师×××。请问您是×××女士吗？

客户：是的。

2. 了解诉求

律师：您今天来是想咨询关于离婚的事宜吗？

客户：是的，我想离婚。

3. 婚姻状况详询

律师：能否请您详细描述一下您的婚姻状况？比如结婚时间、是否有子女、目前夫妻的感情状况等。

客户：（描述婚姻状况）

4. 财产分割问题

律师：在您的婚姻期间，是否购置了共同财产？比如房产、车辆、存款、股票等。

客户：（列举共同财产）

律师：您对这些共同财产的分割有什么初步的想法或要求吗？

客户：（表达分割意愿）

5. 子女抚养问题

律师：如果您有子女，您对于子女的抚养权有什么想法？是否希望争取抚养权？

客户：（表达抚养权意愿）

律师：关于抚养费的问题，您有什么具体的想法或要求吗？

客户：（描述抚养费要求）

6. 债务问题

律师：在您的婚姻期间，是否有共同债务？比如房贷、车贷、信用卡债务等。

客户：(列举共同债务)

律师：您对这些共同债务的清偿有什么想法或要求吗？

客户：(表达债务清偿意愿)

7. 过错与赔偿问题

律师：在您的婚姻中，是否存在过错方？比如家庭暴力、重婚、遗弃等情况。

客户：(描述是否存在过错方)

律师：如果存在过错方，您是否要求对方进行赔偿？

客户：(表达赔偿要求)

8. 离婚协议与诉讼问题

律师：您是否考虑过与对方协商离婚协议？或者您更倾向于通过诉讼的方式离婚？

客户：(表达协商或诉讼意愿)

9. 其他补充事项

律师：除了以上提到的问题，您还有其他需要补充或特别说明的事项吗？

客户：(补充其他事项)

10. 总结与建议

律师：根据您的陈述，我已经对您的离婚诉求有了初步的了解。接下来，我将根据您的情况为您提供专业的法律建议和服务。我们会进一步梳理相关证据和材料，为您制定详细的离婚策略。同时，我们也会就财产分割、子女抚养、债务清偿等问题为您提供具体的法律指导。

客户确认：

我已经详细阅读了上述接谈笔录的内容，确认记录的内容真实准确，没有遗漏或错误。

客户签名：×××（化名） 日期：××××年××月××日

请注意，本接谈笔录仅为示例，并非专业法律意见。在实际操作中，应根据具体情况进行调整和完善。

我们尝试再增加需求，再次追问：在接待客户时，客户通常会针对每个问题咨询相应的法律后果，能否在每个问题后面增加相应的回答以及法律条款？

以下为文心一言 4.0 的第二次回答：

接谈笔录

日期：××××年××月××日 时间：××：×× – ××：××

地点：×××律师事务所 接谈律师：××× 记录人：×××

客户基本信息：

姓名：××× 性别：女 年龄：40岁 职业：××××× 联系方式：×××××××××××

接谈内容及法律解答：

开场与确认身份

律师：您好，我是×××律师事务所的婚姻家事律师×××。请问您是×××女士吗？

客户：是的。

1. 了解诉求

律师：您今天来是想咨询关于离婚的事宜吗？

客户：是的，我想离婚。请问如果我要离婚，法律上会有什么后果？

律师：离婚将导致您与配偶的婚姻关系终止。根据《中华人民共和国民法典》第一千零七十八条的规定，双方自愿离婚的，准予离婚。离婚后，你们将不再是法律上的夫妻，各自恢复单身状态。

2. 婚姻状况详询

律师：能否请您详细描述一下您的婚姻状况？比如结婚时间、是否有子女、目前夫妻的感情状况等。

客户：我们结婚已经15年，有一个10岁的孩子。现在我们感情已经破裂。

律师：在夫妻感情破裂的情况下，根据《中华人民共和国民法典》第一千零七十九条的规定，一方要求离婚的，可以由有关组织进行调解或者直接向人民法院提起离婚诉讼。如果法院认定感情确已破裂，调解无效，应准予离婚。

3. 财产分割问题

律师：在您的婚姻期间，是否购置了共同财产？比如房产、车辆、存款、股票等。

客户：我们有一套共同的房产和存款。如果离婚，这些财产怎么分割？

律师：根据《中华人民共和国民法典》第一千零八十七条的规定，离婚时，夫妻的共同财产由双方协议处理；协议不成时，由人民法院根据财产的具体情况，照顾子女和女方权益的原则判决。一般来说，共同财产会按照贡献、需要、婚姻期间的付出等因素进行公平分割。

4. 子女抚养问题

律师：如果您有子女，您对于子女的抚养权有什么想法？是否希望争取抚养权？

客户：我希望获得孩子的抚养权。法律上会有什么规定？

律师：根据《中华人民共和国民法典》第一千零八十四条的规定，

父母与子女间的关系，不因父母离婚而消除。离婚后，子女无论由父或母直接抚养，仍是父母双方的子女。对于抚养权的决定，法院会考虑子女的利益、父母的抚养条件和愿望等因素进行综合判断。

5. 债务问题

律师：在您的婚姻期间，是否有共同债务？比如房贷、车贷、信用卡债务等。

客户：我们有一些共同债务。离婚时这些债务怎么处理？

律师：根据《中华人民共和国民法典》第一千零八十九条的规定，离婚时，原为夫妻共同生活所负的债务，应当共同偿还。共同债务应由双方共同承担，并根据各自的经济能力和债务的性质进行合理分割。

6. 过错与赔偿问题

律师：在您的婚姻中，是否存在过错方？比如家庭暴力、重婚、遗弃等情况。

客户：我的配偶有家庭暴力行为。我可以要求赔偿吗？

律师：根据《中华人民共和国民法典》第一千零九十一条的规定，因一方重婚、有配偶者与他人同居、实施家庭暴力或虐待、遗弃家庭成员导致离婚的，无过错方有权请求损害赔偿。如果您能提供充分的证据证明配偶的家庭暴力行为，您可以要求相应的赔偿。

7. 离婚协议与诉讼问题

律师：您是否考虑过与对方协商离婚协议？或者您更倾向于通过诉讼的方式离婚？

客户：我希望能先尝试协商，如果不行再考虑诉讼。法律上有什么规定？

律师：根据《中华人民共和国民法典》第一千零七十八条的规定，男女双方自愿离婚的，准予离婚。双方必须到婚姻登记机关申请离婚。婚姻登记机关查明双方确实是自愿并对子女和财产问题已有适当处理时，发给离婚证。如果协商不成，您可以选择提起离婚诉讼，由法院来裁决离婚事宜。

8. 总结与建议

律师：根据您的陈述和咨询，我已经对您的离婚诉求以及相关的法律后果进行了详细的解答。建议您在离婚过程中尽量与对方进行协商，达成离婚协议，以减少纠纷和时间成本。如无法协商一致，您可以选择提起诉讼，我们会为您提供专业的法律支持和指导。

9. 客户确认

客户：我已经详细阅读了上述接谈笔录的内容，确认记录的内容真实准确，没有遗漏或错误。

签名：×××　日期：××××年××月××日

请注意，以上接谈笔录及法律解答仅供参考，并不能完全替代专业律师的法律意见。实际情况可能因个案差异而有所不同，建议您咨询专业律师以获取准确的法律指导。

工具二：**通义法睿**

登录网站，在对话框中进行提问：你现在作为一名专业的婚姻家事律师，需要接待一位40岁左右的女性客户。根据目前了解到的初步情况，客户的诉求是想离婚，请你起草一份接谈笔录，问清楚离婚纠纷中所有可能涉及的问题。

以下为通义法睿的回答：

【接谈笔录】

时间：××××年××月××日 ××时××分至××时××分

地点：律师事务所会议室

询问人(签名)：××× 律师　证书编号：××××

记录人(签名)：×××

被询问人(签名)：×××　性别：女　出生日期：××××年××月××日　民族：××　身份证号码：××××××

工作单位：××××　职务：××××　家庭住址：××××××

邮政编码：××××××

联系方式：××××××(电话)、××××××(手机)

被询问人声明：我自愿接受贵事务所律师的询问，并保证所提供的一切事实和材料真实无误。如有虚假陈述，愿意承担相应的法律责任。

询问内容：

1. 基本信息确认

– 请问您的全名、出生日期以及户籍所在地是哪里？

– 您能否提供您的身份证原件，以便我们核对身份信息？

2. 婚姻状况

– 请问您与对方的结婚登记是在何时何地？

– 你们的婚姻关系是否经过公证或存在其他特殊约定？

– 请描述您与对方目前的感情状态，以及您认为导致婚姻关系破裂的主要原因。

3. 子女情况

– 您与对方是否有共同的子女？如果有，请提供子女的姓名、性别、出生日期、目前就读学校或托养情况。

– 您希望对子女的抚养权、探视权如何安排？是否有特定的教育、医疗或其他特殊需求需要在离婚协议中明确？

– 对方是否同意您的子女抚养安排？对方是否定期支付抚养费，如有，目前的支付标准和支付情况如何？

4. 财产状况

– 请详细列举您与对方名下的共同财产，包括但不限于房产（产权证号、位置、购买时间、贷款情况等）、车辆（车牌号、购买时间、贷款情况等）、存款（银行名称、账户、余额等）、股票、基金、债券、保险、珠宝、艺术品、家具家电、公司股权、知识产权、债权等。

– 对于上述财产，您希望如何进行分割？是否有特定财产您主张为个人财产而非夫妻共同财产？请提供相关证据或理由。

– 您与对方是否存在共同债务？如有，请详细说明债务的性质、金额、债权人、偿还情况及您希望如何分担。

5. 经济补偿或扶养问题

– 您是否认为在婚姻关系中存在一方对家庭付出较多，或因离婚导致生活困难，需要对方给予经济补偿或扶养？

– 如果有，能否详细说明理由，并提供相关证据（如收入证明、医疗证明、家务劳动记录等）？

6. 离婚协议与诉讼意愿

– 您是否尝试过与对方协商离婚事宜？对方的态度如何？是否有初步的离婚协议草案？

– 您倾向于通过何种方式离婚？协议离婚还是诉讼离婚？对于可能的调解过程有何期待或要求？

– 如果选择诉讼离婚，您是否了解诉讼流程、所需时间及可能的费用？您对诉讼结果有何预期？

7. 其他事项

– 您是否还有其他与离婚相关的重要事项需要向我们说明？

【询问人提示】

请确保您提供的所有信息真实、准确，这将直接影响我们为您提供法律服务的质量和效果。如有任何疑问或需要进一步解释的地方，我们会随时为您解答。

【记录人提示】

请详细记录被询问人的回答，对于关键信息可要求被询问人提供书面材料或复印件作为证据留存。在询问过程中，注意保护被询问人的隐私，对敏感信息进行适当处理。

【被询问人确认】

被询问人对以上询问内容及记录无异议，确认提供的信息真实、准确，并愿意承担因虚假陈述可能导致的法律责任。

询问人（签名）：×××

记录人（签名）：×××

被询问人（签名）：×××

日期：××××年××月××日

相关法条

1.《中华人民共和国民法典》第一千零七十六条、第一千零七十七条、第一千零七十八条、第一千零七十九条、第一千零八十四条、第一千零八十七条、第一千零八十八条、第一千零九十条

2.《最高人民法院关于适用〈中华人民共和国民法典〉婚姻家庭编的解释（一）》

3.《婚姻登记条例》

4.《中华人民共和国民事诉讼法》（涉及离婚诉讼程序相关条款）

我们同样尝试增加需求，再次追问：在接待客户时，客户通常会针对每个问题咨询相应的法律后果，能否在每个问题后面增加相应的回

答以及法律条款?

以下为通义法睿的第二次回答:

当然可以。以下是在每个问题后面增加的可能的法律后果解释及相关法律条款:

1. 基本信息确认

- 法律后果:确认您的身份信息是启动离婚法律程序的基础,确保您具备提起离婚诉讼的主体资格。同时,这些信息有助于我们在后续法律服务中准确地代表您的权益。

- 相关法条:《中华人民共和国民法典》(以下简称《民法典》)第1041条(婚姻自由原则)、第1079条(离婚诉讼的提起)

2. 婚姻状况

- 法律后果:了解婚姻关系的实际情况有助于判断离婚的难易程度、可能的争议焦点以及适用的法律条款。例如,婚姻关系破裂的原因可能影响离婚诉讼中的过错认定、财产分割、子女抚养等问题。

- 相关法条:《民法典》第1079条(离婚的法定理由)、第1087条(离婚时的财产分割原则)

3. 子女情况

- 法律后果:子女抚养权、探视权的安排直接影响到孩子的成长环境和双方的亲子关系。法院在判决时会优先考虑子女的权益,包括身心健康、稳定的生活环境、与父母的亲密关系等因素。

- 相关法条:《民法典》第1084条(离婚后子女抚养权的确定)、第1086条(探望权的行使)

4. 财产状况

- 法律后果:夫妻共同财产的认定和分割是离婚诉讼中的重要

环节。法院将根据财产的性质、来源、贡献等因素，遵循公平原则进行分割。对于主张为个人财产的，需提供充分证据证明其符合法定的个人财产情形。

– 相关法条：《民法典》第1062条（夫妻共同财产的范围）、第1063条（夫妻个人财产的范围）、第1087条（离婚时的财产分割原则）

5. 经济补偿或扶养问题

– 法律后果：在特定情况下，一方有权请求对方给予经济补偿或扶养。法院会根据双方的经济状况、婚姻关系存续期间的贡献、离婚后的生活困难程度等因素作出判决。

– 相关法条：《民法典》第1088条（离婚经济补偿）、第1090条（离婚后生活困难的扶养）

6. 离婚协议与诉讼意愿

– 法律后果：选择协议离婚或诉讼离婚将影响离婚程序的复杂程度、时间成本、费用支出以及最终结果。协议离婚通常更为快捷、成本较低，但需要双方就所有离婚事宜达成一致。诉讼离婚则由法院依法裁判，可能涉及举证、质证、辩论等程序。

– 相关法条：《民法典》第1076条（协议离婚）、第1079条（诉讼离婚）、《民事诉讼法》（涉及离婚诉讼程序相关条款）

7. 其他事项

– 法律后果：其他可能影响离婚结果的事项，如家庭暴力、婚外情、遗弃等，应尽早告知律师，以便律师在法律服务中充分考虑并制定应对策略。

– 相关法条：《民法典》第1079条（离婚的法定理由）、第1091条（离婚损害赔偿）

请注意，以上法律后果及法条仅供参考，具体法律适用需结合您的实际情况和法律规定进行详细分析。在后续的法律服务中，我们将根据您的具体需求，为您提供更为精准的法律建议和代理服务。

工具三：MetaLaw

登录网站，在对话框中进行提问：你现在作为一名专业的婚姻家事律师，需要接待一位40岁左右的女性客户。根据目前了解到的初步情况，客户的诉求是想离婚，请你起草一份接谈笔录，问清楚离婚纠纷中所有可能涉及的问题（见图4–15）。

以下为 MetaLaw 的回答：

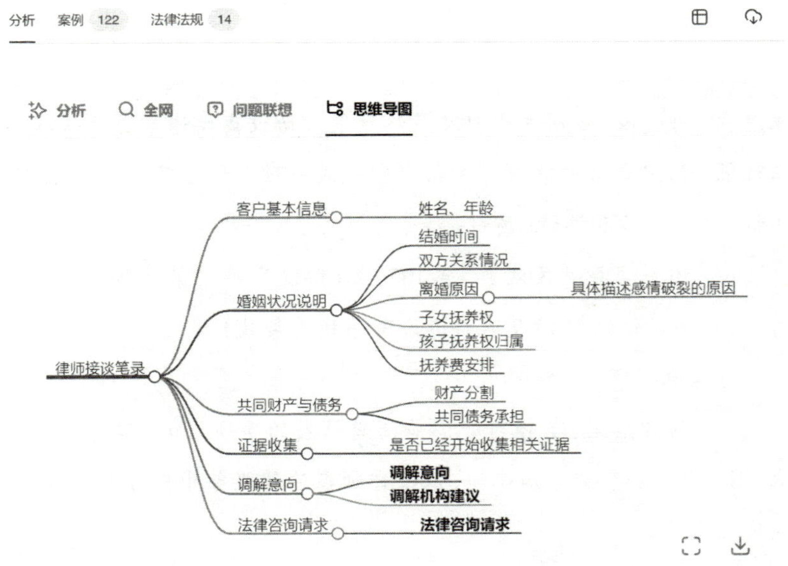

图4–15 MetaLaw生成的离婚纠纷问题思维导图

4.5.5 工具评价

就笔者写作之时而言，文心一言4.0：理解问题的能力很强，对连续发问的答复更具有连贯性、互动性，列明的法条、解答也很直观，律师还可以向AI提供律所要求的接谈笔录格式，要求AI直接根据上述内容参照生成。

通义法睿：其引用的法律条款是最新的，提问的逻辑也基本上符合诉讼离婚纠纷所需掌握的一些要件，对于新增的“增加相应回答以及法律条款”需求，AI工具不仅列举了法律条款序号，更是点明了条款的主要规定内容，更为简洁。同时通义法睿还有“文书生成”的功能，我们可以尝试在做好接谈笔录后直接生成相应的起诉状、答辩状。

MetaLaw：更适用于法律咨询等需求，无法生成律师能够直接使用的接谈笔录或者问卷，但是其提供的思维导图对于律师思考案件、呈现给客户等都很具有价值。

4.6 尽职调查生成：由 AI 工具自动生成尽职调查报告

4.6.1 AI 工具对于法律尽职调查工作的意义

法律尽职调查是法律服务中非常重要的一环，它涉及对目标公司或项目的法律状况进行全面的审查，以确保交易的合法性、合规性以及风险的最小化。AI工具在法律尽职调查工作中的意义主要体现在以下几个方面：

- **提高效率。**AI工具可以快速处理和分析大量的法律文档和数据，这比人工审查要高效得多。通过自动化工具，可以在短时间内完成初步的尽职调查工作。

• **降低成本。**AI工具可以自动化执行许多任务，因此可以显著降低法律尽职调查的成本。这使中小企业也能够负担得起专业的法律服务费用。

• **减少人为错误。**AI工具在处理数据时的准确性较高，可以减少人为因素导致的疏漏和错误，提高尽职调查的质量和可靠性。

• **增强分析能力。**AI工具可以进行复杂的数据分析和模式识别，帮助法律专业人士发现潜在的法律问题和风险，这些可能是人工难以察觉的。

• **多语言处理能力。**对于涉及跨国交易的尽职调查，AI工具可以处理多种语言的文档，帮助法律专业人士跨越语言障碍。

总之，AI工具在法律尽职调查工作中扮演着越来越重要的角色，它不仅可以提高工作效率，降低成本，还可以提供更加深入和全面的分析，帮助法律专业人士更好地服务于客户。然而，AI工具也不能完全取代人类的判断和决策，它更多的是作为法律专业人士的辅助工具，共同推动法律服务行业的发展。

4.6.2　注意事项

利用AI工具进行尽职调查报告的生成时，应注意以下几个事项：

• **风险评估。**AI工具可以帮助识别潜在的风险点，但最终的风险评估和决策应由具有专业判断力的法律专家来完成。

• **技术限制。**AI技术可能无法完全理解复杂的法律关系和商业背景，因此在关键问题上需要人工干预和判断。

• **保密性。**在使用AI工具时，要确保所有敏感数据和信息的保密性，避免泄露给未经授权的第三方。

• **定制化。**根据不同的尽职调查需求，可能需要对AI工具进行定制化设置，以满足特定的尽调要求。

• **技术依赖。**避免过度依赖AI工具，应认识到AI工具的局限性，并在必要时结合人工尽职调查。

• **成本效益分析。**评估使用AI工具的成本效益，确保它能够为尽职调查带来实际的效率提升和成本节约。

通过考虑这些事项，可以更有效地利用AI工具进行尽职调查报告的生成，同时确保调查的全面性和法律意见的可靠性。

4.6.3 场景示例

◆ 任务要求

针对被投资的标的公司的基础情况，生成一份基础版的法律尽职调查报告，要求结构完整。

◆ 任务场景

工具：**案牍（收费）**

目前市面上能够提供法律尽职调查报告生成功能的AI工具较少。我们选取案牍（收费软件）进行了测试。

登录网站，点击基础尽调报告功能，输入相应主体名称，根据案牍提供的目录生成报告。下载法律尽职调查报告，对需要调整和完善的内容进行调整和完善（见图4-16）。

图4-16 案牍生成的法律尽职调查报告

图4-16 案牍生成的法律尽职调查报告（续）

4.6.4 工具评价

第一，截至2024年5月5日，在法律尽职调查报告生成领域，尚未出现能够完全替代律师工作的AI工具。

第二，案牍出具的法律尽职调查报告的内容系其截至本报告出具日根据公开渠道所收集到的信息而生成，内容较为基础，且内容的真实性、准确性尚待进一步核实。在比较复杂或客户有特别需求的场景，该份报告仅可作为基础，而不能够作为向客户提交的最终工作成果。

第三，对于初入行的律师，可以通过该软件的使用，快速入门。但该软件收费不低，如团队有支持，则推荐使用。

第五章
专业发展与能力提升

5.1 思维拓展或梳理：辅助律师进行案件分析、策略制定时的思维拓展或梳理

5.1.1 利用 AI 工具辅助案件分析对于律师工作的意义

• 大量检索与分析能够帮助律师限缩最终的判决或预期结果。海量低质信息沉积又增加了检索到有效信息的难度。

• AI工具能够试图理解人类语言以及辨识，尤其是ChatGPT这类生成式AI工具的出现，展示了现阶段AI工具对于人类语言的理解以及自我思考进入了一个新的领域。

• AI工具能够通过快速搜集、整理并分析大量法律资料和案例，为律师提供全面的背景信息和法律依据。

• 策略制定时，AI工具又能通过机器学习和大数据分析，洞察过往案例的脉络，为当前案件找到相似的判例，并基于这些数据分析预测可能的法律结果。

本章将使用法律垂类AI工具如通义法睿及MetaLaw等，具体将分别选取咨询阶段以及诉讼阶段两种情形下的法律分析，展示律师使用AI工具进行案件分析和策略制定的优势，并对AI工具功能进行总结，希望能为同行律师带来些许可借鉴之处。

5.1.2　利用 AI 工具辅助律师案件分析的注意事项

利用AI工具进行案例检索及辅助分析时，需要注意以下几个方面：

• **数据准确性和完整性**：AI工具的功能和效果在很大程度上取决于其训练数据的质量和数量，应确保所使用的数据是准确和完整的，以得出可靠的分析结果。

• **模型的可解释性**：虽然AI工具能够提供有价值的见解，但律师需要能够理解AI工具如何得出结论，以便在需要时向法庭或客户解释。

• **隐私和合规性**：在处理客户数据时，律师必须遵守相关的隐私法律和道德规范。

• **技术局限性**：了解AI工具技术的局限性非常重要。AI工具模型可能无法涵盖所有可能的法律情况和细节。

• **人机协作**：律师应利用AI工具提供的数据和分析，结合自己的法律知识和经验，进行综合判断。人机协作的方式能够更有效地处理案件。

5.1.3　使用逻辑

第一步：因为是具体案件的法律分析，笔者建议在向AI工具提问时明确法律事实要件，在此条件下，AI工具输出的法律分析才具有参考价值。

第二步：设定对比，将直接提问以及限定条件提问的法律分析结果作为对比，可以帮助其掌握提问方式以及简单核对。

5.1.4　场景示例

例1：劳动合同约定放弃加班费的效力

◆ 任务要求

10年前，“996”是互联网热词，但人们只看到“996”下程序员们的高薪酬，没有多少人提出对“996”这种明显超出法定工时现象的质疑，10年后互联网产业风头不再，离职、裁员、停业等词汇屡见不鲜，员工为保住工作岗位又只能“自愿”放弃了加班费。那么无论是主动还是被动放弃加班费，就律师角度而言，员工与公司签订放弃加班费的合同条款是否具有法律效力是可以进行一定探讨的。现在假设正好有一位离职员工向律师咨询，其在入职签订劳动合同时签署了放弃加班费的协议，现离职时想要主张加班费，让我们看看AI工具是如何进行法律分析的。

◆ 任务场景

工具：**MetaLaw**

输入“劳动合同约定放弃加班费的条款有效吗”

以下为 MetaLaw 的回答：

根据相关的案例，关于劳动合同中约定放弃加班费的条款是否有效的问题，可以总结如下：

1. 现行法律法规赋予劳动者加班工资权利，但并不禁止劳动者自愿放弃此权利［（2019）浙02民终5587号］。

2. 在多个案例中，法院均认定《解除劳动合同协议》中的放弃加班费条款有效，因为这些协议是基于劳动者和用人单位之间的真实意愿达成的协议，且没有违反法律法规的强制性规定，如（2018）辽02民终8165号、（2018）辽02民终8110号、（2018）辽02民终8447号、（2018）辽02民终8145号等。

总结来说，劳动合同中放弃加班费的条款在大多数情况下被认为是有效的，但前提是劳动者放弃权利的行为必须是基于真实意愿，且不存在欺诈、胁迫等情况。如果劳动者能够提供充分的证据来证明其放弃加班费是在欺诈或胁迫下的结果，那么这一条款可能被认定为无效。

评论：

最终输出的法律分析乍一看满足了咨询的需要，能够在理解的前提下提供类案参考及观点归纳，还以《最高人民法院关于审理劳动争议案件适用法律若干问题的解释（三）》第十条作为法律依据。首先，《最高人民法院关于审理劳动争议案件适用法律若干问题的解释（三）》已经废止，再细看还会发现AI工具将“劳动合同中放弃加班费”理解为了“劳动合同解除时放弃加班费”，这是两个完全不同的场景，引用的《劳动争议司法解释三》第十条也是针对员工离职时放弃加班费的规定，但我们接受的咨询是员工入职时签订放弃加班费条款的效力，而非在离职时签署放弃加班费条款，因此该输出的法律分析不具有参考性。于是我们将提问词进行一定细化，看下输出的法律分析是否相同。

输入“公司在签订劳动合同时要求员工放弃加班费的条款有效吗”

以下为 MetaLaw 的二次回答：

根据《中华人民共和国劳动合同法》和相关法律解释，公司在签订劳动合同时要求员工放弃加班费的条款是无效的。《劳动合同法》第三十一条明确规定，用人单位安排加班的，应当按照国家有关规定向劳动者支付加班费。此外，《最高人民法院关于审理劳动争议案件适用法律问题的解释（一）》也指出，如果协议存在重大误解或者显失公平情形，当事人请求撤销的，人民法院应予支持。

多个案例显示，即使员工签署了放弃加班费的协议，这些协议通常被认定为无效，因为它们免除了用人单位的法定责任、排除了劳动者的权利，违反了法律规定和公平原则。例如，某科技公司利用其在订立劳动合同时的主导地位，要求员工放弃加班费，这种做法不仅违反了法律规定，也违背了公平原则，因此相关的放弃加班费的协议被认定为无效。

因此，公司在签订劳动合同时要求员工放弃加班费的条款是无效的，员工有权依法主张加班费。这一点在司法实践中已有明确的裁判例证，且符合我国劳动法律的基本原则和精神。

◆ **工具评价**

通过对比，我们会发现两次提问输出的结果是完全相反的，虽然两次提问都有“劳动合同约定放弃加班费”这样的关键内容，但因为第一次没有明确放弃加班费的阶段，导致AI工具按照离职时放弃加班费的情形进行了法律分析。经过多次使用类似提问词进行测试，笔者简略归纳MetaLaw在生成内容时的内在逻辑：MetaLaw软件是一款类案检索软件，其底层逻辑是优先检索与提问类似的案例，再归纳类似案例中的法律观点。能否检索类似案例属于MetaLaw的第一优先性，通过全网信息进行无案例综合分析属于劣后序列。这就导致AI工具在理解提问时，会智能转换为最能提供类似案例的隐藏提问词，但却不能保证该提问词与提问目的完全一致。

就本次测试而言，输入“在劳动合同中约定放弃加班费的条款有效吗”后，MetaLaw检索提供了类似案例，但类似案例都是在离职协议中约定放弃加班费的法律结果，而输入“公司在签订劳动合同时要求员工放弃加班费的条款有效吗”是没有直接对应真实案例的。MetaLaw为了满足第一优先性，将提问词以其自己的理解进行了近似转换，虽然提供了众多案例，但输出的法律分析是完全错误的。而在笔者增加限定条件后，虽然MetaLaw无法提供类似案例，但综合全网信息（人民法院网、知乎、官媒），其输出的法律分析反而是正确的。

例2：债权转让能否产生消除债务的法律效果

◆ 任务要求

在市场经济的大潮中，债权转让已经成为金融活动中不可或缺的一部分，其对于提升资金流动性、分散市场风险以及优化金融资源配置具有显著的正面效果。通过转让债权，原始债权人可以快速回笼资金，提高资金的使用效率。同时，这一过程也有助于市场风险的分散。债权的流转使风险不再集中于单一主体，而是由更多的投资者共同承担，从而增强了市场的稳定性。众多金融工具中的保理、应收账款质押的背后都是以债权转让为基础的。

然而，正如每一枚硬币都有两面，债权转让在带来经济利益的同时，也伴随一系列法律风险。首先，转让的债权必须符合法律法规的规定，否则可能导致转让行为无效，从而引发法律纠纷。其次，债权转让过程中的通知义务也不容忽视。若未妥善通知债务人，转让行为可能对债务人不产生法律约束力，进而影响转让的效力。最后，即使转让合同未成立或生效，债务人基于对转让通知的信赖而向受让人履行也可能有效，这无疑增加了债权人的法律风险。

此外，在债权转让中还有一类风险是往往容易被忽视的，当债务人转让第三方债权来消除自身债务时，债权转让不能直接产生债务消除的法律效果，因此即使转让有效，也会因次级债务人无能力履行债务导致转让目的无法实现。本次场景就是这样的类似案例，债务人乙作为债权人甲与次级债务人丙的中间人，其为甲提供承兑保证金2000万元，让甲开具4000万元大额承兑出借给乙，形成2000万元债权，再由乙出借2000万元给丙。当丙未履行债务时，乙将对丙的债权转让给甲。后甲以丙未履行债务为由再次向乙主张2000万元债权，并形成诉讼。面对已经进入诉讼阶段的真实案例，在假设事实固定的情况下，我们尝试使用AI工具来对争议事实进行法律分析以及结果预判。

◆ 任务场景

工具：**通义法睿**

输入“债务人乙为甲提供承兑保证金2000万元，让甲开具4000万元大额承兑出借给乙，形成2000万元债权，再由乙出借2000万元给丙。当丙未履行债务时，乙将对丙的债权转让给甲。后甲以丙未履行债务为由，再次向乙主张2000万元债权，并形成诉讼。请你预判本案争议焦点以及判决结果、判决理由以及法律依据”。

以下为通义法睿的回答：

本案的争议焦点在于乙将对丙的债权转让给甲是否有效，以及甲是否可以基于乙对丙的债权转让行为向乙主张2000万元债权。

首先，根据《中华人民共和国民法典》第五百四十五条，债权人可以将债权的全部或者部分转让给第三人，除非债权性质不允许转让、当事人约定不得转让或法律规定不得转让。在本案中，没有提及是否存在上述不允许转让的情形，因此假设乙的债权转让给甲是允许的。

其次，根据《中华人民共和国民法典》第五百四十六条，债权转让必须通知债务人，否则该转让对债务人不发生效力。在本案中，没有提及是否通知了丙，如果未通知丙，则该债权转让对丙不发生效力。

至于甲是否可以基于债权转让向乙主张2000万元债权，这取决于债权转让的合法性以及甲是否具有合法的债权。如果乙的债权转让给甲是合法有效的，且甲确实对乙享有2000万元的债权，那么甲可以向乙主张该债权。然而，如果甲对乙的债权是基于4000万元大额承兑出借给乙形成的，那么甲对乙的债权可能会受到乙与丙之间的债权转让的影响，因为这可能涉及债权的转让是否影响甲的债权问题。

判决结果可能会取决于法院对上述争议焦点的认定。如果法院认定乙的债权转让给甲是合法有效的，且甲对乙的债权合法存在，那么甲可以向乙主张2000万元债权。如果法院认定乙的债权转让给甲无效，或者甲对乙的债权因其他原因不成立，那么甲可能会败诉。

判决理由将基于法院对上述争议焦点的分析和认定，包括债权转让的有效性、债权的合法性以及债权转让对甲的债权是否产生影响等因素。

法律依据将主要依据《中华人民共和国民法典》关于债权转让的相关规定，包括第五百四十五条和第五百四十六条。法院将根据这些规定以及案件的具体事实来作出判决。

相关法条

1.《中华人民共和国民法典》第五百四十五条

2.《中华人民共和国民法典》第五百四十六条

……

输入“作为乙方律师，你应该如何抗辩”

以下为通义法睿的回答：

作为乙方律师，针对甲方的诉讼请求，你可以从以下几个方面进行抗辩：

1.债权转让通知问题：根据《中华人民共和国民法典》第五百四十六

条，债权转让需要通知债务人丙，否则对丙不发生效力。你可以主张甲未通知丙，或者丙未收到通知，因此乙对丙的债权转让对丙不产生效力，从而影响甲对乙主张债权的合法性。

2. 债权性质问题：如果甲对乙的债权是基于大额承兑出借形成的，你可以主张该债权的性质不允许转让，或者双方有约定不得转让，或者法律规定不得转让，从而否定债权转让的有效性。

3. 债权转让对甲的债权影响问题：你可以主张甲对乙的债权因乙与丙之间的债权转让而受到影响，比如甲的债权已经消灭或者部分消灭，因此甲无权再向乙主张债权。

4. 债权的真实性问题：你可以质疑甲对乙的债权的真实性，比如主张甲未实际出借给乙4000万元，或者主张甲与乙之间的债权关系不真实，从而否定甲对乙的债权。

5. 甲的诉讼请求问题：你可以主张甲的诉讼请求不成立，比如主张甲的债权已经通过其他方式得到满足，或者甲已经放弃了债权，从而驳回甲的诉讼请求。

6. 诉讼时效问题：如果甲的债权已经超过了诉讼时效期间，你可以主张甲的诉讼请求因时效问题而丧失胜诉权。

7. 甲的诉讼地位问题：如果甲对乙的债权是基于大额承兑出借形成的，你可以主张甲不是适格的原告，因为甲与乙之间不存在真实的债权债务关系，或者甲已经将债权转让给他人。

在抗辩过程中，你应当收集和提交充分的证据来支持你的抗辩理由，包括债权转让通知的证据、债权性质的证据、债权转让影响甲债权的证据、债权真实性证据、诉讼时效证据等。同时，你应当遵循法庭程序，依法参加诉讼，尊重法庭的裁判。

◆ **工具评价**

很明显，无论是分析过程，还是分析结果都是错误的。在分析过程中，AI工具没有准确理解多方债务情况下的法律关系，主体混淆，适用法律错误，因果关系前后矛盾。在分析结果中，债务人向债权人转让对第三人的债权并不能产生消灭自身债务的法律后果，但AI工具并未发觉该隐藏关键点，给出的结果也是错误的。然而结果错误反而是最小的错误，最为值得注意的是，当主体数量以及法律关系较多的情况下，AI工具只能完成较为粗浅的分析，以至于说理和结果风马牛不相及，在这种情况下，即使AI工具侥幸回答正确，也无法辅助律师对案件进行合理分析。同样，在MetaLaw、文心一言等AI工具软件上进行相同的提问，得到的分析过程与分析结果也都是错的。这还是需要将真实案情进行简化归纳，并尽量以简单明确的语言进行提问，如果直接把上千字的真实案件事实输入工具中，想必结果很难让人满意。

另外，当笔者继续提问"债务人向债权人转让对第三人的债权能否产生消灭自身债务的法律后果"时，各种AI工具给出的回答也不一致，只是相比于整个案情输入的结果要好。但当能直接总结出具体问题时，律师对于这个案件已经有了成熟完善的思路，为了生成正确答案而引导AI工具，只能说明AI工具并不能在案件分析中提供实质有效的帮助。

因此，AI工具目前在分析案件上的能力相较于律师仍有很大的差距，其能够快速解决具体单个的法律问题，依靠的是理解问题和检索能力，类似于a到b、b再到c的简单映射，能够解决的是一元二次函数问题，但其仍不具有法律思维和能力，当问题是多元多次函数时，AI工具能够提供的帮助就微乎其微了。

5.2 题库生成：为法律培训或考试创建题库

5.2.1 AI 工具对于法律培训或考试创建题库的意义

• AI工具展现了其高效快速的特点，它能够迅速处理和分析海量的法律资料。

• 在短时间内生成大量相关题目，显著提升了题库建设的效率。

• 借助先进的自然语言处理和深度学习技术，AI工具能确保所生成的题目语言准确、逻辑缜密，从而整体提升题库的品质。

5.2.2 利用 AI 工具为法律培训或考试创建题库的注意事项

利用AI工具为法律培训或考试创建题库时，需要注意以下几个方面。

• **数据准确性：** 确保上传给AI工具的文档内容准确无误，因为AI工具会基于这些数据进行学习和生成题目。

• **文档选择与处理：** 如果自备题库，选择具有代表性和高质量的题目文档进行上传，以保证生成的题库质量。若没有自备题库，则需上传相关的法律规范文档，确保这些文档是最新且权威的，以便AI工具能够准确解析并据此生成题目。

• **题库更新与维护：** 法律规范和制度会随时间而变化，因此，需要定期更新题库以反映最新的法律要求。设立机制来监控和评估题库的质量和时效性，并及时进行必要的修订。

• **人工审核与校验：** 尽管AI工具能够自动生成题目，但仍需要人工对生成的题目进行审核和校验。

5.2.3 使用逻辑

第一步：筛选含有简析文档功能的AI工具；

第二步：上传考核的题库文档；

第三步：要求AI工具简析并确定生成题库项目及数量（如单选题20道）。

5.2.4 场景示例

例1：实习人员考核题库的创建（有题库）

◆ 任务要求

随着律师队伍的不断壮大，如何确保新加入的律师能够具备一定的专业素养和实践能力，成了一个亟待解决的问题。针对实习律师的培训及考试便是在这种背景下应运而生的一项重要制度。实习律师考试不仅是一场知识的测试，更是对新入行律师职业素养、专业能力的全面评估。它要求考生掌握扎实的法律理论基础，以及严格的职业操守。目前，部分地市律协有自己的实习人员考核题库，可以直接在题库中筛选，部分地市律协没有题库，则需要根据《律师法》《申请律师执业人员实习管理规则》《律师和律师事务所违法行为处罚办法》等相关法律规章设计编纂题库。而现在，我们一起来尝试下在AI工具的辅助下，如何快速完成题库筛选或者生成题库工作。

◆ 任务场景

工具：**通义千问 2.5**

上传无锡市律协发布的实习律师题库，并输入“根据题库，生成20道单选题，5道多选题，2道简答题，1道论述题”。

以下是通义千问 2.5 的回答：

单选题

1. 申请人有下列哪一情形的，仍可颁发律师执业证书？

A. 无民事行为能力或者限制民事行为能力的

B. 受过行政处罚的

C. 受过刑事处罚的，但过失犯罪的除外

D. 被开除公职或者被吊销律师、公证员执业证书的

2. 律师受到停止执业处罚期限未满的，不得申请变更执业机构；受到几个月以上停止执业处罚的，执行处罚的期间以及期满未逾几年的，不得担任合伙人？

A. 三；三

B. 三；五

C. 六；五

D. 六；三

3. 曾经担任法官、检察官的律师，从人民法院、人民检察院离任后几年内，不得担任诉讼代理人或者辩护人？

A. 一

B. 二

C. 三

D. 五

……

多选题

1. 实习人员在实习过程中出现哪些情况可以在六十日内向本会提出申请转到另一家执业机构实习？

A. 实习期间执业机构被做出停业整顿以上行政处罚的

B. 执业机构停业、合并或注销的

C. 执业机构未能履行实习协议

D. 执业机构现有律师中无合格的实习指导律师

2. 律师事务所在接受当事人的委托时必须进行哪些手续?

A. 签订《委托代理协议》

B. 委托人签署《授权委托书》

C. 出具律师事务所介绍信

D. 告知可能存在的法律风险

简答题

1.律师在执业活动中应如何维护当事人的合法权益?

答:律师在执业活动中,应遵循诚实信用原则,依法维护当事人的合法权益,不得采取任何误导或欺骗行为。首先,律师应全面了解案情,准确评估法律风险,为当事人提供专业法律意见;其次,律师应尊重当事人意愿,不得超越授权范围代理,且在代理过程中及时沟通案件进展;再次,律师应对当事人信息保密,保护隐私及商业秘密;最后,律师应合理收费,不夸大服务效果,不作不实承诺,确保代理行为正当合法。

……

论述题

律师职业道德与职业操守的重要性及对法律职业的影响

律师职业道德与职业操守是律师行业生存与发展的基石,对法律职业的正面影响深远。首先,它们树立了律师行业的信誉,保障了服务质量,使得当事人愿意信赖并寻求法律服务,促进了法律市场的健康发展。其次,它们约束律师行为,防止不正当竞争,维护行业内部公平竞争环境，有利于资源合理分配，促进了律师间的良性互动与合作。再次，律师职业道德强调维护当事人利益最大化，要求律师忠诚、保密，尊重隐私，保护了当事人的基本权利，增强了社会对法律体系的信任。最后，它们还规范律师与司法机关交往，避免司法腐败，维护司法公正，保证法律公正实施，是法治社会的重要保障。综上所述，律师职业道德与职业操守不仅塑造了律师个体形象，更是法律职业的尊严与权威的体现，对构建法治社会至关重要。

◆ **工具评价**

笔者尝试了通义千问、Kimi以及文心一言等多个带有内容生成以及文档阅读功能的AI工具，都存在一定缺陷，部分软件能够理解问题但不能生成完整的试卷，每个部分都仅提供少量示例，部分软件能够生成完整试卷但不能理解问题，无法从题库中均匀随机抽取题目。因此，在有题库的情况下，AI工具在简答题、论述题方面帮助作用较大，但在选择题、判断题方面效率尚不如直接从题库复制粘贴。

例2：实习人员考核题库的创建（无题库）

◆ **任务要求（同上）**

◆ **任务场景**

工具：**通义千问 2.5**

登录网站，将《申请律师执业人员实习管理规则》《申请律师执业人员实务训练指南（试行）》两份文档上传至通义千问对话框，并输入“根据文档，通过理解，设计包含20道单选题，5道多选题，5道判断题，2道简答题，1道论述题的考卷，并附带答案”。

以下是通义千问的回答：

一、单选题

1. 实习人员的实习期为多久？

A. 6个月

B. 9个月

C. 1年

D. 2年

答案：C

2. 律师协会对实习人员进行集中培训时，应着重于哪个思想的教育？

A. 毛泽东思想

B. 邓小平理论

C. 习近平新时代中国特色社会主义思想

D. 科学发展观

答案：C

3. 实习人员在实习期间因故中断实习，律师事务所应在多少天内为其重新安排指导律师？

A. 7天

B. 10天

C. 15天

D. 30天

答案：C

……

二、多选题

1. 实习人员的集中培训内容包括哪些？

A. 习近平法治思想

B. 律师职业道德

C. 律师执业管理规定

D. 律师实务知识和技能

答案：ABCD

2. 律师事务所接收实习人员的条件有哪些？

A. 律所拥护党的领导

B. 律所考核结果合格

C. 有符合条件的实习指导律师

D. 律所内部管理制度健全

答案：ABCD

……

三、判断题

1. 实习人员在实习期间可以独立代理案件并收取费用。

答案：错误

2. 实习人员的实务训练是由律师协会统一组织进行的。

答案：错误

……

四、简答题

1. 实习人员在实习期间必须遵守哪些基本的职业道德和执业纪律？

答案要点：实习人员在实习期间应遵守律师职业道德和执业纪律，包括但不限于：不得私自以律师名义从事法律服务；服从律师事务所及指导律师的管理；不得泄露委托人秘密；不得向委托人作出案件结果的承诺；不得利用执业便利非法牟取委托人利益；遵守法庭纪律，尊重司法人员；不得向司法机关人员馈赠财物等。

……

五、论述题

题目：论述实习律师在实习期间应如何正确处理与委托人的关系，以确保律师职业形象和法律服务质量。

答案要点：

实习律师在实习期间正确处理与委托人的关系至关重要，这不仅关乎律师个人的职业形象，也直接影响法律服务质量和社会对律师行业的整体评价。首先，实习律师应秉持庄重、耐心、礼貌的态度，建立与委托人的信任关系，通过有效沟通全面了解委托人的需求和案件事实。其次，实习律师应明确告知委托人律师分析建议的依据和不确定性，避免不切实际的承诺，同时要谨慎、客观地揭示法律风险。在建立委托关系时，实习律师应确保不存在利益冲突，严格遵守委托代理规则，不超越委托权限，且在必要时主动提示委托人明确授权范围。

……

◆ **工具评价**

在没有题库的情况下，将针对实习人员的相关规范文件作为基础，通义千问可以生成完整的考核试卷，并附带答案，通过抽样核对，答案是正确的。要注意的是，涉及政治类的题目，不建议使用AI工具进行生成。

5.3 新法的学习与应用：为新法预设场景或者提供解读

5.3.1 AI 工具对于新法学习与应用的意义

对于律师而言，新法的涌现常常使他们觉得疲于奔命，但是为了更好地服务客户或者进行法条宣讲，需要时刻处于学习状态，对此律师可以应用AI工具来理解、应用和宣讲法条。

5.3.2 利用 AI 工具帮助学习与应用新法的注意事项

利用AI工具帮助学习与应用新法，需要注意以下几个方面：

• **数据准确性与时效性：**确保AI工具学习的法条数据是准确无误的，避免因为数据错误导致学习结果的偏差。

• **用户隐私与数据安全：**在使用AI工具系统学习新法时，要注意保护个人隐私和数据安全，避免个人信息被泄露或滥用。

• **人工审核与辅助：**虽然AI工具能够帮助学习和应用新法，但仍然需要人工对AI工具的输出结果进行审核和确认，以确保其准确性和可靠性。

5.3.3 使用逻辑

第一步：指向具体目标法条；

第二步：基于目标法条提出要求、明确目的。

5.3.4 场景示例

例1：《公司法》中“股东出资义务加速到期条款”的讲解

◆ 任务要求

新公司法已于2023年12月30日公布，并于2024年7月1日生效，你是一名专业的公司法律师，你现在需要为客户讲解公司法，为了便于客户理解新公司法中“股东出资义务加速到期条款”，你需要相关案例场景。

◆ 任务场景

工具：**文心一言 4.0**

输入“请介绍一下最新出具的公司法中加速到期条款”。

以下是文心一言 4.0 的回答：

最新出具的公司法修订草案中，增加了有限责任公司认缴出资股东的出资义务加速到期制度。具体来说，当公司不能清偿到期债务，且明显缺乏清偿能力时，公司或债权人有权要求已认缴出资但未届缴资期限的股东提前缴纳出资……

评论：

这个内容基本准确而不精确，因为新公司法已于2023年12月30日公布，不再仅仅是草案。当然使用者应当具备对公司法的基本知识或者对法条进行复核才可以进行适当的评价，否则容易被误导。

输入“你是一名专业公司法律师。新《公司法》第五十四条规定，公司不能清偿到期债务的，公司或者已到期债权的债权人有权要求已认缴出资但未届出资期限的股东提前缴纳出资。你是否了解该条款？”

以下是文心一言 4.0 的回答：

作为专业公司法律师，对于新《公司法》的各项条款都有着深入了解。……

这一条款的出台，主要是为了在公司丧失清偿能力时，更好地保护债权人的利益。在认缴资本制度下，股东享有一定的出资期限利益，但这一利益在公司不能清偿到期债务时，将不再受到保护。此时，债权人有权要求股东提前缴纳出资，以确保公司的债务能够得到及时清偿。……

输入“请为该条款想象一个可使用的案例场景，以便我向客户进行解释”。

以下是文心一言 4.0 的回答：

当然可以。以下是一个基于新《公司法》第五十四条规定的案例场景，用于向客户进行解释：

案例场景：

假设有一家名为“智慧科技”的有限责任公司，由于市场变化和公司经营不善，该公司陷入了财务困境，无法按时清偿到期的债务。公司的主要债权人是一家名为“宏图供应”的企业，它向智慧科技提供了一批价值不菲的原材料，但迟迟未能收到货款。

在智慧科技的股东中，有几位是已经认缴了出资，但按照公司章程，他们的出资期限尚未到来。然而，由于公司的财务状况急剧恶化，如果不及时注入资金，公司将面临破产的风险。

在这种情况下，宏图供应作为已到期债权的债权人，根据新《公司法》第五十四条的规定，有权要求那些已认缴出资但未届出资期限的股东提前缴纳出资。这些股东在接到要求后，必须按照法律规定和公司章程的约定，提前履行出资义务，将资金注入公司，以帮助公司渡过难关。

◆ 工具评价

AI工具节约了律师编写故事的时间成本，解决了案例编写中的前因部分，但内容与律师实务相差较远。实际司法实践中，债务人对于债务金额等有抗辩权利，债权人必然要通过诉讼获得胜诉的生效法律文书，且经过执行程序债务人无能力归还债务，才会有新公司法第五十四条的适用场景。

例2:《公司法》中“股东出资义务加速到期条款”的讲解

◆ **任务要求(同上)**

◆ **任务场景**

工具:**通义千问 2.5、通义法睿**

输入“请介绍一下公司加速出资制度”(通义千问)。

Tips:通义千问系阿里旗下的通用类生成式人工智能,通义法睿是通义系列中专门针对法律方面的AI工具应用。但实际使用时,通义法睿的法律知识更新截止日期为2023年12月31日,因此没有2024年生效的《公司法》的相关数据。而通义千问的训练材料是全网信息,它的所有信息都是即时更新,新法学习使用通用类的通义千问更为全面和方便(见图5-1)。

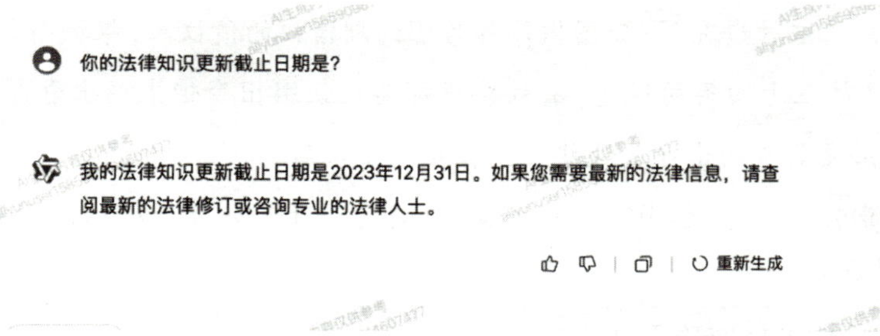

图5-1 通义法睿法律知识的更新截止日期是2023年12月31日

以下是通义千问的回答:

公司加速出资制度,也称为股东出资义务加速到期制度或出资追缴制度,是中国公司法体系中的一项重要规则。这一制度主要针对的是认缴制下的公司股东出资义务的提前履行问题……

输入“具体对应公司法哪个法律条文”。

以下是通义千问的回答：

在2024年的背景下，尽管没有提供具体条文，但讨论中提到的新《公司法》第五十四条涉及股东出资加速到期的规定。不过，由于法律条文可能会随着修订发生变化，因此在解释实际案例或引用法律条文时，应查阅最新的《中华人民共和国公司法》及相关司法解释来获取准确信息。

另外，根据历史信息，股东出资加速到期制度不仅体现在《公司法》本身，还可能关联到其他法律法规和司法解释，例如《中华人民共和国破产法》《最高人民法院关于适用〈中华人民共和国公司法〉若干问题的规定（二）》、《全国法院民商事审判工作会议纪要》（九民纪要）等相关文件中。

若要得到精确的法律条文引用，请查阅最新的《中华人民共和国公司法》版本或联系专业法律服务机构获取最新资讯。

输入“请为该条款想象一个可使用的案例场景，以便我向客户进行解释”。

以下是通义千问的回答：

某有限责任公司——蓝天科技有限公司，注册资本为人民币1亿元，由四位股东按照各自认缴比例在公司章程中约定分五年缴足。其中，大股东甲认缴出资6000万元，约定最后一笔出资将在2025年底缴付完毕。

2024年，蓝天科技有限公司因投资失误导致重大亏损，无法清偿欠付供应商绿叶贸易有限公司的一笔5000万元到期债务。绿叶公司多次催讨无果后，将蓝天科技诉至法院并胜诉，获得了对蓝天科技的强制执行令。

然而，在法院执行过程中发现蓝天科技现有的资产和现金流不足以清偿全部债务。此时，根据2024年7月1日开始施行的新《公司法》第五十四条，绿叶公司作为已到期债权的债权人，了解到蓝天科技的大股东甲及其他股东尚未缴足认缴的出资额。

于是，绿叶公司依据新《公司法》的相关规定，向法院申请要求蓝天科技的股东甲提前履行其未届出资期限的剩余认缴出资义务，用以清偿蓝天科技对绿叶公司的债务。法院审查后认为蓝天科技确实存在不能清偿到期债务的情况，符合股东出资加速到期的法定条件，据此批准了绿叶公司的申请，指令股东甲和其他未完全缴付出资的股东提前缴纳认缴资本，以保护债权人绿叶公司的合法利益。

◆ **工具评价**

答案同样节约了律师的编故事的时间成本，解决了案例编写中的前因部分，内容与实务更加贴近，较为完整地描述了违约、起诉、执行到追加的过程。但即使按照新公司法，债权人有没有直接要求债务人股东在执行程序中出资的权利，对于具体加速出资金额，债权人仍应通过诉讼主张，因此最后一段内容需要重新编写。同时，在使用AI工具时，律师应当具备法规的专业知识，或者进行法规复核，以免被AI工具误导。

此处使用了角色扮演式提问。在这种提问方式中，AI工具被赋予了特定的角色身份，从而会去匹配更符合该身份的数据库信息。此处AI工具作为专业公司法律师，将从专业公司法律师的角度来理解具体法条，从而给出更符合提问者需求的答案。

同时，在法律学习以及结合司法实务时适用AI工具具有一定门槛，不同的训练材料，不同的信息库更新日期，都会带来结果上的差异。即使训练材料都相同，不同的AI工具对于相同提问的反馈也是不同的，甚至更好的提问方式，在不同AI工具中，不一定能带来更好的回答。在这一小节中，通义千问的回答更为贴近实务。但法律的门槛对AI工具和法律执业者都是存在的，笔者认为，律师尚不能被AI工具代替。

5.4 论文写作协助：协助作者确定论文研究方向、撰写大纲、整理思路等

5.4.1 AI 工具对于律师论文写作的意义

• 撰写论文和进行课题研究这些学术活动不仅是律师专业发展的重要组成部分，也是推动法律领域进步的关键力量。对于律师个体而言，论文的发表也是展示自己专业水平和学术成果的重要方式，有助于提升律师在行业内的知名度和影响力。

• 在论文写作的过程中，如何寻找一个既有研究价值又未被充分探索的点，如何快速进行文献的搜集与整理，如何确保论证的严谨性和逻辑性以及语言表达的准确性、专业性和流畅性都尤为重要。

• 随着人工智能的兴起，尤其在写作领域，AI工具能够辅助律师撰写论文，如文心一言、秘塔写作猫等。它能有效地帮助律师整理论文，提高写作效率。

5.4.2 注意事项

利用AI工具辅助论文思路整理，需要注意以下几个方面：

• **理解AI工具的功能与限制：**AI工具在论文思路整理中确实能够提供助力，比如生成论文大纲、提供创意灵感等，但它并不能替代人类的深入研究和批判性思维。

• **保持学术诚信：**在利用AI工具生成的内容时，务必确保正确引用和参考所有使用的来源，包括AI工具生成的文本。不得试图通过AI工具规避抄袭检测或进行学术不端行为。

• **保护个人隐私与数据安全：**在使用AI工具时，要注意保护个人隐私和数据安全。确保相关研究资料和个人信息不被泄露或滥用。

5.4.3 使用逻辑

后文第一个示例，我们将使用文心一言辅助论文思路整理。文心一言是通用类的语言生成式AI工具，相比于专业写作的秘塔写作猫等，生成式AI工具有一个自我学习的过程，需要使用者通过设计对话逻辑引导AI工具构建论文大纲。经过笔者多次尝试，能够符合大多数场景的提问逻辑为：确定研究方向—对研究方向作解析—设定角色/背景/任务—选择主题—收集理论依据—结合理论修饰论文选题—研究方法—研究问题—生成大纲。具体到本次写作而言，研究方向就是国企融资性贸易，然后我们可以要求AI工具就该研究方向做剖析，并逐步获取我们所需要的大纲。

后文第二个示例，我们将使用秘塔写作猫辅助论文思路整理。秘塔写作猫的写作功能与文心一言存在显著不同，它无法通过预先的学习增强其写作能力，也无法通过设计提问词的逻辑一步步推导出写作方向并生成大纲，它是更强的写作辅助。值得庆幸的是，秘塔写作猫同时开发了AI工具检索功能，并可以选择学术检索，目前该功能可以搜索全网，尤其与知网互联。我们可以通过检索直接获取与研究方向相关的几乎所有解析，强大而全面，并可进一步选择解析中任意方面的观点进行深入，将大方向缩小，提供各种研究论点，提炼主题后放入写作猫，可以生成简单大纲。相较于文心一言，秘塔写作猫的优势在于研究风险的解析更加细致深入，能了解各方面的知识及学术观点，对于论文选题帮助更大。

5.4.4 场景示例

例1：写作关于国企融资性贸易方面的论文

◆ 任务要求

在近年来的市场环境下，多数中小型企业和民营企业由于规模所限，在开展物资贸易业务时，由于没有足够的抵押物或信用评级不高等，很难通过一般的贸易融资方式从银行获得资金支持，以解决流动性资金不足的问题。而与此同时，国有企业尤其是大型国有企业，由于自身资金实力雄厚，或因其在银行等金融机构的信用评级较高而比较容易从银行获得相关融资支持。因此，近年来，国有企业利用自身的优势开展融资性贸易的情况时有发生。但对于国有企业来说，融资性贸易业务的实质是为物资贸易中的交易对手提供资金支持，并赚取资金占用费。但由于融资性贸易存在资金占用大、盈利水平低、业务风险高等弊端，国资委明令禁止国有企业开展融资性贸易。

因此，针对该贸易形式，你需要对于贸易风险及防控做出深入研究，并形成论文，而现在你可以使用AI工具辅助你梳理思路，并根据思路构建论文大纲。

◆ 任务场景

工具：**文心一言 4.0**

登录文心一言，输入“从法律角度谈谈对于国企融资性贸易的理解”（对研究方向作解析）。

以下为文心一言 4.0 的回答:

国有企业融资性贸易是一个复杂且颇具争议的话题。从法律角度来看，它涉及多个层面的合规性和风险考量。以下是对这一话题的深入理解：(略)。

评论：

输出内容来源于国资网站中的文章或百科知识，这一步让文心一言对国有企业融资性贸易有了较为详细的学习与认识。

输入“你是一位国企的顾问律师(角色)，目前遇到融资性贸易的法律问题并需要写作一篇文章(背景)，请你按照学术论文题目的标准提供3个以上的论文选题(任务)”。

以下为文心一言 4.0 的回答:

1. 国有企业融资性贸易的法律风险与防范机制研究

这个选题将聚焦国有企业在融资性贸易中面临的法律风险，包括但不限于合同欺诈、金融监管违规、不正当竞争等问题。(略)

2. 国有企业参与融资性贸易的合规性分析与法律路径探索

此选题旨在分析国有企业在参与融资性贸易过程中的合规性问题，包括是否符合现行法律法规、监管政策以及企业内部规章制度等。(略)

3. 国有企业融资性贸易案例研究：法律问题与实务应对策略

该选题将通过案例分析的方法，深入研究国有企业在融资性贸易中遇到的实际法律问题，如虚构贸易背景、滥用市场支配地位等。(略)

评论：

从给出的三个选题来看，关注的重点分别为：合规监管、贸易过程中的合规以及案例探讨，三个选题均紧密围绕国企融资性贸易的法律问题展开，具有较强的针对性和实用性，适合作为学术论文的题目进行深入研究和探讨。

输入“选择《国有企业参与融资性贸易的合规性分析与法律路径探索》这个主题，请你提供10个左右常用的理论依据或学术观点，可以引用国外理论”（理论依据）。

以下为文心一言 4.0 的回答：

选择《国有企业参与融资性贸易的合规性分析与法律路径探索》作为主题，以下是一些常用的理论依据或学术观点，包括国外理论的引用：

1. 合规性框架理论：（略，下同）

2. 企业社会责任理论：

3. 法律风险管理理论：

4. 合规文化与道德规范：

5. 金融监管与合规性：

6. 合同法原则：

7. 反不正当竞争法：

8. 公司治理与内部控制：

9. 国际经济法与国际贸易规则：

10. 案例研究与实证分析：

评论：

这些理论依据和学术观点并非绝对贴合主题，尤其不具备与国企有关的特征，相当观点在任何贸易合规论文里都可以使用，且理论依据与观点本身并无具体出处，需要写作者进一步筛选并进行甄别。

输入“根据选题选择一个最合适的理论，并说明理由”（筛选）。

以下为文心一言 4.0 的回答：

根据选题《国有企业参与融资性贸易的合规性分析与法律路径探索》，最合适的理论是“法律风险管理理论”。以下是选择该理论的理由：

……在国企参与融资性贸易的背景下，这一理论尤为适用……风险一旦触发，可能给国企带来重大的经济损失和声誉损害。其次，国企作为国家的重要经济支柱，其经营行为受到社会和公众的广泛关注，对合规性的要求更为严格……(略)

评论：

明确需要根据选题选择理论，让文心一言能够考虑国企相关特征辅助作者进行筛选，避免泛泛之谈。

输入“该理论是否有相应的著作或者案例可以参考，请输出著作名称或案例名称”。

以下为文心一言 4.0 的回答：

法律风险管理理论确实有相应的著作和案例可以参考。以下是一些著作和案例的名称：

著作名称：

《企业法律风险管理操作实务》

《企业法律风险评估》

《风险管理原理与实务操作》

……

案例名称：由于具体案例的复杂性和多样性，这里无法直接提供具体的案例名称。然而，在实际应用中，可以关注那些涉及国企融资性贸易的法律纠纷和合规性问题的案例。这些案例通常可以在相关的法律数据库、行业报告或专业机构的研究中找到。通过分析这些案例，可以深入了解法律风险管理理论在实际操作中的应用和效果。

评论：

著作来自百度文档，相关著作真实存在，对于理解和应用法律风险管理理论具有重要的参考价值。同时对于案例也给出了文心一言自身看法以及寻找方向，对于论文写作具有一定帮助。

输入“结合该理论帮我重新修饰下论文选题”。

以下为文心一言 4.0 的回答：

结合法律风险管理理论，可以对您的论文选题进行如下修饰：

《国有企业融资性贸易的法律风险识别、评估与控制路径研究——基于法律风险管理理论的视角》

评论：

这个修饰后的选题更加突出了法律风险管理理论在国企融资性贸易中的应用，并强调了风险识别、评估与控制的重要性。它更加明确地指出了研究的方向和重点，即基于法律风险管理理论的视角，探索国有企业在融资性贸易中如何有效识别、评估和控制法律风险，并寻求相应的合规路径。这样的选题更具针对性和研究价值，已经可以作为正式论文的选题使用。

输入“现在我的论文选题是《国有企业融资性贸易的法律风险识别、评估与控制路径研究——基于法律风险管理理论的视角》，需要匹配合适的研究方法，请为我推荐3个以上匹配的研究方法”。

以下为文心一言 4.0 的回答：

针对论文选题《国有企业融资性贸易的法律风险识别、评估与控制路径研究——基于法律风险管理理论的视角》，以下推荐三种匹配的研究方法：

文献分析法：通过查阅相关的法律法规、政策文件，以及学术文献、案例研究等，系统地整理和分析国企融资性贸易中存在的法律风险及其管理策略。这种方法有助于构建研究的理论框架，并确定法律风险识别、评估与控制的现有实践和研究空白。

案例研究法：

德尔菲法（Delphi Method）或专家咨询法：

评论：

这些研究方法各具特点，文献分析法重在理论和文献的梳理与归纳；案例研究法关注具体实践中的经验和教训；德尔菲法或专家咨询法则能汇聚行业内专业人士的智慧和判断。这些方法以及附带的解释能够有效引导作者的写作方向。

输入“三种方法都使用，请帮我提炼出具体的研究问题”。

以下为文心一言 4.0 的回答：

当结合使用文献分析法、案例研究法和德尔菲法（或专家咨询法）时，可以提炼出以下具体的研究问题来指导《国有企业融资性贸易的法律风险识别、评估与控制路径研究——基于法律风险管理理论的视角》的论文写作：

1. 法律风险识别方面：

问题一：国有企业在融资性贸易中面临的主要法律风险有哪些？这些风险在不同类型的融资性贸易中是如何表现的？

问题二：现有的法律风险识别机制在国有企业融资性贸易中的有效性如何？存在哪些识别上的盲点和挑战？

2. 法律风险评估方面：

3. 法律风险控制路径方面：

4. 专家视角与案例分析：

评论：

文心一言基于研究方向提炼的研究问题丰满了论文写作内容，避免论文陷入泛泛而谈的歧途，对于后续写作而言是强有力的帮助。

输入“参照论文选题、研究方法、研究问题，帮我生成论文大纲”。

以下为文心一言 4.0 的回答：

《国有企业融资性贸易的法律风险识别、评估与控制路径研究——基于法律风险管理理论的视角》论文大纲

一、引言

研究背景与意义

国有企业融资性贸易的发展现状

法律风险管理在国企融资性贸易中的重要性

研究的目的与意义

……

二、理论基础与文献综述

三、国有企业融资性贸易的法律风险识别

四、国有企业融资性贸易的法律风险评估

五、国有企业融资性贸易的法律风险控制路径

六、专家咨询与德尔菲法应用

七、结论与建议

八、参考文献

九、附录

如有必要，附上研究过程中使用的问卷、访谈记录等补充材料

例 2：撰写关于 EMC 项目的交易合同法律风险识别与分析论文

◆ 任务要求

EMC合同是一种新的合同履行模式，其特点是合同金额大、涉及环节多、合同风险高。随着节能减排市场的不断发展，EMC项目逐步成为市场关注的焦点。由于 EMC项目参与方众多，合同内容繁杂，其中涉及的各类风险也较多。作为某能源公司法律顾问，针对该项目形式，你需要使用秘塔写作猫对于合同条款的风险及评估做出深入研究，并形成论文。

◆ 任务场景

工具：**秘塔写作猫**

1. 登录秘塔写作猫，输入“EMC项目的交易合同法律风险识别与分析”(对研究方向作解析)(见图5–2)。

以下为秘塔写作猫的回答：

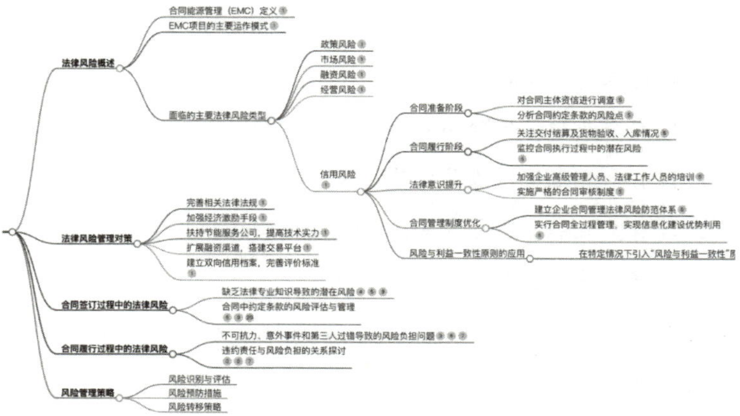

图5–2　秘塔写作猫生成的分析图

评论：

检索方式有全网、深入及学术三种方式，笔者选择了学术，因秘塔AI工具检索生成内容过多，并引用了超过50篇学术论文，故仅展示思维导图。所有风险解析后面仍可以展开，将获取更多的生成内容。一般而言，检索方式选择全网或深入即可。在点开多个扩展及论文引用后，笔者选择“合同能源管理（EMC）项目风险分析及应对策略”作为论文主题。

2. 返回秘塔写作猫，选择AI工具写作—全文写作—输入“合同能源管理（EMC）项目风险分析及应对策略”，其他选项视需求选择。

以下为秘塔写作猫的回答：

……

一、融资风险

二、技术风险

三、市场风险

四、政策风险

五、其他风险

……

评论：

输出内容比较空洞，相对于秘塔写作猫的检索功能所带来的生成内容，写作功能没有对主题进行实质性分析，给出的大纲几乎不能用于论文写作。

5.4.5 工具评价

就论文构思及生成大纲而言，文心一言与秘塔写作猫各有优点，文心一言可以通过对话逐步生成作者真正想要的回答、内容、观点或结果。在上面的示例里，我们结合使用逻辑以及AI工具辅助，最终论文的整体框架已经丰盈，有大标题、小标题，在论文选题确定的基础上，确定研究方法—研究问题—大纲，前后内容逻辑上可以对应，最终大纲需要按照需求调整，但整体可用。

而秘塔写作猫在论文检索功能上更为强悍，关联知网使其能够提供比文心一言更强的学术观点以供作者为论文做准备。因此，两者结合使用的效果应该是最好的，这也与AI工具发展趋势相关联，或许未来能有在所有领域都足够顶尖的全面AI工具，但更有可能的是仅存在一到两家公司的AI工具在算法、算力上凌驾于其他所有公司（类似于人类的大脑），在此基础上衍生出多种类、多应用场景的AI工具（类似于人类的器官）为律师的工作提供辅助。

5.5 公众号文章撰写：协助完成微信公众号文章撰写

5.5.1 AI 工具对于公众号文章撰写的意义

• 现在以及可预见的未来是一个数字化的时代，数字化信息将超越传统媒体的传播速度以及市场占有率，人们有了更多更简洁的获取信息渠道。在这样的时代背景下，律所运营公众号是一个具有战略意义的举措，是律所品牌形象的重要展示窗口，有助于提升律所的品牌影响力，加强与客户的互动沟通，以及拓展法律服务市场。

• 内容是公众号的核心，高质量、有价值的文章能够为律所增光添彩。公众号作用的体现也与更新速度息息相关，较少的更新量会埋没优秀的公众号文章，同时内容编辑、排版、发布若外包给第三方公司每年也是不小的成本，这使一个运营良好的律所公众号需要一定规模的支撑。

• 若AI工具能够有效协助撰写公众号文章，那将大大提高写作效率，缩小律所之间因规模带来的竞争鸿沟。

5.5.2 注意事项

利用AI工具辅助公众号专业文章撰写，需要注意以下几个方面：

• **数据和信息准确性：** AI工具生成的文章中所引用的数据和信息需要来自可靠、权威的来源。务必对AI工具引用的数据进行核实，确保数据的准确性和可靠性。

• **关注时效性：** 确保所使用的数据和信息是最新的，避免引用过时数据。对于时效性要求较高的内容，如行业动态、最新政策等，应特别关注信息的最新状态。

• **内容深度：** AI工具撰写的文章可能在内容深度上有所欠缺，因此需要人工对文章进行补充和完善，确保文章内容的专业性和深度。

• **逻辑性和连贯性：** AI工具可能无法像人类作者一样理解和组织文章的结构，因此在撰写更具逻辑性和连贯性的文章时，需要人工对文章结构进行审查和调整。

• **语言表达和语法准确性：** 虽然AI工具能够生成语法正确的句子，但在某些情况下可能会出现拼写或语法错误。在文章发布前，务必仔细检查并修正这些错误。

• **理解用户需求：** AI工具可以通过分析用户在微信上的互动行为，捕捉用户需求，理解用户的喜好和偏好。在撰写文章时，需要结合AI工具的分析结果，确保文章内容符合用户的兴趣和需求。

• **版权和引用：** 在使用AI工具辅助撰写文章时，要确保文章内容的原创性，避免抄袭他人作品。如果文章引用了其他来源的内容，需要明确标注引用来源，并遵守相关的版权法规。

5.5.3 使用逻辑

一般而言，律所公众号文章展示面可以分为动态和专业文章两类，专业文章项下又可以细分出实务分享、法条解读以及案例分析等等。结合前面的阅读，利用AI工具丰富律所动态创作已经较为轻易，因此我们将主要利用AI工具辅助专业文章类写作。首先我们需要构建工作步骤，专业文章写作要求我们预先对某类选题有一定实务基础，已经参与并完成相应的非诉或诉讼代理，没有实践的支撑，文章观点只能浮于表面。具体而言将公众号专业文章写作分成：**选题—材料转要点—要点转文章—调整插图四个步骤**，具体如下：

1. 根据题目整理选择已有材料，可以是法律规范、操作指引或判决书等。

2. 提炼指引中的要点。利用AI工具将文字材料进行总结提炼，形成要点大纲。（Kimi/文心一言）

3. 根据要点大纲形成公众号文章。利用AI工具将这些要点扩写润色，形成一篇公众号文章初稿。（Wps扩写/文心一言/Kimi/秘塔写作猫）

4. 对文章进行调整插图。既可以自行调整，也可以使用AI工具辅助。

5.5.4 场景示例

例1：律师办理并购法律尽职调查业务指引专业文章（实务分享）

◆ 任务要求

法律尽职调查是体现律师综合法律能力的业务之一，但也正因为此，不同律师的尽调流程也不尽相同，成果也参差不齐。因此需要基于相关律协出具的尽调操作指引以及自身操作经验，形成一篇公众号文章。

◆ 任务场景

工具：Kimi

选择上海律协发布的《律师办理并购重组法律尽职调查业务操作指引》，并将其上传，并输入“整理这份文档中的核心要点”。

以下为 Kimi 的回答：

第一章 总则

目的与适用范围：

尽职调查定义：

第二章 尽职调查实施原则

审慎性原则：

……

输入“根据文档要点，生成一篇律所公众号文章”。

以下为 Kimi 的回答：

资本市场并购重组法律业务中的尽职调查：关键要点解析。

在资本市场中，并购重组是企业发展壮大的重要手段之一。作为法律服务提供者，律师事务所在此类交易中扮演着至关重要的角色。尽职调查作为并购重组法律服务的核心环节，其质量直接关系到交易的成败。本文将基于最新发布的《尽职调查业务指引》文件，为您详细解析资本市场并购重组法律业务中尽职调查的关键要点……

◆ 工具评价

目前大多数AI工具对于文档要点总结都比较到位，各产品之间差距不大，减轻了编辑文章架构的工作量，但是根据要点扩写能力不足，原因有两点，一是目前的AI工具写作能力尚不足以满足一篇实务文章的需求，无法自行“引经据典”提升文章内容；二是没有特定针对法律领域的写作工具，形成的文章没有法律分析。

例2：某某运输公司虚开增值税专用发票不起诉案件（案例分享）

◆ 任务要求

相对于非诉领域中的实务分享，诉讼领域中的案例分析也是公众号上经常出现的内容。目前有一件成功的刑事辩护案例，通过有效辩护，当事人在检察院阶段获得了不起诉决定，收到不起诉决定书后，如何利用AI工具快速生成一篇公众号文章。

◆ 任务场景

工具：**Kimi**

整理案件资料。

刑事案件中公检法三个阶段中，只有法院阶段判决书会载明犯罪行为、律师观点以及最终裁判结果，本案例属于检察院不起诉案件，需要同时准备公安移交的起诉意见书、律师法律意见书以及检察院的不起诉决定书三份文书，才能完全涵盖犯罪过程、律师观点以及裁决结果。

上传三份文档，输入“根据文档内容归纳，该虚开增值税专用发票案件的案件情况，律师观点，检察院不起诉决定，引用法条，以及教育警示，并对当事人信息进行脱敏”。

以下为 Kimi 的回答：

案件背景：

一家运输有限公司及其法定代表人被控虚开增值税专用发票罪。该案件由市公安局某分局侦查终结，并移送至市某区人民检察院进行审查起诉。

案件经过：

在2020年5月，该公司在没有实际业务交易的情况下，由其法定代表人操作，通过支付开票费的方式，从某物流科技有限公司虚开了3份增值税专用发票，涉及税额共计人民币18万余元。这些发票已用于申报抵扣税款。

案发后，该公司法定代表人在接到税务机关的电话后，主动前往税务机关如实供述了涉案的所有事实，并补缴了相应的税款和罚金。在公安机关联系后，该法定代表人再次自动投案，并如实供述了犯罪事实，表现出认罪认罚的态度。

律师观点：

辩护律师在接受该公司的委托后，提出了以下观点：

1. 自首情节：法定代表人在接到税务机关电话后，主动投案并如实供述了所有涉案事实，根据《中华人民共和国刑法》第六十七条第一款的规定，这构成了自首，应当减轻处罚。

2. 积极补缴税款：该公司在被刑事立案前就已补缴了所有税款和罚金、滞纳金，国家未受到损失。

3. 遵纪守法的表现：法定代表人和公司在过去的时间里，始终遵纪守法，没有任何违法犯罪记录，维持了公司的正常运营，表明已有明显悔改表现。

4. 企业整改：法定代表人积极接受检察院建议，对公司用工、财务等方面进行整改，认罪悔罪表现突出。

5. 司法实践与政策导向：辩护人还指出，近年来司法实践对于危害税收管理类案件的处理趋势是督促履行缴税义务为主，刑事处罚为辅，这与“两高”即将施行的司法解释精神相符，也符合国家保护非公经济发展及“六稳六保”的政策。

案件结果：

市某区人民检察院在审查起诉阶段，依法对案件进行了审查，并充分考虑了辩护人提出的观点。检察院查明，该公司及其法定代表人的行为构成了《中华人民共和国刑法》第二百零五条规定的虚开增值税专用发票罪。但由于犯罪情节轻微，且法定代表人及公司具有自首、认罪认罚等情节，根据《中华人民共和国刑法》第三十七条的规定，检察院认为不需要对法定代表人及公司判处刑罚。

最终，依据《中华人民共和国刑事诉讼法》第一百七十七条第二款的规定，市某区人民检察院决定对该公司不起诉。这一决定体现了司法机关对于犯罪行为轻微且有悔改表现的企业和个人的宽大处理政策，同时也强调了依法经营、遵守税收法律法规的重要性。

◆ **工具评价**

生成结果非常完美，同时还可以继续要求列明法条等，一般要求基本能满足。Kimi抓住了三份文档中的每一个要点并归纳总结，语句通顺，详略得当，可以直接作为公众号文章使用，并且Kimi相对于文心一言的优点在于上传文档的大小不受限制，实践中更具可操作性。同时，读者可以参考“案件情况，律师观点，裁判决定，引用法条以及教育警示”这样的发问逻辑，如果是其他民事案件判决，可以增加争议焦点等要素。

5.6 典型案例撰写：由 AI 协助撰写宣传或汇报用典型案例

5.6.1 AI 对于律师撰写典型案例的意义

AI在律师撰写典型案例时发挥着举足轻重的作用。它不仅能够迅速提炼法律文书中的核心要点，还能根据律师设定的案例撰写格式，提供智能化的写作辅助，快速生成一篇结构清晰、内容规范的案例分析初稿，极大地减轻了律师在格式排版和文字整理方面的工作量。具体意义如下：

- **案例分析与比较**：利用自然语言处理和机器学习技术，AI可以自动分析案例的关键点、判决依据和法律原则，并辅助律师进行案例间的比较分析。这有助于律师更全面地理解案例，并提炼出典型案例的共性和差异。

- **案例分析撰写**：AI通过自然语言生成技术，可以帮助律师快速草拟文书的初稿，提高撰写效率，还可以辅助律师进行文档的格式排版和校对，极大地减轻了律师在文字整理方面的工作量。

因此，AI在律师撰写典型案例的过程中能够提供案例检索与筛选、案例分析与比较、撰写以及格式排版等多方面的帮助，显著提升律师的工作效率和案例分析的准确性。

5.6.2 注意事项

尽管AI技术为我们的工作提供了极大的便利，但律师仍然需要对AI生成的内容进行认真细致的审核，具体注意事项如下：

- **确保当事人信息的脱敏处理完全到位**：在使用AI进行案例分析时，可能需要上传或输入敏感的客户信息和案件数据。律师需要确保这些数据的安全性和隐私保护，避免数据泄露或被滥用。

- **确保信息提炼的准确性**：AI生成的案例分析可能存在事实描述错误或法律分析不准确的情况，律师需要对AI生成的文档进行仔细校对和核实，确保其准确性。

- **依赖风险**：过度依赖AI生成的案例分析可能导致律师忽视自己

的专业判断和独立思考。律师应保持对AI结果的独立性和批判性思维，避免盲目接受。

• **版权与知识产权风险：**如果AI生成的案例分析中引用了受版权保护的材料，律师需要确保已获得适当的授权或遵循了相关的版权法规，以避免侵权风险。

5.6.3 使用逻辑

第一步：确保当事人信息完全脱敏、确保AI数据库安全。在使用AI处理案例分析时，确保所有涉及的个人信息和敏感数据都受到保护。

第二步：设定明确的任务指令。一般用于宣传或者申报的案例都会有固定的格式要求，那么我们需要向AI明确案例分析的格式或者其他具体的要求，比如特定法律问题的解析、法律原则的适用等。同时，律师可以根据需求通过拆分问题来进一步完善AI生成的内容，确保其逻辑性和条理性，也可以采取多元化策略，即结合多个AI软件的功能，以最大化各个AI工具的优势。

第三步：设定合理的期望。理解AI的局限性，不要期望AI能够完全替代律师的专业判断，律师可以结合自身在承办案件过程中积累的专业见解和丰富的代理经验，对案例分析进行必要的补充和完善。

第四步：审核与修正AI的输出。在AI完成案例分析后，仔细审核其输出内容，检查事实描述、法律分析等方面的准确性。这样不仅可以提升案例分析的深度和广度，更能确保最终成文的准确性和专业性。

5.6.4 场景示例

◆ 任务要求

律师在申报律师协会或其他平台的优秀案例时，必须严格按照规定的格式对法律文书进行梳理和整合。同时，人民法院案例库中的案例，也都遵循了一定的格式规范。AI能够通过阅读基础的判决书等法律文书，智能识别并提取关键信息，然后依据给定的格式要求或模板，直接辅助律师生成一篇案例分析，从而极大地提高了案例撰写的效率和规范性。

◆ 任务场景

工具一：**文心一言 4.0、通义法睿**

登录网站，在对话框中进行提问：请按照案情简介、争议焦点、辩护观点、判决结果、案件评析、社会影响的格式，作为A某的代理人一方，将以下判决文件写成案例(上传脱敏后的判决书文档)。

以下为文心一言 4.0 的回答：

案情简介：

本案涉及一起股权转让纠纷。上诉人B某与被上诉人A某、某生物科技有限公司(以下简称某生物公司)、某实业有限公司(以下简称某实业公司)因股权转让事宜产生争议。B某主张其股权比例变更的条件已成就，要求A某回购其股权，并支付经济补偿金。A某及某生物公司、某实业公司对此不予认可，认为回购条件未成就，不存在违约情形。案件历经一审、二审，引发业界对于股权转让及公司治理结构相关问题的关注。

争议焦点：

B某股权比例变更条件是否成就，A某是否应回购其股权。

A某是否违反《增资协议》约定，需支付B某经济补偿金。

辩护观点：

作为A某及某生物公司、某实业公司的代理人，我们提出以下辩护观点：

一、关于股权回购问题

某生物公司已完成某项实验，且实验的真实性、合法性已经过相关部门审核，不存在问题。B某未能提供充分证据证明实验未完成或存在问题。

根据《增资协议》约定，股权回购条件并未成就。B某未能证明A某导致合作失败，也未能证明相关技术存在问题。因此，A某无需回购B某股权。

二、关于经济补偿金问题

A某将股权转让给C某的行为，并不违反《增资协议》的约定。该次股权转让系基于双方自愿，且转让价格系双方协商确定，不存在问题。B某要求支付经济补偿金的请求缺乏事实和法律依据。

A某作为某生物公司的法定代表人，已积极履行职责。公司合作款项的收取与使用均符合规定。B某未能提供证据证明A某存在违约行为。

判决结果：

二审法院经审理认为，B某未能提供充分证据证明其主张的股权回购条件已成就，亦未能证明A某存在违约行为。因此，驳回B某的上诉请求，维持原判。

案件评析：

本案涉及股权转让纠纷的多个核心问题，包括股权回购条件的认定、公司董事勤勉忠诚义务的界定以及股权转让协议中经济补偿条款的适用等。法院在审理过程中，充分尊重了当事人的意思自治，同时严格依照法律法规进行裁判。本案的判决结果对于规范股权转让行为、保护股东权益、促进公司治理结构的完善具有积极意义。

社会影响：

本案作为一起典型的股权转让纠纷案例，引起了社会对于公司治理结构、股东权益保护以及股权转让相关问题的广泛关注。通过本案的审理和判决，不仅为类似纠纷的解决提供了参考依据，也促进了市场主体的诚信意识和法律意识的提升。同时，本案也提醒了投资者在参与股权交易时，应充分了解交易风险，审慎决策，维护自身合法权益。

我们尝试通过通义法睿文本阅读功能整理事实时间轴，即案情简介，再上传脱敏的答辩状，要求文心一言完善辩护观点，最后要求文心一言重新扩充案件评析、社会影响。

以下为通过文心一言 4.0、通义法睿整合后的回答：

案情简介：

2011年5月9日，L某公司受让了某药物临床试验批件项目的全部权益。同年6月29日，L某公司也被独家授权专利。2011年11月15日，A某、L某公司、B某和D某共同签署了一份《增资协议》。根据这份协议，B某将投资275万元，从而获得L某公司6.25%的股权。该协议还规定，如果因A某或L某公司的原因导致L某公司在2013年12月30日前未能完成某个项目的Ⅰ期临床试验，B某在公司的股权比例将自动提升至10%。同时，如果在B某投资后发生与知识产权、临床试验主体或生产批件相关的问题，导致B某不能享有其股权所带来的权益，A某将需要回购B某的投资，并支付额外的利息，某实业有限公司提供担保。

随后几年中，L某公司与多家知名机构和公司进行了合作，并签署了多项重要的合同和报告。2022年8月16日，B某向A某发出了一个通知，表示他现在在L某公司拥有10%的股权，并希望A某能以1200万元的价格回购他所有的股权，A某签收了这份通知。同一天，B某也向D

某发出了股权转让的通知，询问他是否要主张优先权，D某表示放弃这一权利。

后B某向人民法院提起了诉讼，要求A某支付高达1500万元的股权转让款和相应的利息，同时他还要求A某、L某公司支付违约赔偿金，并要求L某公司和某实业有限公司对A某的付款义务承担连带清偿责任，一审驳回了B某的诉请，B某提出了上诉。B某主张其股权比例变更的条件已成就，一审法院对此存在误判。他提出L某公司未完成Ⅰ期临床实验，且A某在信件中自认实验结果不真实。此外，B某认为A某未尽勤勉忠诚义务，导致两次合作失败，且《增资协议》中约定的回购条件已满足。他发出的《提请回购本人股权通知书》已具备股权转让合同的主要内容，A某未提出异议应视为同意回购。同时，B某还指出A某低价转让股权及未履行董事长职责构成违约，应支付经济补偿金。因此，B某认为一审法院对上述事实的认定存在错误，请求撤销一审判决，改判支持其一审诉讼请求。

在本案中，关于Ⅰ期临床实验是否完成、回购条件是否成就、A某是否违约等关键问题，需要进一步查明事实并依法作出判断。同时，对于B某提出的回购请求和经济补偿金要求，也需要结合相关证据和法律规定进行审慎分析。因此，本案的二审将围绕这些核心问题进行审理，以维护各方当事人的合法权益。

争议焦点：

B某股权比例变更的条件是否成就？

A某是否应回购B某的股权？

A某在股权转让过程中是否存在违约行为？

辩护观点：

首先，就B某所提的估值调整要求而言，根据双方签署的《增资协议》，估值调整的前提是在特定时间点之前，某项临床试验未完成。但事实上，在协议约定的时间点之前，相关项目已经成功完成了Ⅰ期临床试验，并已顺利进入下一阶段。因此，从事实层面看，B某关于估值调整的诉求并无依据。

其次，关于B某提到的股权回购条款，根据《增资协议》中的明确规定，该条款的触发与某一特定的知识产权申报情况相关。而目前的情况是，相关公司已经完全取得了这一知识产权，并已顺利开展了与其他方的合作。这意味着，回购条款所设定的条件并未达到，因此被告A某无需按照该条款回购原告的股权。

最后，被告A某作为公司的核心成员，始终尽职尽责，积极推动公司的各项业务进展，他并没有违反任何竞业禁止或其他相关约定，更未对公司或其他股东的利益造成任何损害。因此，从法律层面看，被告A某并无回购原告股权的义务。

案件评析：

本案是一起涉及股权转让纠纷的案件，其核心争议点在于股权比例变更的条件是否成就、回购股权的条件是否满足以及A某是否违反《增资协议》约定等。

首先，关于股权比例变更的条件是否成就的问题。根据案件材料，B某主张L某公司未完成Ⅰ期临床实验，且A某在信件中自认实验结果不真实。然而，一审法院认为Ⅰ期临床实验已经完成，并认定B某的主张不成立。在此问题上，法院应当综合考虑双方提供的证据，包括临床实验报告、相关监管部门的审批文件等，以准确判断实验是否真实完成。

其次，关于回购股权的条件是否满足的问题。B某认为A某未尽到勤勉忠诚义务，导致L某公司两次合作未能取得成功，且《增资协议》

约定的回购条件已经成就。然而，一审法院认为B某未能提供充分证据证明A某存在违约行为，且回购条件并未成就。在此问题上，法院应当深入分析《增资协议》的具体条款，以及双方在实际合作过程中的行为是否符合协议约定，从而作出公正的裁决。

此外，关于A某是否违反《增资协议》约定的问题。B某主张A某低价转让股权构成违约，并要求支付经济补偿金。然而，一审法院认为该主张缺乏事实依据和法律依据，未予支持。在此问题上，法院应当审查A某转让股权的具体情况和价格是否合理，以及是否违反了《增资协议》中的相关约定。

社会影响：

本案作为一起股权转让纠纷案件，其审理结果不仅关系到当事人之间的权益，也对类似案件的处理具有一定的指导意义。首先，本案涉及股权比例变更和回购条件的判断，对于类似案件中如何认定相关条件是否成就提供了参考。其次，本案涉及股东之间勤勉忠诚义务的履行和违约责任的承担，对于维护公司稳定、促进股东之间的诚信合作具有积极意义。

同时，本案也引发了对股权转让和增资协议中条款设定的关注。在实践中，当事人在签订此类协议时应当充分考虑各种可能出现的情况，并明确约定相关条件和责任。此外，监管部门也应当加强对股权转让和增资活动的监管，防止因违规行为导致的纠纷发生。

综上所述，本案虽然是一起具体的股权转让纠纷案件，但其审理结果和评析对于类似案件的处理、维护公司稳定和促进股东合作具有积极的社会影响。

工具二：Kimi

登录网站，在对话框中进行提问：请按照“某环保联合会诉某重工集团、某重工长兴分公司环境污染民事公益诉讼案”的格式，将“B某与A某等股权转让纠纷民事二审民事判决书”写成一份案例分析（上传案例库文书、已脱敏的判决书文档）。

以下为 Kimi 的回答：

江苏省无锡市中级人民法院民事案例分析

——股权转让纠纷中合同条款的解释与适用

关键词：股权转让　合同解释　违约责任　证据审查

基本案情：

上诉人（原审原告）与被上诉人（原审被告）之间存在股权转让纠纷。上诉人主张，由于被上诉人未完成约定的临床试验，导致股权比例调整条件已成就，且被上诉人未尽到勤勉忠诚义务，应回购上诉人股权。被上诉人则辩称，一审法院查明事实清楚，适用法律正确，股权比例调整条件并未成就，且不存在违约情形。

裁判理由：

法院生效裁判认为，本案的争议焦点主要包括：1.《增资协议》中约定的股权比例上调条件是否成就；2.《增资协议》中约定的股权回购条件是否成就；3.被上诉人是否存在违约情形，是否应承担相应的违约责任。

关于股权比例上调问题，法院认为，根据《增资协议》的约定，股权比例上调的条件为因被上诉人原因导致未能在约定期限内完成临床试验。然而，被上诉人提供了充分证据证明临床试验已在约定期限内完成，故上诉人关于股权比例上调的主张缺乏事实和法律依据。

关于股权回购条件问题，法院指出，根据《增资协议》的约定，股权回购的条件为上诉人投资后，因知识产权、临床试验主体、生产批件等原因导致上诉人无法实现其股权投资利益。但现有证据表明，相关项目的所有权和使用权均属于公司的资产，不存在上诉人所主张的障碍，因此股权回购条件未成就。

至于违约责任问题，法院认为，上诉人未能提供充分证据证明被上诉人存在违约情形，故对其主张的违约金不予支持。

裁判要旨：

1. 在股权转让纠纷中，合同条款的解释应基于合同文义、目的及诚信原则进行，确保双方权利义务的平衡。

2. 当事人主张合同条件成就或对方违约时，应提供充分、有效的证据予以证明，否则法院不予支持。

3. 法院在审理股权转让纠纷案件时，应严格审查证据，确保事实认定的准确性，维护市场交易的安全与稳定。

关联索引：

《中华人民共和国民法典》相关条款

《中华人民共和国民事诉讼法》第一百七十七条

二审：江苏省无锡市中级人民法院（2023）苏02民终××××号民事判决（2023年××月××日）

我们尝试要求Kimi以“B某上诉称；A某、L某公司等辩称；法院审理查明；二审判决”为小标题，重新梳理基本案情部分，并要求Kimi对裁判理由、裁判要旨进行扩充。

以下为 Kimi 的第二次回答:

江苏省无锡市中级人民法院民事案例分析
——股权转让纠纷中合同条款的解释与适用

关键词:股权转让　合同解释　违约责任　证据审查

基本案情:

B某上诉称:由于A某未完成约定的临床试验,导致股权比例调整和回购条件的成就,以及违约责任的产生,同时A某未尽到勤勉忠诚义务,应回购B某股权。B某还提出,A某低价转让股权构成违约,应就两次股权转让的差价作出经济补偿,且A某未能履行董事长勤勉忠诚职责,构成严重违约,二审依法应当撤销一审判决或改判。

A某和L某公司辩称,一审法院查明事实清楚,适用法律正确。他们提供了证据证明临床试验已在约定期限内完成,股权比例调整条件并未成就。关于股权回购条件,他们指出,由于L某公司拥有相关项目的所有权和使用权,回购条件未满足。A某和L某公司否认存在违约情形,并认为B某的主张超出了一审诉讼请求的范围。

一审法院审理查明:根据《增资协议》的约定,股权比例上调的条件为因A某、L某公司的原因导致未能在约定期限内完成临床试验。A某一方提供了证据证明临床试验已按期完成。法院还查明,相关项目的所有权和使用权均属于L某公司,不存在B某所主张的障碍。因此,股权回购条件未成就。

二审法院认为,A某和L某公司提供的证据足以证明临床试验已完成,且L某公司获得了相关项目的权利。因此,B某主张股权比例上调、股权回购以及违约金的请求,缺乏事实和法律依据。

江苏省无锡市中级人民法院作出（2023）苏02民终××××号民事判决，驳回上诉，维持原判。

裁判理由：

法院生效裁判认为，本案的争议焦点主要集中在以下几个方面：首先，根据《增资协议》的约定，是否已经满足了股权比例上调的条件；其次，股权回购的条件是否已经成就；最后，B某是否能够证明A某存在违约情形，并据此要求其承担相应的违约责任。

关于股权比例上调的条件，法院在审理中发现，虽然《增资协议》中规定了因A某原因未能在约定期限内完成临床试验将触发股权比例上调的条款，但A某已经提供了相应的证据，表明临床试验已经在约定的时间内顺利完成。因此，B某主张的股权比例上调缺乏事实基础，法院不予支持。

在股权回购条件的问题上，法院指出，《增资协议》中确实规定了在B某投资后，若因知识产权、临床试验主体、生产批件等原因导致B某无法实现其股权投资利益时，A某应当回购B某的股权。然而，根据现有的证据，相关项目的所有权和使用权均属于公司的资产，B某并未面临其所主张的障碍。因此，股权回购条件并未成就。

至于违约责任的问题，法院在审理中注意到，B某未能提供足够的证据来证明A某存在违约行为。在缺乏充分证据的情况下，法院无法支持B某关于违约金的主张。

综上所述，法院在综合考虑案件事实和相关法律规定的基础上，认为B某的上诉请求缺乏事实和法律依据，因此决定维持原判，驳回B某的上诉。

裁判要旨：

1.合同条款解释原则：在股权转让纠纷案件中，法院应依据合同的文字、目的、诚信原则进行条款解释。首先采用文义解释，其次结合合同整体内容和交易背景进行系统解释。确保解释结果既公平合理又符合双方当事人的合理预期。

2.证据审查的重要性：当事人对合同条件成就或违约主张负有举证责任。法院应严格审查证据的合法性、相关性和充分性，确保案件事实的准确认定。在证据不足时，法院可通过间接证据和推定事实进行综合判断。

3.保护投资者权益与市场秩序：法院在裁判中应平衡保护投资者权益与维护市场秩序。对于违约行为，依法追究责任，同时通过裁判引导市场主体诚信履约，促进公平竞争和市场交易安全。

4.裁判稳定性与预见性：法院裁判应明确具体，避免歧义，确保当事人对结果有明确预期。通过裁判明确合同条款的解释和适用规则，为市场主体提供行为指引，增强市场交易的可预见性。

关联索引：

《中华人民共和国民法典》相关条款

《中华人民共和国民事诉讼法》第一百七十七条

二审：江苏省无锡市中级人民法院（2023）苏02民终××××号民事判决（2023年××月××日）

5.6.5 使用评价

就笔者写作之时而言，文心一言4.0能够实现对上传文档关键内容的自动提取。这一特性使我们能够根据预设的固定格式，迅速而精准地生成案例分析，同时文心一言在文字表达和整理方面能力较为突出。

通义法睿以其强大的文本阅读能力，能够捕捉到更为全面的信息，因此非常适合作为梳理基本案情的得力工具。

Kimi为用户提供了直接将具体要求和多个文件同时上传的便利，非常适合进行批量处理。更重要的是，Kimi能够参考模板文档的格式，智能地将另一篇文书调整为符合案例分析格式要求的文档，同样用户也可以尝试使用该功能，将自己的代理意见直接上传后完善案例分析内容，另外，Kimi在理解用户提问，以及在文档中筛选、整合回复内容方面具备绝对优势。

第六章 律师行业人工智能技术应用管理规范

第一章 总　则

第一条 【目的与依据】

为确保律师在运用人工智能技术进行工作过程中，遵守职业道德，维护当事人权益，保护数据安全，依据《中华人民共和国律师法》和《律师职业道德与执业纪律规范》，特制定本管理规范。

第二条 【基本原则】

律师在使用AI技术时，应当坚持合法合规、透明公正、尊重权益、保障安全等基本原则，确保执业活动的专业性、规范性和高效性。

第三条 【适用范围】

本办法适用于律师执业期间运用人工智能技术进行工作的一切情景与行为，包括但不限于法律咨询，案例分析，文书起草，证据收集等。

第二章 人工智能的选择和评价

第四条 【市场调研与风险评估】

律师在选择人工智能技术之前，应该对人工智能技术进行充分的市场调查与风险评估，对不同的人工智能技术的表现、安全、合规等信息进行充分的了解，以保证所选择的技术能够满足执业需求。

第五条 【性能评估与报告】

律师协会、律师事务所及律师应定期评估人工智能技术在准确度、稳定性、安全等方面的表现，以便及时掌握技术状态。

第三章　数据安全与隐私保护

第六条 【个人信息保护】

律师应严格遵守国家有关个人信息保护的法律法规，保证客户数据的采集、存储和使用符合法律规定。收集数据时，应清楚地告知客户、用途及使用范围，并经客户明确同意。

第七条 【加密与匿名化措施】

律师应采取必要的措施，如加密、匿名等，以防止客户数据被窃取或滥用。对敏感资料应采取特殊的保护措施，以保证数据的安全及机密性。

第八条 【限制数据上传】

不得向面向公众的AI大模型上传任何非公开领域的信息，不得输入私人或保密信息。除客户明确同意或法律规定外，律师不得将客户资料用于非法律服务之业务或将其提供给第三者。数据的使用应遵循最低必要原则，并保证其合法、正当性。

第九条 【跨境数据传输】

律师在跨界传输客户资料时，应严格遵守有关法律法规及国际公约，保证数据的合法跨境流动，保护客户的合法权益。同时，应采取必要的措施保证数据的安全与完整。

第四章　人工智能的应用和监管

第十条 【自主判断】

在运用人工智能技术的过程中，律师应保持独立判断的能力，避免过分依赖人工智能技术而产生的误判和偏见。对人工智能技术所产生的结果，应予以认真地检查与核实，以确保其准确性与适用性。

第十一条 【法律文件和建议的审查】

对于人工智能技术所产生的法律文件或建议书，律师应认真审查、核实，以确保其正确性与实用性。人工智能技术产生的内容不能直接作为最终的法律意见或者决定依据，而应该综合考虑实际情况以及专业判断。

第十二条 【记录与保存】

律师应对所有涉及人工智能技术使用的重要资料及数据进行记录和保存，以便进行随后的评审和核实。有关记录资料应真实、完整、准确，保存期限不少于5年。

第十三条 【道德风险识别】

律师在运用人工智能技术的过程中，要注意识别并防范可能产生的道德风险，坚守职业道德底线，不能将人工智能技术用于不正当竞争和虚假宣传等违背职业道德的行为。

第十四条 【安全审核】

律师应定期对人工智能技术进行安全性审核、漏洞扫描，及时发现和修正安全隐患。对发现的安全问题，应及时采取整改措施，向有关部门报告。

第十五条 【内控机制】

律师事务所应建立内部监管机制，定期对律师运用人工智能技术的情况进行检查、评估，以确保其达到本管理规范的要求。同时，应加强对律师的培训与指导，提高律师在人工智能技术应用上的专业素养与综合素质。

第五章　协作与交流

第十六条　【委托人的沟通与约定】

律师应在使用人工智能技术方面与客户充分沟通，以确保客户理解并同意该方法及适用范围。在交流时，应清楚地向客户解释人工智能技术的优点和局限，以及可能存在的风险。律师应对委托人提出的问题和关切给予及时的解答和答复。

第十七条　【与人工智能技术供应商的合作】

律师应与人工智能技术供应商建立良好的合作关系，共同解决在使用过程中出现的问题及难点。双方应建立有效的沟通机制，保证信息的及时准确传递。

第十八条　【行业交流与合作】

律师应积极参与人工智能技术领域的交流与合作，促进法律职业健康发展。通过交流经验，讨论问题，研究解决办法，提高自己的专业素养与综合素质。同时，要密切注意国际上的发展动向，借鉴国外的先进经验，在实践中加以借鉴。

第六章　规范和自我约束

第十九条　【监督检查协作】

律师在运用人工智能技术时，应自觉地接受行业协会、监管部门等的监督与检查。对监督检查发现的问题，要及时整改，并将整改结果报告。同时，要积极与有关部门合作，进行调研、评估，为相关政策的制定提供参考。

第二十条　【培训和参与教育】

律师应定期参加人工智能技术相关的培训、教育活动，提高业务素质及综合素质。不断学习新的知识，新的技术，新的方法，以满足行业发展的需要，为客户提供高质量、高效率的法律服务。同时，应积极参加律所、律所组织的内部培训活动，相互交流经验。

第二十一条 【违规行为处理和处罚】

律师协会、律师事务所应根据有关规定对违反本管理规范的律师予以处理或处罚。对严重违法或造成严重后果的律师，要依法追究法律责任。

第七章 律师协会和律师事务所的责任

第二十二条 【制定行业标准】

律师协会应当制定行业标准和规范，引导律师事务所在人工智能应用过程中遵守相关法律法规和职业道德规范。通过制定规范细则，制定指导意见，加大宣传教育力度，推动律师行业应用人工智能技术的健康发展。同时，要建立投诉处理机制，及时处理基于人工智能技术的顾客投诉和纠纷。

第二十三条 【内部管理体系的建立及程序】

律师事务所应建立完善的内部管理制度及程序，以保证律师在运用人工智能技术过程中遵守本管理规范的规定。通过制定相应的规章制度，明确各岗位的职责，加大监督检查力度，保证律师执业活动的规范、安全、高效。同时，应加强对律师的培训与指导，提高律师在人工智能技术应用上的专业素养与综合素质。

第八章 附 则

第二十四条 【规则修改与完善】

本管理规范可根据实际情况和法律要求进行修改和完善，修改后应当重新公布并施行。同时，律师协会可根据本管理规范制定实施细则或补充规定，以便更好地指导律师运用人工智能技术辅助工作。

附录1

调查问卷及问卷结果分析

1.1 调查问卷结果

在本书作为课题的写作之初，我们就律师使用AI工具的现状以及律师对AI的期待制作并对外发放调查问卷，后我们共收集到109份有效问卷。现我们就问卷中主要问题的结果进行展示：

（1）您主要从事的业务板块是：

诉讼业务，44 名，占比 40.37%；

非诉业务，4 名，占比 3.67%；

诉讼、非诉兼之，61 名，占比 55.96%。

（2）您主要从事的业务领域是：

民事业务，98 名，占比 41.00%；

刑事业务，24 名，占比 10.04%;

行政法业务，5 名，占比 2.09%；

知识产权业务，6 名，占比 2.51%；

公司法业务，64 名，占比 26.78%；

证券金融业务，12 名，占比 5.02%；

房地产业务，16 名，占比 6.69%；

环境法业务，2 名，占比 0.84%；

税法业务，6名，占比2.51%；

其他，6名，占比2.51%。

（3）**您所在年龄段是：**

20～30周岁，9名，占比8.26%；

30～40周岁，54名，占比49.54%；

40～50周岁，30名，占比27.52%；

50～60周岁，14名，占比12.84%；

60周岁以上，2名，占比1.83%。

（4）**您的执业年限是：**

0～3年，23名，占比21.10%；

4～6年，17名，占比15.60%；

7～9年，22名，占比20.18%；

10年及以上，47名，占比43.12%。

（5）**您过去一个月使用AI工具的频率：**

不用或几乎不用，77名，占比70.64%。

平均一周1～2次，19名，占比17.43%；

平均一周3～5次，11名，占比10.09%；

几乎每天都用，2名，占比1.83%。

（6）**如果您使用过AI工具，您使用AI工具是解决哪些问题：**

法规检索；

案例检索；

合同审阅；

文档阅读与总结；

起诉状、答辩状、合同等法律文书生成；

总结、汇报等非法律文书生成；

法律咨询；

时间轴、组织架构图等可视化图表制作；

PPT 制作；

Excel 等图表生成；

文书语言优化；

文书格式优化；

文书翻译；

会议记录生成；

交易文本套用；

题库生成；

日常咨询（检索自己不熟悉的知识领域）；

思维拓展或梳理；

出于好奇，尝试一下而已；

其他。

（7）如果您使用过 AI 工具，您使用 AI 工具是解决哪些问题－其他－补充内容：

法律依据；

同类案例检索；

案件查找、分析；

帮忙起草简单的文书，简单咨询；

法院判决思路；

复杂问题的梳理；

合同审核、文书生成；

加强检索功能，早日替代搜索引擎；

检索功能不能很好地完成，需要与人工结合；

诉讼文书形成；

文书书写、合同模板、法律咨询回复；

希望 AI 提供的信息都能够准确无误。

（8）您使用过的 AI 工具类型是：

文心一言、讯飞星火、ChatGPT、通义千问等通识类问答式 AI，54 名，占比 40.91%；

Chatlaw、通义法睿等法律类 AI，11 名，占比 8.33%；

AiPPT、镝数 AI、ChatExcel 等办公类 AI，5 名，占比 3.79%；

通义听悟、百度“云一朵”等视频、音频协助处理 AI，3 名，占比 2.27%；

Midjourney、Stable-Diffusion、文心一格、通义万相等图片生成类 AI，3 名，占比 2.27%；

Gen–2、剪映等视频生成类 AI，4 名，占比 3.03%；

其他，8 名，占比 6.06%；

没用过，44 名，占比 33.33%。

（9）您觉得您使用过的 AI 工具中，有哪些是比较好用的？好用的理由是什么？

ChatGPT 可以对提问做出回复，有时候能有灵光一现，WPSPPT 功能比较好用，输入需求能一键生成 PPT；

ChatGPT，文句通顺；

GPT，翻译好用；

比较方便，全面；

不会用、不太清楚、不怎么用、不知道；

达芬奇，可以提高工作效率；

几乎都不好用；

天工；

通义法睿，基础的检索词汇总可以通过该工具高效完成；

通义千问，国外的用着不方便；

文心一言、达芬奇、通义法睿，AI 使用效果基本符合适用预期；

用的不多，用秘塔多些；

暂时无法比较。

（10）如果您是在团队中工作的，您所在团队的人数是：

2 ~ 5 人，65 名，占比 59.63%；

6 ~ 10 人，21 名，占比 19.27%；

10 人以上，10 名，占比 9.17%；

空值，13 名，占比 11.93%。

（11）您觉得 AI 工具在哪些方面对您的工作帮助最大？

提高工作效率，69 名，占比 33.50%；

减少重复性劳动，54 名，占比 26.21%；

提供更准确的法律建议，26 名，占比 12.62%；

辅助决策，37 名，占比 17.96%；

其他，1 名，占比 0.49%；

空值，19 名，占比 9.22%。

（12）如果您没有使用过 AI 工具，您希望 AI 工具能够帮助您解决哪些问题？

法规检索（境内或境外）；

案例检索；

合同审阅；

文档阅读与总结；

起诉状、答辩状、合同等法律文书生成；

总结、汇报等非法律文书生成；

法律咨询；

时间轴、组织架构图等可视化图表制作；

PPT 制作；

Excel 等图表生成；

文书语音优化；

文书格式优化；

文书翻译；

会议记录生成；

交易文本套用；

题库生成；

日常咨询；

思维拓展或梳理；

其他。

（13）您在使用 AI 工具时，遇到的困扰或者不便有哪些？

提供数据不精确；

答案跟自己想要的不一样（包括答案过于模糊）；

没有工具能解决我的问题；

不会很好地用 AI；

其他。

（14）您在使用 AI 工具时，遇到的困扰或者不便有哪些－其他－补充内容？

仅有 1 例补充回答为：不会提问。

（15）您觉得 AI 工具在协助您处理上述单项工作时，可以帮您处理掉多少既有工作份额？

0 ~ 10%，40 名，占比 36.70%；

10% ~ 30%，32 名，占比 29.36%；

30% ~ 50%，13 名，占比 11.93%；

50% ~ 80%，6 名，占比 5.50%；

空值，18 名，占比 16.51%。

1.2 结果原因分析

律师普遍不熟悉如何使用AI工具的原因可能包括以下几点。

• **技术接触与培训有限。**律师作为传统的知识型专业人士，可能在专业培训和实践中较少接触到最新的技术工具，因此对使用AI工具不够熟悉。

• **AI工具的局限性。**尽管AI工具能够高效处理海量信息，但在理解和分析新型法律关系时的表现存在局限。律师的创新思维、人文关怀及道德伦理判断等，是目前AI工具无法完全替代的。

• **法律服务的人文特性。**法律服务不只是信息输出，还涉及对语言和情感的理解和处理。AI工具不具备人类的思想感情、价值观念和道德意识以及情势判断能力，而这些都是律师服务过程中不可或缺的。

• **数据偏差问题。**AI工具的训练依赖于互联网海量数据，然而这些数据受到不同国家、文化的现实影响，存在偏差。西方社会在互联网数据形成逻辑和表达方式方面的先发优势可能导致法律AI工具在处理非西方法律问题时的局限性。

- **对技术结果的审慎态度。**尤其在司法审判中，AI工具的应用应保持审慎，因为只有使用具备足够代表性的训练和验证数据集，才能提高内容的真实性和准确性。法律专业人士对这种技术的实际效用和结果可能持保守态度。

- **法律主体地位问题。**将AI工具视为法律主体会引发一系列责任归属问题，因为AI工具不具备独立的财产能力。这种概念上的争议可能会导致律师在将AI工具应用到实践中时持谨慎态度。

综上所述，律师不熟悉AI工具的原因可能是多方面的，包括技术接触有限、AI工具的局限性、法律服务的人文特性、数据偏差问题、对技术结果的审慎态度以及法律主体地位问题等。这些因素共同作用，导致律师在实际应用AI工具时存在障碍。

1.3 结果对本课题的启发和意义

第一，在法律领域中，AI工具的应用虽然带来了诸多机遇，但同时也存在不少局限性和挑战。

首先，法律知识的复杂性要求AI技术具有高度的准确性和智能化程度。由于法律案件的多变性，AI工具需要能够处理各种不同情况下的多种可能性，这对算法的设计提出了较高要求。

其次，法律行业的特殊性意味着AI工具的应用可能触及数据隐私和安全问题，这需要在技术应用中考虑并制定严格的保护措施。

最后，AI工具在遇到新的合同条款、商业框架或案件情况时，如果这些情况之前从未出现过，那么AI工具可能无法有效应对，因为它的运算模式和逻辑能力相对固定。在这种情况下，AI工具的预测和运算准确性会受到挑战，进而影响其在法律实践中的有效性。

因此，尽管AI技术在法律领域已取得了一定成果，但为了充分发挥其在法律行业的优势，我们需要持续研究和探索，不断改进和完善算法和模型。同时，深入思考如何解决伦理问题和社会责任也同样重要，以确保能够保障公民合法权益和社会公正。

第二，目前AI工具在法律实务中已有了一定的应用，也取得了一定的成效。

目前，市面上的AI律师助理工具主要集中在以下几个领域：合同起草、尽职调查、法律研究、合规自动化（CaaS合规性即服务）和文字工具等。这些工具通过自动化与数据分析，提高了法律工作的效率和准确性。然而，AI工具是否可以完全取代律师和法务人员，目前的共识是尚不能。AI工具更多的是作为辅助手段，而专业的法律判断和复杂的法律工作还需要律师的直接参与。

未来，AI技术有潜力进一步改变法律服务领域，特别是在提高工作效率、降低成本、增加可访问性方面。根据律师的业务需求，可以寻找适合的AI工具来帮助处理个性化的法律问题。

而在司法审判领域，AI工具与司法的结合正处于起步阶段，但已成为学者们的共识。AI工具在司法审判模式上的作用和潜力正受到广泛讨论，尽管目前还存在分歧和争鸣。

综上所述，AI工具在法律实务中已经显示出其价值，但目前还不能完全取代法律专业人士。随着技术的进步和法律专业人士对AI工具的适应，预计这些工具将在未来的法律服务中发挥更大的作用。

附录 2

本书中所使用的 AI 工具

工具名称	网　址	工具主要功能简介
Kimi	https://kimi.moonshot.cn	文档阅读、分析、检索
MetaLaw	https://meta.law	案例与法规检索
法天使	https://www.fatianshi.cn	合同类功能
通义法睿	https://tongyi.aliyun.com/farui/home	法律类 AI
小包公法律 AI	https://www.xiaobaogong.com	合同审核等工具
文心一言 4.0	https://yiyan.baidu.com	通识类 AI
秘塔 AI 搜索	https://metaso.cn/	检索工具
DeepL 翻译（DeepL）	https://www.deepl.com/translator	翻译软件
Microsoft Office Word、PPT、Excel，专业增强版 2019		办公软件
通义效率	https://tongyi.aliyun.com/efficiency/home	语音转化文字
ProcessOn	https://www.processon.com/diagrams	流程图与思维导图生成
diagrams	https://app.diagrams.net/	图表生成
天工 AI	https://search.tiangong.cn/	网页检索工具
Aippt	https://www.aippt.cn/	PPT 制作
iSlide 插件	https://www.islide.cc/	PPT 制作
趣作图	https://www.quzuotu.com/	图片处理

续表

工具名称	网　址	工具主要功能简介
Pixian	https://pixian.ai/	图片处理
通义万相	https://tongyi.aliyun.com/wanxiang/	图片制作
讯飞智作	https://peiyin.xunfei.cn/	语音生成
办公小浣熊	https://raccoon.sensetime.com/office	Excel 处理与数据分析
formulabot	https://formulabot.com/	Excel 处理与数据分析
智谱清言	https://chatglm.cn/main/alltoolsdetail	通识类 AI
案牍	https://app.autodocs.cn/lwy/dd/home	文书套装生成
通义千问 2.5	https://tongyi.aliyun.com	通识类 AI
秘塔写作猫	https://xiezuocat.com/?s=cbdag	文稿写作
豆包	https://www.doubao.com/chat/	通识类 AI
智爱	https://www.zhiexa.com/index	法律类 AI
闪剪 App	https://shanjian.tv/	数字人生成

注：AI 工具的名称、网址和主要功能均是作者写作之时的展示，并不意味着该 AI 工具在作者写作之后没有进行更替和补充。

图书在版编目（CIP）数据

律师使用AI指南 / 陆凌燕等著. -- 北京 : 法律出版社, 2024. -- ISBN 978-7-5197-9551-1

Ⅰ. D926.5-39

中国国家版本馆CIP数据核字第2024FN1841号

律师使用AI指南
LÜSHI SHIYONG AI ZHINAN

陆凌燕 等著

责任编辑 张心萌
装帧设计 鲍龙卉

出版发行 法律出版社
编辑统筹 学术·对外出版分社
责任校对 晁明慧
责任印制 胡晓雅　宋万春
经　　销 新华书店

开本 A5
印张 10.625　**字数** 246千
版本 2024年11月第1版
印次 2024年11月第1次印刷
印刷 固安华明印业有限公司

地址：北京市丰台区莲花池西里7号（100073）
网址：www.lawpress.com.cn
投稿邮箱：info@lawpress.com.cn
举报盗版邮箱：jbwq@lawpress.com.cn

销售电话：010-83938349
客服电话：010-83938350
咨询电话：010-63939796

书号：ISBN 978-7-5197-9551-1
定价：68.00元

凡购买本社图书，如有印装错误，我社负责退换。电话：010-83938349